Rainer Poulet

Die buddhistische Katze –

Lebensweisheit und Psychosomatik

Rainer Poulet

Die buddhistische Katze

Lebensweisheit und Psychosomatik

Re Di Roma-Verlag

Bibliografische Information der Deutschen Nationalbibliothek:

Die Deutsche Nationalbibliothek verzeichnet diese Publikation in der Deutschen Nationalbibliografie; detaillierte bibliografische Daten sind im Internet über http://dnb.ddb.de abrufbar.

ISBN 978-3-86870-348-1

Titelbild: Dr. Armin Thommes (www.galerie-thommes.de), Öl auf Leinwand 2011.

Foto Rückseite: Tina Kneib, 2011.

Foto der Büste der Nofretete im neuen Museum, Berlin: Philip Pikart

Foto des Staubteufels in Arizona: NASA, Wikipedia public domain

Foto Spinnennetz und Coffein: NASA, Wikipedia public domain

Inhaltsverzeichnis

Einleitung

Ich habe in diesem Buch auf Fußnoten und Literaturnachweis verzichtet, zu Gunsten – hoffentlich – der Lesbarkeit (auf jeden Fall der Schreibbarkeit!), aber auch, um keinen wissenschaftlichen Geltungsanspruch anzudeuten. Dafür präsentiere ich viele Zitate, die mir gefallen und die meine Aussagen unterstützen. Die Einleitung soll kurz gehalten bleiben, um den Leser, dem ich noch Einiges zumuten werde, nicht vorab schon zu langweilen. Wer sich nach der Lektüre noch für die Entstehungsbedingungen des Buches oder den Autor interessiert, findet dazu einige persönliche Ausführungen im Nachwort, in welchem viele Sätze mit „Ich" beginnen.

Hier nur ein kurzer Abriss des Inhalts:

Das erste Kapitel bietet ein einfach strukturiertes Erklärungsmodell an. Wenn gesagt wird, der Mensch besteht aus „Körper, Geist und Seele", klingt dies oft etwas formelhaft und meist wird nicht verstanden, was damit gemeint ist. Das Kapitel geht darauf näher ein. Was ist Seele, was ist Geist? Und was ist Körper? Was ist Denken, was ist Fühlen? Worin besteht der Unterschied zwischen Gefühl und Emotion? Außerdem werden Begriffe wie „Individuum", „Person" oder „Ich" erläutert. Wir haben vielleicht den Eindruck, dass dies allenfalls von philosophischem Interesse ist. Unsere Sprache trägt zu dieser Verwirrung bei, ein Rückgriff auf antike Sprachen kann helfen. Aus dem Strukturmodell ergeben sich Konsequenzen für das Verständnis von Konflikten und psychosomatischen Erkrankungen. Diese Erklärungen sind keineswegs umfassend, sondern nur exemplarisch gemeint. Ich behaupte nicht, dass alle psychosomatischen Erkrankungen wie beschrieben entstehen, weil es anscheinend mehr Entstehungsmechanismen gibt, z.B. der Einfluss unbewusster muskulärer Spannungen auf den Körper; das wäre ein umfangreiches Thema und soll hier nicht weiter ausgeführt werden. Das hier dargestellte Modell ist jedoch anschaulich, sehr einfach und kann zu einem fundamentalen Verständnis beitragen.

Das zweite Kapitel – „Die buddhistische Katze" – hat den Titel für das ganze Buch abgegeben. Die Fabel, mit der es beginnt, stellt nämlich das eigentliche Motto des Buches dar: Durch unser Denken und unsere Überzeugungen strukturieren wir unsere subjektive „Wirklichkeit" – bis sie mit der wirklichen Realität, oft sehr schmerzhaft, kollidiert. Wir neigen dann dazu, die Schuld bei der Realität zu suchen, anstatt unsere Vorstellungen von derselben zu revidieren. Wir neigen außerdem dazu, die Dinge nicht durch unsere eigenen Augen zu sehen, was vieles vereinfachen könnte, sondern zu glauben, was uns gesagt wurde. Der Weg zu sich selbst geht aber nur durch die eigene Person und stellt das höchste Ziel des Menschen dar, symbolisiert seit altersher durch den Weg des Helden, wie er im Kern unverändert in den Produktionen des menschlichen Geistes (alte Sagen und neue Filme) erkennbar wird, wenn man weiß, worauf man achten muss. Selbsterfahrung ist kein kognitiver Vorgang, sondern im Wesentlichen ein mystisches Geschehen – auch, wenn das Wort „mystisch" in unserem heutigen Sprachgebrauch einen eher ambivalenten Klang hat. Hierauf wird kurz, aber intensiv eingegangen.

Das dritte Kapitel beschäftigt sich mit den elementaren instinktiven Verhaltensweisen Lachen und Weinen. Es soll gezeigt werden, in welcher Weise uns diese angeborenen Verhaltensschemata hilfreich sein können. Insbesondere aus dem psycho-physiologischen Tränenreflex ergeben sich konkrete Schlussfolgerungen für unser Alltagsverhalten, die nach meinem Wissensstand in dieser Weise noch nicht beschrieben wurden. Wir erfahren, wie liebevoll und wirksam Mutter Natur uns auf unsere enorme Sensibilität und Labilität vorbereitet hat. Tränen lügen nicht!

Noch mehr „Instinkt": Im vierten Kapitel – „Warum das Runde ins Eckige muss" – wird ein wichtiger Teil unserer Instinktnatur und -geschichte am Beispiel der überaus beliebten Sportart Fußball beleuchtet. Wir hatten gerade Fußball-Weltmeisterschaft, und es gab diesen interessanten „Schland"-Effekt. Was sind das für Energien? Wann sonst gehen so viele Menschen einmütig auf die Straßen, wie in den „Fan-Meilen" (350.000 in Berlin!), obwohl jeder daheim vor dem Fernseher viel bequemer sitzen könnte? Vielleicht kann ein Fußball-Fan, der dies liest, sich danach mehr für eine psychologische Sichtweise öffnen, oder psychologisch interessierte Leser*innen* sich diesem Sport mit anderen Augen zuwenden.

Im fünften Kapitel wird das Thema „Rausch und Sucht" behandelt. Hier versuche ich, ein ebenso einfaches wie originelles Modell anzubieten, das diese Phänomene erklärt, unter sorgfältiger Vermeidung des moralischen Zeigefingers. Am konkreten Beispiel der Wirkweise einiger Drogen wird ein Drei-Phasen-Modell vorgestellt, das aber auch die nicht-stoffgebundenen Räusche (z.B. den Liebesrausch!) beschreibt. Die Kenntnis dieser Vorgänge mag vor Fehleinschätzungen schützen und Vorhersagen ermöglichen.

Das sechste Kapitel trägt die Überschrift „Das Prinzip der Nachfolge" und beschreibt meist unbewusste Vorgänge, die hauptsächlich nonverbal zwischen Menschen stattfinden, wenn es darum geht: Wer folgt wem, und warum. Dieses Prinzip wird immer dann wirksam, wenn Führung, Schule oder Erziehung geschehen soll. Es wirkt sich störend oder fördernd aus, je nach den realen emotionalen Bedingungen. Hier kommt die Bedeutung der emotionalen Ausgeglichenheit zum Tragen. Dieses Kapitel mag insbesondere alle diejenigen interessieren, die mit Führungsaufgaben betraut sind – sei es im Berufsleben, als Lehrer, als Eltern, in Showbusiness oder Politik. Aber auch diejenigen, von denen Nachfolge erwartet wird.

Das siebente Kapitel erläutert das Konzept der emotionalen Ausgeglichenheit näher. Am Beispiel der psycho-physiologischen Reaktion von Haut und Schleimhäuten zeigt sich, dass es eine natürliche Tendenz zum Ausgleich extremer emotionaler Zustände gibt und worin ein emotionales Gleichgewicht besteht. Die Wichtigkeit der sinnlichen Wahrnehmung wird geschildert, aber auch die Bedeutung „transzendenter" Erfahrung am Beispiel der Meditation.

Mit dem achten Kapitel – die Lebenskurve – schließt das Buch ab. Das Modell sagt aus: Wir entwickeln uns anfangs sehr schnell, erleben dabei viel mehr, als wir verstehen können. In der Lebensmitte gleicht sich das allmählich aus, danach wird das Erleben ruhiger, während das Verstehen (hoffentlich) weiter zunimmt, sodass wir gegen Ende des Lebens im Idealfall mehr verstehen als erleben. Das Leben ist abgerundet und der Kreis schließt sich. Am Ende haben wir die Möglichkeit, uns selbst (und andere) besser zu verstehen. Das Modell ist einfach und stellt nur einen Idealfall dar, gefällt mir aber, weil es viel erklärt und zudem die zweite Lebenshälfte nicht so negativ darstellt, wie unsere soziale Wirklichkeit uns befürchten lässt. Vielmehr misst es dem Altern einen eigenen und besonderen Wert zu.

1. Körper, Geist, Seele usw.

In all den Jahren therapeutischer Arbeit in einer psychosomatischen Abteilung habe ich immer wieder gefunden, dass dieses Thema nicht nur bemerkenswert viele Patientinnen und Patienten fasziniert (immer, wenn im Folgenden der Einfachheit halber ‚Patienten' steht, sind natürlich beide Geschlechter gemeint), sondern auch das therapeutische Personal: Wie kann man sich überhaupt einen Zusammenhang zwischen Körper und Seele vorstellen? Was ist „Seele"? (Was ist Körper? wird nie gefragt. Als wäre das bereits klar!) Und was meint man mit „Geist"?

Ich möchte im Folgenden ein einfaches Strukturmodell darstellen, in welchem die genannten Begriffe anschaulich und differenziert beschrieben und voneinander abgegrenzt werden.

1.1. Innen und außen

„Wir müssen über Lehrbücher hinausgehen, in die Seitenwege und in die unbetretenen Tiefen der Wildnis hineingehen, und wandern und forschen und der Welt von der Herrlichkeit unserer Reise berichten"
-John Hope Franklin (1915 -), Historiker

In der inneren Medizin gibt es die Möglichkeit, das Innere des Körpers darzustellen, um so Krankheiten zu erkennen und entsprechend zu behandeln. Insbesondere die Endoskopie (aus dem Griechischen, endo=innen; skopein=sehen) mit ihren Geräten und dem dazugehörigen Personalaufwand ist der Stolz einer inneren Abteilung, sowie Röntgen, Ultraschall, Kernspin, mit denen man auch das Innere darstellen kann.

Die bildgebende Technologie ist heute so weit entwickelt, dass immer kleinere Strukturen gesehen werden können. Es ist heute möglich, ein einzelnes Atom darzustellen. Wie sieht es aus? Auf dem Foto sieht man einen verschwommenen weißen Fleck auf dunklem Hintergrund. Auf der anderen Seite können wir bis fast ans Ende des Universums schauen (die Objekte dort sehen aus wie ein verschwommener weißer Fleck auf dunklem Hintergrund...).

1.1.1. Ein Stück Kreide

"Es ist sehr gut denkbar, dass die Herrlichkeit des Lebens um jeden und immer in ihrer ganzen Fülle bereit liegt, aber verhängt, in der Tiefe, unsichtbar, sehr weit. Aber sie liegt dort, nicht feindselig, nicht widerwillig, nicht taub. Ruft man sie mit dem richtigen Wort, beim richtigen Namen, dann kommt sie".
-Franz Kafka

Mit dem Endoskop sehen wir die Schleimhäute mancher innerer Organe, wie Magen oder Darm. Dabei handelt es sich immer um Oberflächen! Das „Innere" können wir nicht sehen. Das liegt nicht an der Technik, sondern ist ein grundsätzliches Problem. Welche Farbe hat ein Stück Kreide innen? Auf diese Frage sagt garantiert jemand im Publikum: weiß!, und die anderen sagen nichts, weil ihnen die Frage zu leicht und daher verdächtig vorkommt. Nächste Frage: Woher wissen Sie das? Antwort: Wenn man die (weiße) Kreide zerbricht, sind die Bruchflächen weiß. Frage: Zeigen die Bruchflächen das Innere? Jetzt merken viele, das ist gar nicht so einfach. Wir können nicht in die Kreide hineinsehen. Schnell ein Loch bohren und ein Endoskop einführen, nachschauen, fotografieren – es ist immer nur die Außenseite einer Oberfläche. Egal, mit welcher noch so hochentwickelten Technologie wir arbeiten, am Ende muss mit den Augen gesehen werden, und mit denen sehen wir die Welt immer von außen, dafür sind sie da, und etwas anderes können sie nicht.

Also, was ist jetzt „innen"? Gibt es das überhaupt? Wie groß oder wie klein ist es? Und wie weit entfernt? Und was kann es bedeuten?

Dieses „Innen" liegt nicht im Erfassungsbereich der technischen Ausstattung der Inneren Medizin. Es liegt im „Jenseits", hinter einer Grenze, die wir nicht mit unserer Wahrnehmung überschreiten können.

Jetzt kommen folgerichtig oft Begriffe ins Spiel wie *Seele* und *Geist*. Das, was man nicht sehen kann.

1.2. Seele

Das Wort Seele ist in der modernen Welt ein etwas schwieriger Begriff, und nicht einmal in der Psychologie hört man noch viel von der Seele. Leider hat man das Thema Seele weitgehend den Religionen überlassen - und die machen teilweise recht unterschiedliche Aussagen darüber. Dabei scheint es grob gesagt zwei Typen von Religionen zu geben: In vielen asiatischen Religionen (Hinduismus, Sikhismus,

Buddhismus) beschäftigt man sich ausführlich mit der Vorgeschichte der Seele, um das gegenwärtige Dasein mit Geschehnissen aus früheren Leben zu begründen („Karma"). Was habe ich im letzten Leben getan, um in die gegenwärtige privilegierte (oder vermutlich häufiger, defizitäre) Lage zu kommen? Was ist demzufolge zu tun, um im nächsten Leben eine bessere Ausgangslage zu bekommen? In anderen Religionen (Christentum, Judentum, Islam) wird stärker das zukünftige Schicksal der Seele thematisiert: Wo geht es hin? Was muss man tun, um für immer an den *guten Ort* zu kommen? Und nicht an den *schlechten*? Und diese beiden Orte sind zwar streng getrennt, beide jedoch nicht in dieser Welt oder in diesem Leben erreichbar.

„Der Durchschnittsmensch, der nicht weiß, was er mit diesem Leben anfangen soll, wünscht sich ein anderes, das ewig dauern soll."
-Anatole France; fr. Schriftsteller; 1844-1924

Die traditionellen mythischen Beschreibungen dieser Orte erinnern allerdings deutlich an die Erfahrungen des diesseitigen Lebens. Es handelt sich wohl weniger um „Orte", als um geistige Zustände. In der Hölle sind viele, aber niemand hilft einem. Es gibt keine Verbesserungsmöglichkeiten, nur Verzweiflung und Hoffnungslosigkeit. Es ist dunkel bis auf unterschiedliche Erscheinungsformen von offenem Feuer. Es ist laut, hauptsächlich vom Schreien der gequälten Seelen. Es gibt stärkste Schmerzen, bevorzugt durch Verbrennungen und Verbrühungen, sowie Verstümmelungen. Man wird von einer überwiegend anonymen Kaste übermächtiger Teufel gemartert, die deutliche Züge eines Familienunternehmens aufweisen (mit etwas vertrottelter, aber noch immer gefährlicher und mächtiger Großmutter!). Persönliche Beziehungen mit einem der ihren sind möglich, aber problematisch. Es erinnert an die Willkürherrschaft des Adels in feudalen Zeiten, nur dass man dieser wenigstens durch den Tod entrinnen konnte, eine sehr wichtige Hoffnung im Diesseits. Die Grausamkeit des Justizvollzugs jener Zeit lässt erkennen, dass man entschlossen war, die auf das Diesseits beschränkten Möglichkeiten, Menschen zu quälen, mit bemerkenswerter Kreativität zu nutzen.

Auch diesseitige Erfahrungen mit der juristischen Bürokratie werden erkennbar, man denke an die herausragende Bedeutung unterschriebener vertraglicher Regelungen (mit Blut! Heute im Zeitalter digitaler Erfassung würde man sagen, damit ist eine eindeutige Identifizierung durch DNA-Analyse möglich. Andere Körperflüssigkeiten haben außerdem eine zu geringe Farbstärke für Schreibzwecke). So etwas kam natürlich immer nur vom Teufel, nie von der anderen Seite. Das klassische Vertragsschema enthielt obligatorisch: Tausch der Seele gegen Wunscherfüllung. Buy now, pay later. Ja, unsere Wünsche haben es mehr in sich, als man glauben möchte. Aber dazu später.

Zum Thema Himmel erscheinen die archetypischen Vorstellungen dagegen vergleichsweise unscharf. Er liegt irgendwie weiter weg als die symbolisch unter dem Erdboden platzierte Hölle, in deren Richtung uns sowieso unablässig die Schwerkraft zieht, und ist besser beleuchtet. Es gibt ein Tor, welches im Normalzustand geschlossen ist (und natürlich eine Mauer, ein Tor hätte ja sonst wenig Sinn), dazu ein Aufnahmeritual, eine Art Prüfung, meist nach Aktenlage. Dies geschieht noch vor dem Tor oder in einem Schleusenbereich und ist somit noch dem Diesseits symbolisch zugeordnet. Es gibt Musik! Es wird viel gesungen, man hört es schon vor dem Tor. Was dann bei bestandener Prüfung hinter der Mauer geschieht, bleibt eher diffus. Man trifft geliebte Verstorbene wieder. Sexualität spielt keine Rolle mehr. Man ist unkündbar, braucht vor allem keine Angst mehr zu haben, vielleicht doch noch in die Hölle zu müssen. Man braucht nicht mehr an Gott zu glauben, weil man endlich direkten Kontakt mit ihm haben kann. Nichts tut weh, konstante Raumtemperatur im Optimalbereich. Kein Schmutz. Kein Verbrechen, die Verbrecher sind ja alle in der Hölle. Kein Geld, das braucht man hier nicht. Keine Arbeit, höchstens gewisse geheime Schutz- und Überwachungsaufgaben im Diesseits. Es ist viel Platz da, in drei Dimensionen. Man kann fliegen. Die Zentralverwaltung agiert wohlwollend und kompetent.

Wer wollte nicht lieber an diesen Ort? Vor allem im Hinblick auf den Kontrast zur Hölle fällt die Entscheidung nicht schwer. Allerdings muss man es glauben, sonst lässt sich daraus keine Motivation ableiten. Wenn man es aber glaubt, dann wird es natürlich wichtiger als alles andere, und jedes Opfer lohnt sich. Das Leben ist kurz, die Ewigkeit lang. Dies ist der Glaube der Religionen, aus dem sie ihre Macht beziehen und auf den sie nicht verzichten können. Die Religionen versuchen die Menschen davon zu überzeugen, dass nur sie über das Wissen verfügen, wie man das gewünschte Ziel im Jenseits erreicht – wobei leider ausgerechnet der Tod die Grenze zwischen Diesseits und Jenseits ist und somit garantiert keine Möglichkeit besteht, die geglaubten Vorstellungen zu überprüfen. Alles bleibt zwangsläufig spekulativ; es ist von vornherein so angelegt.

„Er ist doch nicht der Gott der Toten, sondern der Gott der Lebenden."
-Jesus von Nazareth, in: Matthäus 22,32

Für die Psychologie als Wissenschaft ist allein die Zeit interessant, in der die Seele *im* Körper ist, und nicht vorher oder nachher. Das wäre Gegenstand von Glauben und Religion, es herrscht diesbezüglich eher ein Überangebot, sogar mit Konkurrenz. Aber was bedeutet die Seele *im* Körper?

1.2.1. Ein Gewehrlauf

Es erleichtert die Betrachtung, wenn man sich hier auf die nicht-religiöse Bedeutung des Wortes Seele beschränkt. Die gibt es erstaunlicherweise in der Technik. Ein Kabel hat eine *Seele*! Damit ist die innerste Faser gemeint, die oft auch die Funktion trägt. Alles andere ist Isolierung oder Mantel. Werkstücke haben eine *Seelen*achse. Soldaten lernen über ihr Gewehr, dass dessen Lauf eine *Seele* hat! Das ist eine gedachte Linie, die genau durch die Mitte des Laufes geht (Abb. 1). Sie soll gerade sein, damit das Gewehr nicht um die Ecke schießt. Sie ist keine Glaubenssache, sondern etwas Reales und sehr Wichtiges für ein Gewehr, auch wenn man sie nicht mit den Augen sehen kann. Glaubenssache hingegen wäre: Woher kommt die Seele, bevor sie im Gewehrlauf ist, und was geschieht hinterher mit ihr, wenn der Gewehrlauf z.B. einmal zur Pflugschar umgeschmiedet würde. Dies entspräche etwa dem Geltungsbereich der Religionen.

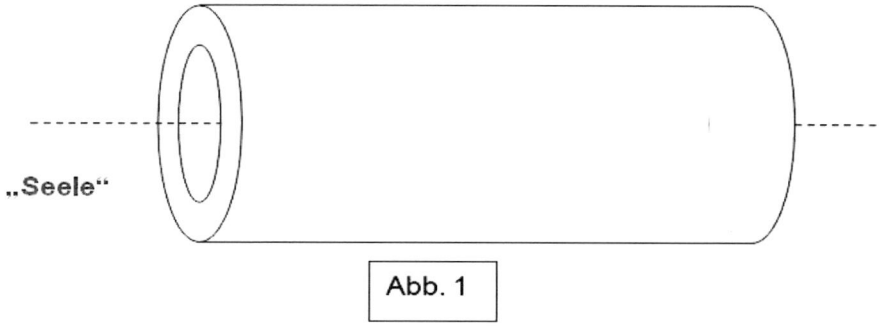

„Seele"

Abb. 1

15

Mit Seele ist also etwas gemeint, von dem man sagen möchte, dass es sich genau in der Mitte, im „Innersten" befindet. Diese Definition von „innen" geht deutlich über die endoskopische Sichtweise hinaus, vermeidet jedoch die spekulativen Inhalte der Religionen.

1.3. Pneuma, Spiritus, Odem

„Wir lieben, was uns gleich ist, und verstehen, was der Wind in Sand geschrieben"
-Hermann Hesse (1877-1962) dt. Dichter

Die alten Griechen nannten diese Seele „Pneuma". Auch dieses Wort kennen wir aus der Technik, da heißt es soviel wie Druckluft. Das griechische Wort Pneuma bedeutet gleichermaßen *Geist* und *Atem!* Das griechische Wort für ‚Heiliger Geist' heißt genau so auch ‚heiliger Atem'. Das zeigt ein sehr anschauliches und praktisches Verständnis der Griechen. Wenn ein Mensch geboren wird, beginnt er zu atmen. Alle, die dabei sind, warten ungeduldig auf diesen Moment. Natürlich warten alle auch gespannt darauf, das Geschlecht des Neugeborenen bestimmen zu können, früher konnte man das ja nicht vorher wissen. Aber noch wichtiger ist: Atmet es? Egal, ob männlich oder weiblich. Wir fangen an zu atmen, wenn Luft an unser Gesicht kommt. Wir schreien; der erste Atemzug ist angeblich schwerer als alle darauf folgenden zusammen. Die Nabelschnur hört auf zu pulsieren und kann durchgetrennt werden. Wir verfärben uns von bläulich nach rosa. Wir fangen an zu zappeln. Wir öffnen unsere großen (meistens) blauen Augen. Wir lassen uns trösten und hören auf zu weinen. Wir sind angekommen. Dies ist eine Wirkung des *Pneuma*, der Seele.

Gelebt haben wir irgendwie schon vorher, im Mutterleib. Unsere Mutter hat es oft genug gemerkt, wenn wir gewissenhaft unser Muskelaufbautraining übten. Gelebt haben wir da schon, so wie gleichermaßen die anderen Organe unserer Mutter lebten. Auch die Plazenta lebt im Mutterleib. Aber sie brauchte kein Muskeltraining (Gott sei Dank!) und hielt still, hat uns nur die ganze Zeit perfekt versorgt. Auch die Plazenta kommt bei der Entbindung heraus, aber sie atmet nicht. Niemand ist deswegen traurig. Eine Patientin erzählte mir übrigens, was dann mit der Plazenta geschehe: Sie komme in einen Container, werde nicht entsorgt, sondern verkauft, weil sie viele für die Pharma- und Kosmetikindustrie interessante Substanzen enthält. Angeblich für 25 € (die vermutlich nicht die Patientin erhält). Die Patientin bekommt das atmende Baby, das jetzt keine Plazenta mehr braucht, allein atmen kann, seine eigene Energieversorgung hat, und damit geht unsere Reise ins Menschenleben los.

Wenn aber das Baby nicht atmet, wird die Stimmung im Kreißsaal sehr schnell hektisch und bedrückt. Kein freudiges Ereignis! Das freudige Ereignis ist nicht der Durchtritt des Kindes durch den Geburtskanal, sondern der Eintritt des Atems, zumeist gefolgt vom ersten Schrei. Eine Welle von Freude geht durch die gesamte Abteilung, von der Putzfrau bis zum Chefarzt. Das ist die Signatur des *Pneuma*.

Im weiteren Verlauf bewirkt *Pneuma*, dass wir uns entwickeln, wachsen, herumlaufen und viele Dinge tun können, dass unser Körper Sauerstoff, Gifte, Strahlen, Bakterien, Viren, Schimmelpilze und eine insgesamt eigentlich sehr feindliche Umwelt aushält. Es schützt uns. Wir können 100 Jahre alt werden. Unser Körper bleibt lange schön – länger als ein Auto. Am anderen Ende unserer Reise wird dann wieder gespannt gewartet, diesmal auf das Ausbleiben des Atems. Danach beginnt der Körper unverzüglich, sich so schnell wie möglich wieder in Erde zu verwandeln, woraus er im Grunde die ganze Zeit bestanden hat. Nach einer Weile findet sich keine Spur mehr von uns.

Die Römer nannten dieses Phänomen *anima* oder s*piritus,* wird meistens mit Geist übersetzt*,* und auch in diesem Wort steckt der Atem (*spirare* = atmen). *Spiritus sanctus* heißt der Heilige Geist auf lateinisch. Die Inder nannten es *Atman* oder *Prana*; die Chinesen nannten es *Qi* (Chi). Die Hebräer nannten es *Ruach*. Im Arabischen heißt es *Ruh*.

Es gibt auch ein deutsches Wort dafür: Der *Odem*. Klingt in unseren Ohren etwas altertümlich, wie eine altmodische Version von *Atem*. Aber es sind unterschiedliche Dinge gemeint: Atem ist Luft, Odem ist Geist. Eine Maschine kann uns notfalls mit Atem versorgen, aber nicht mit Odem. Wir sprechen nicht gerne vom Odem, weil wir ihn nicht verstehen. Das Wort hat einen mythischen Klang: Adam bestand aus Lehm, wurde nur durch den Odem des Schöpfers lebendig. Das hat sich nicht geändert. Adam besteht immer noch aus Lehm, und wird noch immer durch den Odem Gottes animiert. Einfacher kann man es nicht sagen.

Wenn wir heute von *Geist* sprechen, meinen wir meistens etwas ganz anderes. Darauf komme ich später.

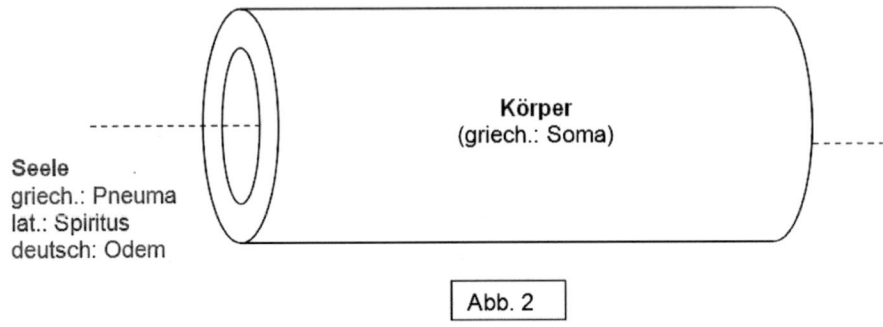

Seele
griech.: Pneuma
lat.: Spiritus
deutsch: Odem

Körper
(griech.: Soma)

Abb. 2

Also, kurz gesagt, ohne diese Seele ist der Körper tot, eine Leiche. Und anders als mit Atem bzw. Odem kriegt man ihn nicht lebendig, auch wenn im Roman oder Film der Baron Frankenstein einen Blitz in den toten Körper seines selbstgebastelten Monsters schlagen lässt, um es zum Leben zu erwecken. Zwar weiß man, dass ein lebender Körper nach Blitzschlag tot sein kann, umgekehrt kommt das nicht vor. Möglicherweise spiegeln sich in jenem Roman die zeitgenössischen eindrucksvollen Experimente Galvanis, der damals mit Elektrizität Froschschenkel zucken ließ. Aber Leben wird man das nicht nennen wollen. Genauso gut könnte man einen Gegenstand vom Dach werfen und behaupten, er flöge. Zur Wiederbelebung beatmet man den Körper, das klappt manchmal. Auch der elektrische Impuls eines Defibrillators bringt nicht das Leben zurück, sondern ist nur ein Versuch, den Herzmuskel gezielt zum Arbeiten zu bewegen, kombiniert mit Beatmung. Aber Pneuma ist eben nicht Druckluft, sondern *Geist*, und der lässt sich nicht mit Geräten erzeugen (Abb. 2).

1.4. Fühlen

Was kann die Seele? Sehr viel, wie wir gehört haben. Sie gibt dem Körper Leben, und beschützt ihn auch. Wie tut sie das?

Der Körper ist eine unglaublich perfekte super-nanotechnologische „Maschine", deren Entwicklung mehrere Milliarden (!) Jahre gedauert hat, seit es Leben gibt auf der Erde. Wir repräsentieren das derzeitige Spitzenmodell, die seit ca. 40.000 Jahren im Wesentlichen unveränderte Baureihe. Fast vollständig automatisiert und (fast!) idiotensicher, leise und pflegeleicht. Allerdings gibt es doch noch einige Wartungsvorgänge, um die wir uns nachgeburtlich selbst kümmern müssen, die nicht schon im Mutterleib abschließend vorweggenommen werden konnten. Wir verlieren ständig Wasser; der Salzgehalt des Körpers muss konstant bleiben, wir brauchen also regelmäßig Wasser. Und ein paar (leider nur erstaunlich wenige) Kalorien. Die Temperatur wird automatisch geregelt, wir brauchen einen bestimmten engen Temperaturbereich für optimale Funktion und müssen uns darum kümmern. Wir wissen, ob es uns zu warm, zu kalt oder gerade richtig ist.

Überflüssiges Material soll entsorgt werden. Wir wissen, wann das zu geschehen hat, müssen nur noch lernen wo und wie.

Wir bedürfen regelmäßiger Ruhepausen an einem sicheren Ort. Wir brauchen Bewegung. Wir sind gehalten, uns von schädlichen Reizen fernzuhalten. Wir brauchen Menschen, die uns freundlich gesonnen sind, und wir brauchen irgendwann Fortpflanzungspartner – das scheint das Schwierigste zu sein, weil der Organismus es nicht allein machen kann. Wir sollen uns an jede mögliche Umgebung anpassen können. Darum müssen wir uns selber kümmern. Die Natur hat uns auch Verstand gegeben, aber die wirklich wichtigen Dinge im Leben hat sie nicht dem Verstand anvertraut. Außerdem dauert es lange, bis wir zu Verstand gekommen sind, und manchmal will es anscheinend überhaupt nicht recht klappen. Deswegen ist eine der hervorragendsten Eigenschaften der Seele das FÜHLEN.

Wenn wir tot sind, fühlen wir nicht. Es ist niemand da, der fühlt. Die Rezeptoren sind noch da, aber am anderen Ende der Leitung ist niemand mehr. Wir Lebenden wissen das, auch wenn diese Erkenntnis uns manchmal schwer fällt. Der Körper ohne Seele ist so tot wie ein Kotelett im Kühlschrank. Es friert nicht, und in der Pfanne wird ihm nicht heiß. Deswegen kann eine Leiche verbrannt werden, ohne dass sich bei den Lebenden Mitleid regt, außer mit den Hinterbliebenen, wohl aber gegebenenfalls Trauer um die verstorbene Person. Für einen lebenden Körper hingegen sind selbst geringfügige Brandverletzungen äußerst schmerzhaft. Wir haben Reflexe, die uns veranlassen, die Hand (oder andere Körperteile) schnellstens zurückzuziehen, wenn wir uns verbrennen würden. Das könnte auch eine Maschine. Sie könnte auch lernen, zukünftig Hitze zu meiden. Aber wir Lebenden FÜHLEN Schmerz und Hitze. Etwas ist in uns, das fühlt, etwas sehr Persönliches. Dies ist unser Zentrum, unsere „Seele". Es gibt keine Verwechslungsmöglichkeit, wer das ist, der/die da fühlt: Das bin wirklich ich. Niemand anderes kann fühlen, was mein Körper an Reizen vermittelt. Der Nerv leitet nur einen Reiz weiter, das Gehirn organisiert alles Nötige. Das könnte auch ein Computer, der mit den entsprechenden Sensoren ausgestattet ist. Vielleicht könnte der es sogar noch besser und schneller. Aber fühlen kann weder Nerv noch Gehirn, noch Computer, noch Sensor. Das Fühlen ist keine materielle Leistung, die sich irgendwann gleichsam von selbst einstellt, wenn die Maschinerie nur kompliziert und unverständlich genug ist. Die Fähigkeit zu fühlen konstituiert eine wesentliche Qualität der Seele. Der Körper ist ohne diese Seele nur Fleisch und muss entsprechend kühl aufbewahrt werden, um nicht zu zerfallen. Mit dieser Seele jedoch würden wir bei solchen Temperaturen frieren und alles Erdenkliche tun, um unsere Wärme zu halten. Wir entwickeln z.B. die Neigung, besonders empfindliche Körperregionen zusätzlich mit einem Bekleidungsstück zu schützen, etwas Kulturübergreifendes, und dies ist sehr wirksam durch Schamgefühle gesichert, die eine Neigung zu scheinbar religiöser Fundierung aufweisen. Man wird dieses Verhalten zwar mental modulieren, aber nicht kontrollieren können.

Mit der Seele brauchen wir nicht zu befürchten, dass der Körper sich auflöst, selbst bei Innentemperaturen, die sonst in einem Brutschrank herrschen. Es ist dafür gesorgt, dass alle beteiligten Zellen, Mikroorganismen, Organe und Organellen, Enzyme und andere Eiweiße sich darin einig sind, den Körper heil und funktionsfähig zu erhalten, viele Jahrzehnte lang, unter sehr unterschiedlichen und schnell wechselnden Außenbedingungen. Wir nennen es LEBEN.

Dies ist aber nur ein Wort für einen Vorgang, den wir nicht wirklich verstanden haben oder verstehen können. Wir kommen nicht mit einem Bordbuch für diesen Körper auf die Welt. Wörter ändern ihre Bedeutung, und nach Jahrhunderten würde man die Bedienungsanleitung nicht mehr sicher verstehen. Die Ideologien, Sitten und Bräuche, Umgebungen – dies alles ändert sich ständig und wiederholt sich nie. Wir haben z.B. heute Schwierigkeiten, nur wenige Jahrhunderte alte Arzneirezepte zu verstehen, selbst wenn sie in Deutsch geschrieben wurden, weil die genaue Bedeutung der Wörter nicht mehr bekannt ist. Die Natur hat es deshalb so eingerichtet, dass die wirklich wichtigen und notwendigen Dinge in unserem Leben nicht durch Wörter, sondern durch Gefühle geregelt werden. Diese ändern sich nicht im Laufe eines Lebens, und anscheinend auch nicht über die Jahrhunderte. Angst ist Angst, Freude ist Freude, Schmerz ist Schmerz, Wut ist Wut. Es sind natürlich andere Dinge, vor denen wir mit 3 Jahren Angst haben oder über die wir uns freuen, als mit 30 oder mit 90 – aber die Gefühle selbst ändern sich nicht. Die Verzweiflung einer Filmschauspielerin, die im Spiegel ihre Falten zählt, ist dasselbe Gefühl wie die Verzweiflung eines Alkoholikers, dem seine letzte Flasche zur Neige geht. Vieles bleibt im Laufe eines Lebens überraschend konstant: Wir mögen keinen Schmerz, von Anfang an bis zum Ende unseres Lebens. Wir mögen keinen Hunger, keinen Durst. Wir mögen nicht angeschrien werden. Es gibt Vieles, das wir von Anfang an nicht mögen, und dies ändert sich nicht im weiteren Verlauf. Anderes wiederum mögen wir zu jedem Zeitpunkt unseres Lebens: Geborgenheit, Zärtlichkeit, Freude, Schönheit, Verständnis. Wir mögen Sonne, Mond und Sterne. Diese tauchen auch oft als dekorative Symbole schon in unseren Kinderzimmern auf, sowie Tiere und Pflanzen. Wir mögen sogar Steine. Wir interessieren uns sehr für Menschen, mögen aber nicht alle. Auch dies wird so bleiben, egal, wie alt wir werden.

So können wir ebenfalls davon ausgehen, dass im Laufe der Geschichte unsere Gefühle in sich unverändert geblieben sind. Dafür spricht u.a., dass uns selbst die älteste überlieferte Literatur vergangener Kulturen verständlich ist, sofern sie vom Menschen handelt – und dass wir sogar mit den Tieren sympathisieren können. Über die Artengrenzen hinweg können wir, Offenheit vorausgesetzt, z.B. verstehen, ob ein Tier sich ärgert oder freut.

1.4.1. Pflanzen

Vielleicht gibt es entsprechende Beobachtungen sogar im Pflanzenreich. Es ist eigentlich ziemlich simpel: Wir sagen, eine Pflanze fühlt sich wohl, wenn sie wächst, blüht, gedeiht, sich fort*pflanzt*. Sie muss gar keine besonderen Kunststücke aufführen, sie darf einfach unter optimalen Bedingungen leben. Sie reagiert auf Pflege und Vernachlässigung. Sie zieht sich zurück, geht ein, wenn sie nicht bekommt, was sie braucht. Sie blüht nicht, lässt ihre Blätter hängen, die Farben verblassen. Sie fühlt sich dann nicht wohl - wenn man bereit ist, ihr Gefühle zuzugestehen. Viele Menschen sprechen mit ihren Zimmerpflanzen (mit wilden Pflanzen wohl seltener) und meinen zu beobachten, dass diese darauf reagieren. Vielleicht verstehen die Pflanzen uns, vielleicht können wir die Pflanzen verstehen, in einem tiefen, emphatischen Sinn, ohne Worte. Dass wir mit ihnen sprechen, sie jedoch nicht mit uns, liegt wahrscheinlich nur daran, dass wir sprechen können, sie hingegen nicht. Das heißt nicht, dass nur der fühlen kann, der spricht. Sprechen und Fühlen haben nichts miteinander zu tun. Wenn das Fühlen eine Funktion des Lebens ist, haben auch die Pflanzen teil daran, auf ihre Art.

1.4.2. Baby

Aber zurück zu unserem Baby:

Fühlen strengt uns nicht an. Wir fühlen sogar im Schlaf noch, wenn wir etwa Hunger oder Durst bekommen oder falsch liegen, d.h. die Blutversorgung nicht ausreicht; wir fühlen Kälte, Hitze und Schmerz. Wir hören im Schlaf. Wir fühlen, dass wir aufwachen müssen. Wir fühlen, dass wir schreien müssen. Am Anfang ist alles Gefühl! Wenn alles in Ordnung ist, fühlen wir das auch, aber für dieses wundervolle Gefühl haben wir keinen Namen. Wir nennen es gerne: nichts. Wir kommen auf die Welt, beginnen zu atmen und wir öffnen unsere Augen. Diese Vorgänge scheinen, von außen gesehen, automatisch abzulaufen, wie der Programmschalter einer Waschmaschine. Von innen – d.h. von der Seele aus – sind sie jedoch von Gefühlen gesteuert. Wir brauchen unbedingt Luft, deswegen fangen wir an zu atmen. Die Unterbrechung der Luftzufuhr wird unser Leben lang sofort absolute Panik in uns auslösen, weil unser wichtigstes Bedürfnis gefährdet ist. Ohne Essen und Trinken halten wir es eine Weile aus, aber ohne Atem sind wir nach wenigen Minuten tot. Atmen ist unser stärkstes Bedürfnis. Bewusst wird uns das allerdings nur, wenn die Luftversorgung bedroht ist. Nichts kann uns dann trösten oder ablenken. Dies wird unser Leben lang so bleiben. Die Atmung wird von einem relativ bewusstseinsfernen Regelzentrum im Zentralnervensystem gesteuert, ist dem Bewusstsein aber zu jedem Zeitpunkt zugänglich. Wir können unseren Atem fühlen, wann immer wir wollen.

Für die Augen gibt es zwei Grundstellungen: offen und geschlossen. Das Baby öffnet seine Augen nicht, weil es das tun muss, sondern weil es sich aktuell besser anfühlt, sie zu öffnen. Das Baby wird immer das tun, was sich gut anfühlt, und wird im Verhalten stark reagieren, wenn es darin eingeschränkt wird. In dem Moment, wenn es sich besser anfühlt, die Augen zu schließen, werden sie geschlossen – bis es sich wieder besser anfühlt, sie zu öffnen. Auch dies wird unser Leben lang so bleiben. Damit ist nicht der Lidschlussreflex gemeint, der das Auge vor Austrocknung oder Beschädigung schützt.

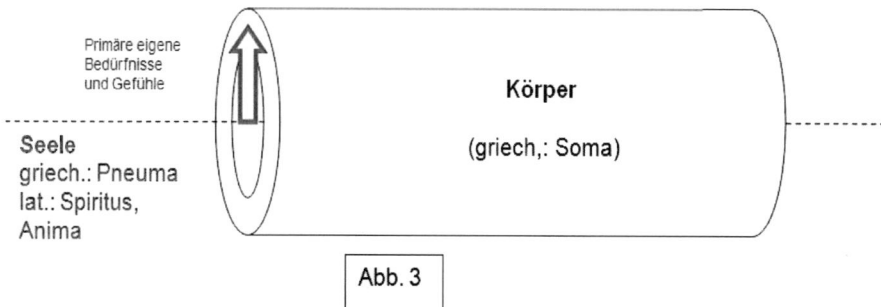

Primäre eigene
Bedürfnisse
und Gefühle

Körper

Seele
griech.: Pneuma
lat.: Spiritus,
Anima

(griech,: Soma)

Abb. 3

Wir fühlen, dass es uns gut tut, die Augen schließen zu können, wenn sie sich müde anfühlen. Es ist auch schön, wenn wir sie öffnen und etwas sehen können. Es ist schön, wenn wir das Bedürfnis nach Bewegung haben, uns auch bewegen zu können. Wir hampeln und strampeln nach Herzenslust. Es sind keine Zuckungen, sondern zeigt bloß Mangel an motorischer Koordination, bei bereits vollständig ausgebildeter Fähigkeit, Freude an Bewegung zu haben. Wir können aber auch das Bedürfnis erleben, gehalten zu werden, gut eingepackt zu sein. Dann ist das schön. Wir mögen es nicht, wenn wir hampeln und strampeln möchten, aber daran gehindert sind; ebenso wenig mögen wir, wenn wir gehalten und eingepackt sein wollen, dies aber nicht geschieht. Babys können schon ganz schön kapriziös sein! Aber sie haben keine Absichten, sie folgen nur ihren Gefühlen. Dies tun sie, weil dieser zarte, feine Körper nach relativ komplexen Wartungsvorgängen verlangt, damit er sich optimal entwickeln kann. Dafür haben wir unsere Gefühle! Anstelle einer mitgelieferten Bedienungsanleitung. Damit dieses Spitzenprodukt einer langen Evolution eine angemessene Existenz haben kann und nicht unnötig geschädigt wird (Abb 3.). Niemand außerhalb des Körpers kann so genau wissen – d.h. fühlen – wie wir selbst, was uns fehlt, was uns gut tut und was uns schadet. Auch die Mutter ist für optimale Versorgung auf unsere Äußerungen angewiesen.

Uns selbst ist sowieso klar, dass das, was uns gefällt, auch gut für uns ist, und dass nicht gut für uns sein kann, was uns nicht gefällt. Am meisten gefällt uns natürlich zu jenem frühen Zeitpunkt eine gute Kommunikation mit einer verständnisvollen Mutter. Das ist sehr gut für uns. Wir müssen aber auf die Möglichkeit vorbereitet sein, in einer weniger förderlichen Umgebung aufzuwachsen. Auch für diesen Fall gibt es natürliche Vorkehrungen, ich komme darauf noch zurück.

1.4.2.1. Kolostrum

Mit dem ersten Atemzug wird die Versorgung des Babykörpers durch die Nabelschnur beendet, sie hört auf zu pulsieren. Daraufhin setzt unsere eigene Energieversorgung ein, der Blutzuckerspiegel sinkt, worauf der Organismus mit einem Gefühl reagiert, das wir später Hunger nennen werden. Wir wissen noch nicht, wie es heißt, aber wir wissen, dass wir es nicht mögen. Wir werden es unser ganzes Leben lang nicht mögen.

Wir bekommen nach der Geburt umgehend Nahrung angeboten, und zwar vom Feinsten. Ähnlich, wie wenn eine neue Boutique aufmacht, und alle Kunden bekommen am ersten Tag ein Glas Sekt in die Hand gedrückt. Direkt nach der Niederkunft produziert die mütterliche Brustdrüse das Kolostrum, die „Erstmilch", die besonders reich an Proteinen, Enzymen, Vitaminen, Mineralien, Wachstumsfaktoren, Aminosäuren und Antikörpern ist, in der Beschaffenheit dickflüssiger und schleimiger, sie bildet gleichzeitig eine Schutzschicht auf den empfindlichen Schleimhäuten der Verdauungsorgane des Babys. Sie enthält Carotine, was ihr eine gelblich-orange Farbe verleiht. Erst nach etwa 5 Tagen wird endgültig die „normale" Muttermilch herge-stellt. Aber das wichtigste für das Fühlen des Babys: Es schmeckt hervorragend! Das Baby nimmt die Nahrung nur an, wenn sie gut schmeckt, sonst kann es nicht trinken. Babys lieben süß, verabscheu-en bitter. Sie verziehen das Gesicht, wenn etwas nicht gut schmeckt, und verweigern die Nahrungsaufnahme. Wenn einem Baby die Nah-rung nicht schmeckt, haben die Eltern ein Problem! Aber die Erstmilch ist nicht nur die perfekte Nahrung für das Neugeborene, sie schmeckt ihm Gott sei Dank auch gut. Babys trinken still und andächtig. Typisch für unsere wissenschaftliche Literatur ist natürlich, dass überall nur auf den enormen gesundheitlichen Nutzen der Muttermilch, insbesondere der Erstmilch hingewiesen wird, nicht aber auch auf den geschmackli-chen Reiz. Es heißt in wissenschaftlicher Literatur, menschliche Mut-termilch enthält – unter anderem - 7% Kohlenhydrate (die der Kuh nur 4,8%). Damit ist Zucker gemeint! Die Mutter schmeckt deutlich süßer als die Kuh. Das Baby trinkt nicht, weil es etwas für seine Gesundheit tun will, sondern weil ihm der Geschmack gut gefällt. Eine bittere Medizin würde es wieder ausspucken. Es vertraut vollständig und ausschließlich seinem Gefühl. Es weiß auch genau, wann es genug getrunken hat, weil es das fühlt. Deswegen hört es auf. Wenn man es weiter füttert, läuft es über.

1.5. Individuum und Person

Für Erwachsene ist es kaum vorstellbar, was es heißt: vollständig dem Fühlen zu vertrauen. Wir sind leider kaum fähig, uns an die Zeit zu erinnern, als wir selbst uns noch in diesem Zustand befanden. Die Erfahrungen und Erlebnisse aus dieser Zeit - das sind immerhin die ersten zwei bis drei Jahre – die sich zudem deutlich länger anfühlen als z.b. die letzten zwei bis drei Jahre – sind von einer so sehr andersartigen Qualität als die späteren Erlebnisse, dass unser Gedächtnis nicht imstande ist, sie zu reproduzieren. Wir haben für dieses angeborene primäre Dateiformat sozusagen keine Wiedergabemöglichkeit mehr. In der Psychologie spricht man von „Primärprozessen". Die Erlebnisintensität und Unmittelbarkeit des Fühlens überfordert den erwachsenen Betrachter, der sein Bewusstsein weitgehend nur noch auf die Identifikation von Begriffen trainiert hat. Es bleiben uns Begriffe, Wörter und Zahlen in Erinnerung. Alles hat einen Namen bekommen.

Die eigentliche Qualität eines Gefühls kann nicht unmittelbar gespeichert werden. Wir vergessen, wie Schmerz sich anfühlt, wenn wir ihn nicht unmittelbar fühlen. Wir behalten nur das Wort: Schmerz, und erinnern uns an Dinge, die damit zusammenhingen. Wir vergessen das Gefühl Hunger, sobald wir satt sind. Und umgekehrt: Wir vergessen, wie es war, satt gewesen zu sein, wenn wir wieder Hunger haben. Wir behalten nur eine abstrakte begriffliche Erinnerung, sozusagen eine Verknüpfung, die genauso heißt wie das Original-Gefühl, dieses jedoch nicht enthält. Wir erkennen das Gefühl aber sofort wieder, wenn wir es erleben. Wenn wir kommunizieren wollen, müssen wir die ausschließlich subjektive Gefühlsebene verlassen und auf einer gelernten gemeinschaftlichen Symbolebene operieren. Mit unseren Gefühlen sind wir immer allein, aber die Wörter und Begriffe ermöglichen die Kommunikation. Der Teil von uns, der fühlt, ist das „Individuum" – lateinisch für das „Unteilbare". Es gibt etwas, das – im Gegensatz zu den Atomen (griechisch für das „Unteilbare"), von denen man das über lange Zeit auch angenommen hatte – eine Einheit darstellt, nicht weiter teilbar. Der Versuch, diese Essenz unseres Wesens beschreibend darzustellen, führt allerdings zu keinem Ende. Man findet nur immer mehr von dem, was diese Seele *nicht* ist, ähnlich wie in der Yoga-Lehre ein Erkenntnis-Stadium durchlaufen wird, das die Yogis „neti-neti" nennen – „weder dies noch das".

Gefühle lassen sich nicht vollständig in Wörter und Begriffe übersetzen. Wir nehmen gern noch Musik und Bilder hinzu, in unserem Bemühen, mit anderen Individuen zu kommunizieren. Wir suchen nach gemeinsamen Symbolen, die eine Verständigung ermöglichen. In diese Richtung wird unsere Entwicklung gefördert, durch den Erwerb von Sprache und Kultur. Dies geht jedoch auf Kosten der ursprünglichen Gefühlswelt, die uns dadurch immer fremder wird. Wir können uns noch nicht einmal mehr daran erinnern, obwohl sie die persönlichste Schicht unseres Bewusstseins darstellt und auch noch vorhanden ist. Wenn man genau hinhört, klingt aus den Tiefen des Unbewussten noch immer eben dieses einmalige Individuum heraus – die „Person"! Das Wort Person enthält die lateinische Silben „per", d.h. „durch", und „sonare", d.h. „klingen". Die Person ist das, was durchklingt, was trotz der gemeinsamen Sprache einmalig und individuell, d.h. unteilbar ist.

Wieder zurück zu unserem Baby: Die Natur hat dafür gesorgt, dass wir unsere individuellen Bedürfnisse – als Gefühl – wahrnehmen und angemessen zum Ausdruck bringen können, als Person. Dies geschieht mit größter Präzision, und mit Hilfe uns liebender Bezugspersonen können wir die Babyzeit überleben und uns weiterentwickeln. Wir folgen einfach unseren Gefühlen. Es kommt jedoch der Zeitpunkt näher, an dem das nicht mehr so einfach geht!

> *„Die größte Verletzung, die man einem Kind zufügen kann, ist die Zurückweisung seines wahren Selbst. Wenn die Eltern die Gefühle, Bedürfnisse und Wünsche ihres Kindes nicht respektieren, weisen sie das wahre Selbst des Kindes zurück und zwingen es dazu, ein unechtes Selbst zu entwickeln."*
> -John Bradshaw, Das Kind in uns

Wir müssen vieles tun, damit der Körper sich zu einem gesunden, voll funktionsfähigen erwachsenen Organismus entwickelt. Damit der Bewegungsapparat störungsfrei bleibt, brauchen wir sehr viel Bewegung, vor allem in der Wachstumsphase. Dafür sorgen wir als Kind, indem wir uns freiwillig, lustvoll und gerne bewegen, in den Augen der Erwachsenen möglicherweise ziellos und unnötig. Diese erleben unseren natürlichen, gesunden Bewegungsdrang vielleicht als eher störend und anstrengend – wir als Kinder jedoch nicht. Es tut uns gut. Typisches Beispiel: Wenn Kinder längere Zeit – d.h. länger als 3-4 Minuten – still sitzen, entsteht leicht der Drang, sich nach hinten gegen die Rückenlehne zu lehnen und den Stuhl zu „kippeln", zu balancieren. Wir wollen nicht umfallen, halten uns gerne irgendwo fest, z.B. am Tischtuch. Warum tun wir das?

1.6. Die Mutter aller Konflikte

Probieren Sie es bewusst aus: Kippeln sie auf einem geeigneten Stuhl (die Stühle früher in der Schule waren ganz gut!) und achten Sie auf das Gefühl, das dadurch erzeugt wird. Wenn es gut läuft, bekommen wir umgehend im unteren Rückenbereich ein angenehmes und wohltuendes Gefühl von Entlastung. Manchmal knackt es sogar, tut aber gut. Wir nennen dieses Manöver „Bandscheibenstütze", weil wir als Erwachsene wissen, dass die Bandscheiben keine Blutversorgung haben und zu ihrer Ernährung, Erhaltung und Pflege auf die umgebende Gewebsflüssigkeit angewiesen sind. Dieser Vorgang wird durch eine Bewegung bewirkt, in der sich die Bandscheiben so verformen, dass sie sich abwechselnd vollsaugen und wieder auswringen. Dies ist für den Erwachsenen notwendig, aber noch viel mehr in der Wachstumsphase. Die spätere Funktionstüchtigkeit und Beschwerdefreiheit der Wirbelsäule, ein besonders wichtiges Bauelement unseres Körpers, hängt davon ab. Wir sind deswegen mit Gefühlen ausgestattet, die uns motivieren, uns in bestimmter Weise zu bewegen, damit dieses Bauteil richtig wächst. Wir strecken und dehnen uns, winden und drehen uns, meistens unwillkürlich, aber dem Lustprinzip folgend. Es handelt sich um ein echtes Bedürfnis aus der eingebauten Bedienungsanleitung für unseren Körper. Bei Kindern ist dieses Bedürfnis noch deutlich intensiver, wegen der besonderen Bedeutung der Wachstumsphase. Wenn da etwas schief geht, lässt es sich später schwer korrigieren. Deswegen entwickeln Kinder in hohem Maße eine Eigenschaft, die Erwachsenen leicht an die Grenzen ihrer Geduld und Energie bringen kann und die wir etwas missbilligend „motorische Unruhe" nennen. Aus dem Bereich der Seele kommt z.B. ein Signal: Tu etwas für deinen Rücken und kippele mit dem Stuhl. Dass das gut für dich ist, merkst du daran, dass es sich im Rücken gut anfühlt. Das genügt zunächst, von Gesundheit hat das Kind in dem Alter noch kein Konzept. Es wird, dem Gefühl folgend, ohne Zögern beginnen zu kippeln. Es wird kippeln, so lange das sich besser anfühlt als nicht zu kippeln. Es wird aufhören zu kippeln, wenn sich d a s besser anfühlt, keine Sekunde später. Es wird dann etwas anderes tun, was sich im Moment gut anfühlt. Es folgt, wie alle belebte Natur, dem von *Sigmund Freud* so genannten Lustprinzip, wo immer es geht und so lange es kann.

Also, das Kind folgt seiner Seele, d.h. seinem primären, unschuldigen Gefühl, und es tut etwas Richtiges für seinen kostbaren Körper, was es nur selber tun kann, wenn es sich von dem Gefühl leiten lässt: jetzt kippeln!

Nun sitzt aber neben dem Kind sein Vater oder sonst eine von den mächtigen Personen, mit denen das Kind zusammenlebt. Der Vater schaut sich das Kippeln eine kleine Weile an und wird dann vermutlich dazu Stellung nehmen. Er hat im Prinzip zwei Möglichkeiten:

1) Ah, ich sehe, du kümmerst dich gerade um deine Wirbelsäule, damit dieses anspruchsvolle Bauteil sich perfekt entwickelt und du später keine schwer behandelbaren Rückenbeschwerden bekommst, womöglich vorzeitig invalid wirst und uns im Alter nicht beistehen kannst. Ich möchte dich unterstützen. Soll ich deinen Stuhl ein wenig halten, damit du dich nicht an der Tischdecke festhalten musst und nicht nur dich, sondern auch unser Essen versehentlich in Gefahr bringst?

Oder:

2) Sitz still!

Möglichkeit 1) ist inhaltlich nicht so weit hergeholt, wie es uns zunächst erscheinen mag, ist jedoch eher unwahrscheinlich, entspricht in der Regel nicht unseren Erfahrungen. So viel Verständnis würde uns überwältigen und sehr glücklich machen! Da ist jemand in der Außenwelt wirklich auf **unserer** Seite! Großes, großes Glück.

Der Vater, oder wer immer mit der Sache befasst ist, erlebt das anders. Er hat vielleicht den Kopf voll mit Problemen, die nur er kennt und für deren Bewältigung er seine ganze Kraft braucht, er fühlt sich belastet und allein gelassen, enttäuscht, ängstlich und wütend. Er liebt auch sein Kind, kann sich aber wegen seiner eigenen emotionalen Zwangslage nicht für dessen Bedürfnisse öffnen. Er sieht nur den negativen Teil der Situation, die Gefahr, und versucht folgerichtig, dieser entgegenzutreten: Sitz still. Auch er meint es nur gut, so gut wie er im Moment kann.

Eine derartige Situation, in der im Bewusstsein zwei unvereinbare Impulse frontal aufeinander treffen, nennt man: **Konflikt**.

Wie geht es weiter? Es mag Kinder geben, die sofort kapitulieren, weil sie aufgrund ihrer Intelligenz oder ihrer Erfahrung die Aussichtslosigkeit der Lage erkennen, oder deren Bestreben, den Eltern entgegenzukommen, so stark ist, dass die einmalige Aufforderung: *sitz still!* genügt, und sie „folgen". Aber selbst dann ist der entstandene Konflikt nur oberflächlich gelöst.

Es ist nämlich ein Konflikt zwischen dem persönlich gefühlten Bedürfnis des Kindes und den Anforderungen der Außenwelt entstanden. Dieser Konflikt kann nicht auf Dauer ertragen werden und bewirkt, dass wir nach Lösungswegen suchen, wie wir die gegensätzlichen Impulse der Innen- und Außenwelt unter einen Hut bringen können. Wir beginnen, die Möglichkeiten unseres Gehirns zu entdecken und zu gebrauchen: Wir **denken**! Wir machen Beobachtungen, experimentieren, planen, erwarten, entwickeln Theorien, versuchen, Ereignisse vorherzusagen, korrigieren unsere Erwartungen, speichern Erfahrungen, kurz: wir **lernen**. Die geschilderte Situation mit dem Kippeln ist nur ein kleines Beispiel für diesen wichtigen Vorgang, der sich unser Leben lang ständig abspielt, aber nie mehr so intensiv wie in der frühen Kindheit. Wir müssen denken, weil ein Widerspruch zwischen den Ansprüchen der gefühlten Innenwelt (Seele) und der erlebten Außenwelt besteht. Und wir können nicht mehr aufhören damit, weil die Lösungen immer nur vorläufig sind und ständig neue Anpassungen notwendig werden. Solche frühe fundamentale Vorgänge nennt man **Prägung**; die Programminformation wird in das Material eingearbeitet, ist selbst nach vollständiger Entfärbung noch erkennbar. Schwer zu vergessen, da nicht gelernt. Schwer zu modulieren, da überwiegend unbewusst und/oder unabsichtlich entstanden.

Zurück zu unserem Kippelkind: Es besteht also ein Konflikt zwischen dem eigenen, unschuldig gefühlten Bedürfnis nach besserer Durchflutung der Bandscheiben auf der einen Seite und dem Wunsch des Vaters nach Wohlverhalten. Wenn das Kind dem Vater folgt, muss es das eigene Bedürfnis opfern. Um dies vor sich selbst zu rechtfertigen, wird es möglicherweise bestrebt sein, herauszufinden, was denn die

Alternative dazu ist. Dazu braucht es lediglich so zu tun, als hätte es die Aufforderung nicht gehört, und es kippelt weiter. Der Vater versteht intuitiv dieses Manöver: Er muss deutlicher werden. Je nach seiner persönlichen Befähigung wird er dann deutlicher, das Spektrum ist breit zwischen ruhiger Verhandlung und offener Gewaltanwendung. In jedem Fall wird er bestrebt sein, dem Kind klar zu machen, wo letztlich der Hammer hängt: Die Ansprüche der Außenwelt haben Vorrang! Für das Kind und seinen Lernprozess ist wichtig, herauszufinden, wie weit der Vater dabei gehen wird. Es wird versuchen, die Grenzen auszutesten. Dies geschieht nicht aus Trotz oder Bosheit, sondern bedeutet eine wichtige und gefahrvolle Expedition in eine unbekannte Welt, der man sich anpassen möchte, wenn man sie nur verstünde. Anders kann das Kind eine wichtige Stellgröße für seine weiteren Erkenntnisse nicht erfahren. Jugend forscht! Immerhin geht es um die Gesundheit des kostbaren Körpers. Dies geschieht dem Kind zwar nicht bewusst, bedingt aber die Wichtigkeit und Beharrlichkeit, mit der es vorgeht. Es wird häufig erkennen müssen, dass es in einem offenen Konflikt einfach keine Chance hat, dass möglicherweise niemand ihm hilft, seine unmittelbaren Bedürfnisse gegen die Ansprüche und Erwartungen der sozialen Außenwelt durchzusetzen. Das ist eine sehr wesentliche Erkenntnis. Es muss seine eigene Intelligenz entwickeln, um einen Weg zu finden, mit diesem Konflikt zu leben.

1.6.1. „Ich"

Dieses sich allmählich entwickelnde „Ich" übernimmt mehr und mehr die Aufgabe, unser Verhalten zu bestimmen (Abb. 4). Wenn ihm das gut gelingt, dann bekommt unser Körper im Großen und Ganzen, was er braucht, um sich gut zu entwickeln und gesund zu bleiben – selbst in einer relativ verständnislosen Außenwelt können wir überleben oder sogar Anerkennung finden. Aus dem Urkonflikt zwischen Innen und Außen entsteht also eine mächtige Verwaltung, welche diese Aufgabe übernimmt. Für dieses „Ich" hatten die alten Griechen das Wort „psyche", dessen Symbolfigur ein Mädchen mit Schmetterlingsflügeln war, ein sehr zartes Wesen (wir erinnern uns, dass Schmetterlingsfügel keine Berührung tolerieren!). Psyche wird im antiken Märchen von Amor (Sohn der Liebesgöttin Venus) ent- und verführt. Die beiden kriegten übrigens eine Tochter namens „Voluptas", deutsch: Wollust (wenn jemand die Symbolik weiterspinnen möchte).

Die Römer nannten es „mens", davon kommt: mental. Es kennzeichnet die Ebene der mentalen Vorgänge. Ein römisches Sprichwort sagt: „mens sana in corpore sano" – ein gesunder Geist in einem gesunden Körper. Dies bedeutet: Ein gesundes Ich ist in der Lage, den Ansprüchen der Außenwelt standzuhalten und dabei noch die Bedürfnisse des Körpers genügend zu berücksichtigen, und dieser bedankt sich durch Gesundheit. In die andere Richtung, wie das Sprichwort leider häufig oberflächlich missverstanden wird, funktioniert es nicht so gut: Ertüchtigung und Pflege des Körpers produzieren nicht unbedingt einen gesunden Geist!

In Englisch heißt dieser Teil von uns „mind". Wir nennen dieses Phänomen auf deutsch meistens „Geist".

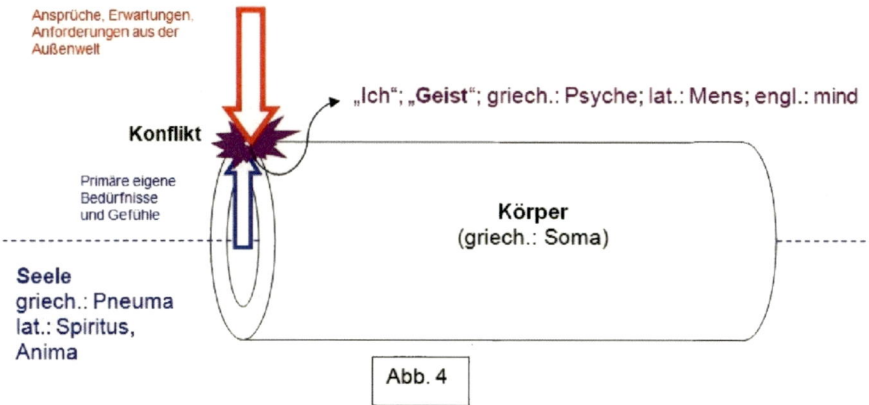

Abb. 4

1.6.2. Gespenster

Geist ist ein merkwürdig unscharfes Wort, das vom Nachtgespenst bis zum heiligen Geist sehr unterschiedliche Dinge benennt. Bei genauerem Hinsehen finden sich allerdings Gemeinsamkeiten von Gespenstern und dem „Geist", der als ursprünglich als Schnittstelle zwischen Seele und Außenwelt entstand. Bei Geist sowie bei Gespenst besteht gleichermaßen Unsicherheit hinsichtlich des Realitätsgehalts, der Teilhabe an der Wirklichkeit, die im Licht erst erkennbar wird. Beiden kann man schwer entfliehen. Auch wenn der Realitätsgehalt fraglich ist, besitzen sie doch große Macht. Das Gespenst kann zwar durch verschlossene Türen und sogar durch massive Wände gehen, kann einen aber nicht erwürgen. Es hat keine Hände. Doch es kann einen z.B. vor Angst zum Wahnsinn treiben oder in große Gefahr bringen, bis zum Selbstmord. Es gibt allerdings auch wohlwollende Gespenster (ich spreche hier von Literatur. Ich selbst habe keinen Grund, an Gespenster zu glauben). Den Aktionen von Gespenstern haftet typischerweise etwas Unstabiles an, alles war nur Illusion und Gaukelei, die mit dem Ende der Geisterstunde (der dunkelsten Stunde der Nacht) rückstandsfrei verfliegt – wenn der Held dann noch am Leben und bei Verstand ist. Spätestens mit dem Tageslicht vergeht der Spuk.

Romantische Gespenster verdanken ihre Entstehung meistens ungelösten Konflikten, z.b. ungesühnten Verbrechen, und stehen oft in Verbindung zu einer tragischen Schuldproblematik. Gespenster können erlöst werden! Das ist allerdings nicht leicht, sondern erfordert ein ungewöhnlich hohes Maß an Opferbereitschaft, Reinheit, Unschuld und Liebe. Keine Macht der Welt kann den Fluch besiegen. Deswegen können darüber locker einige Jahrhunderte oder Jahrtausende vergehen. Häufig haben auch Engel oder andere gute Geister die Hand im Spiel. Am Ende soll das Gespenst erlöst sein, und die Unschuld erhält Zugang zu einem Schatz. Die Wahrheit wird offenbar. Der Spuk ist endgültig vorbei.

Dieses Schema durchzieht die Märchen- und Mythenwelt aller Völker und stellt einen Archetyp dar, d.h. ein gestalthaftes Symbol für etwas, das dem kollektiven Unbewussten der gesamten Menschheit angehört, eine anders nicht fassbare existenzielle Grunderfahrung.

Unsere Sprache und Kultur verändert sich andauernd. Die Archetypen sorgen z.b. dafür, dass bei aller Vielfalt eine gewisse Grundstruktur bleibt und die Sprachen ineinander übersetzbar bleiben, selbst über große Zeiträume und Distanzen. An diesen Stellen ist unser Bewusstsein sozusagen fest verdrahtet. Das haben wir von Mutter Natur mit auf den Weg bekommen. Wir würden sie sonst vielleicht völlig aus den Augen verlieren. Die Archetypen enthalten Botschaften, die bei jedem Kontakt gewisse Updates im Bewusstsein hervorrufen oder aktivieren. Durch ihre Analyse können wir besser verstehen, was sie von uns will. Es ist nicht verkehrt, ihre Vorgaben ernst zu nehmen. Diese Entdeckung verdanken wir *C. G. Jung*.

In jedem Fall stellt das Gespenst, auch wenn es ziemlich alt werden kann, einen letztlich unerwünschten und erlösungsbedürftigen Daseinszustand dar. Es ist häufig leidend und gequält – trägt Ketten, nicht heilende Wunden oder hat den Kopf unter dem Arm. Meistens ruhelos, besonders nachts, kann es richtig böse werden. Es kann Gruppen bilden (z.B. einen „Team-Geist", der wiederum ganz eigentümliche Eigenschaften entwickeln kann), ist aber oft einsam, rechnet eigentlich nicht mit seiner Erlösung und vertreibt sich die lange, sinnlose Zeit mit allerlei Schabernack. Es agiert eigentlich eher zwanghaft und humorlos, hat manchmal aber einen grimmigen Spaß daran, Ungerechtigkeiten, Ungereimtheiten und Schwächen im Leben der Menschen aufzudecken und der Strafe zuzuführen. Erlöst wird es, indem es endlich seinen Frieden findet; dann hört es auf zu existieren. Dies kann es nicht allein. Auch die sonst so mächtige Zeit vermag nicht die Wunden des Gespenstes heilen, es braucht die Begegnung mit der Liebe, wobei klar ist, dass es sich dabei nicht um eine oberflächliche erotische Spielart dieses Gefühls handeln darf. Diese wird eher bestraft, bevorzugt mit einem bösen Erwachen. Nur wahre, unschuldige und reine Liebe hat die Macht, das Gespenst zu erlösen.

Kann es sein, dass uns dieses Gespenst irgendwie bekannt vorkommt?

1.7. Geist

Wenn es heißt: Der Mensch besteht aus Körper, Geist und Seele, dann kann dies so verstanden werden: Der Körper besteht aus Wasser und Erde („Lehm"), aus zunächst unbelebten Elementen, die durch die Aktivität der Pflanzen so aufbereitet wurden, dass sie miteinander auf eine ganz besondere Weise kommunizieren können.

Seele nennen wir das innerste Prinzip, das diesem „Lehm" Leben einhaucht (der „Odem"). Wir können über die Natur dieses Phänomens nur begrenzte und beschreibende Aussagen machen. Wir sehen, dass dieser

Abb. 5
Staubteufel in Arizona

Odem die Macht hat, eine Ansammlung von eigentlich leblosen Elementen der Erdkruste über einen beachtlichen Zeitraum so zu animieren, dass sie herumläuft, denkt, fühlt, spricht, wahrnimmt, tanzen und singen kann. Ähnlich wie sogenannte Staubteufel (Abb. 5) in der Wüste, wo manchmal der Wind Material vom Boden erfasst und herumwirbelt, tanzen lässt in einer scheinbar lebendig anmutenden Gestalt, bis der Staubteufel nach ein paar Minuten wieder in sich zusammenfällt und auf den Boden zurückkehrt. Der Staubteufel wirbelt Staubpartikel auf, die sich aneinander reiben und sich dadurch elektrisch aufladen. Die kreisenden Ladungen erzeugen sogar ein Magnetfeld und geben Energie ab. Der Staubteufel macht Krach. Aber die eigentliche Antriebsenergie kommt vom Wind.

Der Staubteufel besteht aus Staub (es gibt auch Varianten mit Sand, Schnee, Wasser, Nebel, Feuer) und Wind. Er ist ein faszinierendes Wetterphänomen, aber Geist wird man ihm nicht zusprechen. Das kann der Wind nicht. Wenn aber der „Odem" in die Erde greift, entstehen noch viel faszinierendere Gebilde! Solche, die z.B. sprechen und hören können.

Staubteufel gibt es auch auf dem Mars! Der kleine automatische Mars-Rover der NASA hat welche dabei fotografiert, wie sie seine Reifenspuren verwischen. Aber die Frage, ob es LEBEN auf dem Mars gibt, hängt vermutlich daran, ob es LEHM auf dem Mars gibt – dieses interessante Gemisch aus Mineralien und flüssigem Wasser. Damit könnte vielleicht der Odem etwas anfangen! Inzwischen wird der Mars, im Unterschied zum Mond, von seinen Staubteufeln schön aufgeräumt. Man kann ein Video davon im Internet sehen, unter http://en.wikipedia.org/wiki/File:Marsdustdevil2.gif

„All we are is dust in the wind"
-Kansas, US-Rockgruppe, 1977

Unter Geist verstehen wir unseren eigenen Beitrag zum Menschsein. Unter dem Erleben der Unvereinbarkeit der gefühlten eigenen Bedürfnisse mit den Ansprüchen der Außenwelt beginnt unser begrenzter Verstand, sich einen Reim auf die Dinge zu machen. Diesen Vorgang nennen wir Denken, und auch hierbei handelt es sich um eine angeborene Fähigkeit. Wir tun es gerne. Besonders lieben wir das Gefühl, etwas zu verstehen, wenn das Denken zu einer Vereinfachung führt, indem es Beobachtungen, Annahmen und Erfahrungen so miteinander verbindet, dass zutreffende Erwartungen entstehen. Wir lernen gerne, auch wenn wir uns nicht unbedingt gerne belehren lassen. Durch diese unablässige, mentale (von „mens" = Geist) Arbeit entsteht in, sagen wir einmal: unserem Kopf, eine zweite, gleichsam virtuelle Welt, die wir besser verstehen, als die sich ständig verändernde durch die Sinne vermittelte Welt. Sie stammt immerhin aus unserer eigenen Produktion, deswegen haben wir eine Chance, sie zumindest teilweise zu verstehen. Wir besitzen Vorstellungskraft. Es ähnelt einem Computermodell, welches durchaus Vorhersagequalitäten hat. Es ist aber nie ganz real, sondern muss durch Lernprozesse, Erkenntnisse und Vergessen immer wieder angepasst werden, um bessere Vorhersagegenauigkeit zu erreichen. Durch Wahrnehmung und Gefühle findet ab und zu ein Realitätsabgleich statt, aber hauptsächlich leben wir in unserer Vorstellungswelt. Diese neigt dazu, immer komplizierter zu werden, so wie Gesetzbücher immer dicker werden. Wir wollen das eigentlich nicht, aber es geschieht trotzdem. Wir versuchen, unser „Computermodell" zu einer möglichst genauen Übereinstimmung mit der Realität zu bringen. Das Modell selbst fängt an, Forderungen zu stellen, um dieses Ziel zu erreichen. Es wird immer mächtiger und beherrscht uns schließlich ohne wesentliche Konkurrenz. Nur eines kann es nicht: Fühlen.

Es bleibt seiner Natur nach immer nur ein reduziertes Abbild der wirklichen Welt, im günstigsten Falle ein Schatten der grandiosen Wirklichkeit, die inzwischen auch nicht still hält, sondern sich im Laufe der Zeit unablässig verändert, ohne sich jemals wirklich zu wiederholen. Unsere Vorstellungswelt dagegen kann lange stagnieren, vor allem, wenn ihr ein paar Vorhersagen scheinbar gelungen sind. Wir hassen es, wenn unsere Vorstellungen nicht mit der erlebten Realität übereinstimmen. Es macht uns hilflos. Wir lieben nicht unbedingt die Realität, wir lieben unsere Vorstellung davon, und wir verteidigen diese auch.

Die echte Realität braucht man nicht zu verteidigen, aber unser so entstandener „Geist" ist unruhig und wachsam, immer bestrebt, innere Widersprüche und Programmfehler auszugleichen, sich zu vervollkommnen in seiner Simulation von Wirklichkeit. Es ist jedoch ziemlich unausweichlich, dass sich nach langer Arbeit am mentalen Simulationsmodell die realen Gegebenheiten so sehr verändert haben, dass Vorhersagen immer weniger zutreffen. Wir befinden uns auf einmal im Irrtum, das heißt, wir irren in der Realität umher und finden auf unserer mentalen Landkarte (oder, moderner, unserem mentalen Navi) keine ausreichende Übereinstimmung mehr. Jeder Autofahrer kennt das: Je größer die Unsicherheit hinsichtlich der eigenen Position wird, desto mehr beschäftigt er sich mit der Karte - und desto schneller fährt er. Doch die Landschaft hat sich verändert, die Karte ist nutzlos geworden, und die erhöhte Geschwindigkeit führt nur zu vermehrtem Verbrauch und gesteigertem Unfallrisiko. Die auf der Karte eingetragene Raststätte ist nirgendwo zu sehen. Doch wir haben uns darauf verlassen, dass sie da sein würde, und wir haben Hunger! Ein echtes Bedürfnis, das in einem virtuellem Restaurant nicht gestillt werden kann. Vielleicht können wir für die Unstimmigkeit der Karte eine Erklärung finden, aber dem Hunger nützt eine Erklärung nicht. Spätestens jetzt beginnen wir zu leiden. Die Oase ist nicht da, und wir sind mitten in der Wüste! Und unser Geist mit seinen langweiligen Erklärungsversuchen fängt an, uns auf die Nerven zu gehen. Wir werden richtig schlecht gelaunt.

Das also ist unser Geist. Ein sehr mächtiges virtuelles Simulationsmodell der Realität. Er hält im Gegensatz zu dieser still, man kann schön an ihm arbeiten. Man kann ihn aufschreiben und dokumentieren. Er wird erst unruhig, wenn er merkt, dass er im Irrtum ist, d.h. nicht mit der Realität übereinstimmt. Er versteht nicht wirklich die Gesetzmäßigkeiten, nach denen sich die Realität andauernd wandelt. Er berechnet die Zukunft aus der Vergangenheit, befindet sich dabei mühelos lange Zeit im Irrtum, ohne dies zu merken. Die Zeit hilft nicht. Er unterliegt nicht der Zeit, da er keine reale Substanz hat. Zweifel an sich selbst kommen ihm erst, wenn er leidet, wenn er mit echten Gefühlen konfrontiert ist: Schmerz, Hunger, Angst, Einsamkeit, Enttäuschung, Trauer, Scham. So mächtig er ist, so kann er doch nicht diese Gefühle einfach übergehen. Aber er kann sich etwas einbilden, und er hat die Möglichkeit, sein Versagen zu verleugnen, auf andere zu projizieren, Schuld zuzuweisen, abzulenken, neue Erklärungen anzubieten. So etwas nennt man in der Psychologie „Abwehrmechanismen". Das Leid hört nicht auf, wird aber wenigstens organisiert. Und wenn der Schuldige identifiziert und seiner gerechten Strafe zugeführt worden ist, wird vielleicht doch noch alles gut. Dem Geist in diesem Zustand zu begegnen kann ganz schön gefährlich werden.

Dies ist jedoch der Geisteszustand, in dem wir normalerweise Menschen antreffen, wenn sie der frühen Kindheit entwachsen sind. Wir leiden unter der Diskrepanz unserer Erwartungen und Berechnungen mit der Realität. Der Geist als unser eigenes Produkt ist uns näher als die Realität, die sich keine Vorschriften machen lassen will. Es ist im Konfliktfall leichter, der Realität auszuweichen als dem Geist. Wir können uns zurückziehen oder fliehen, aber nicht vor unserem Geist, dem wir im Laufe unserer frühen Sozialisation bevorzugten Zugriff auf unser Bewusstsein eingeräumt haben. Wir können die Augen schließen, aber nicht aufhören zu denken. Wir leben mehr und mehr in der virtuellen Welt unseres Geistes, der auch zunehmend unsere Wahrnehmung und unsere Erinnerung kontrolliert. Der Mensch leidet an Einbildung. Das ist nichts Seltenes. Dass man es selber nicht merkt, gehört dazu.

Wir hören und sehen nur noch, was mit unseren Konzepten kompatibel ist. Dieser Geist scheint sich seine eigenen Augen und Ohren machen zu können, lässt uns zu Fremden werden in der realen Welt. In der Welt des Geistes sind Ereignisse wiederholbar und berechenbar, die Zeit ist messbar, die Tage haben Namen und Nummern und wir sind orientiert, das ist unsere Welt. Wir könnten es uns richtig gemütlich machen in unserer Welt – wenn es nicht immer wieder zu Konflikten mit der realen Welt käme, die offensichtlich nicht „unsere" ist, die unsere Vorstellungen noch nicht einmal als Vorschlag annimmt. Dabei werden auch die wahren Machtverhältnisse unübersehbar: Wir sind nur mächtig in unserer eigenen kleinen Welt. In der Realität können wir vor allem Schaden anrichten (wie in der *Trabbi-Werbung*: „Perfektion kann man nicht verbessern").

Der einzige Nachteil dieser mentalen Welt besteht in ihrem virtuellen Charakter, sie ist nur eine Illusion. Ihre Grundlage jedoch ist real, wird durch das Pneuma ermöglicht, durch den Odem, der die Macht hat, aus den Elementen der Erdkruste auf geheimnisvolle Weise diesen Körper nicht nur entstehen, sondern auch leben zu lassen. Er funktioniert vollautomatisch, und er fühlt, was er braucht, egal wie wir geprägt oder programmiert sind.

Der belebte Körper hat durch die Qualität seiner Machart und durch die von den Gefühlen motivierten notwendigen Wartungsarbeiten die Möglichkeit, lange störungsfrei zu funktionieren. Das nennen wir Gesundheit. Wir werden zwar älter, müssen aber nicht notwendigerweise kränker werden. Bei guter Beachtung der Bedürfnisse des Körpers, wie sie durch die Gefühle vermittelt werden, können wir ein gesundes hohes Alter erreichen, wenn nicht etwas Schicksalhaftes dazwischenkommt – oder eben der Geist mit seinen Emotionen.

1.8. Der Auftritt des Bösen

Dieser Geist ist mit Kreativität begabt. Zu seinen bekanntesten Erzeugnissen gehören Geld, Arbeit, Maschinen, kurz: was wir unter Zivilisation verstehen. Alles Dinge, die wir mögen, denen aber auch eine unbehagliche Seite zueigen ist. Viele Menschen haben z.B. das Gefühl, dass Geld in ihrem Leben eine übermäßige Rolle spielt, ohne dass sie eine Alternative dazu sehen. Mit Geld darf man nicht spielen, man kann (fast) alle Probleme damit lösen, es ist etwas nahezu Heiliges. Es spielt anscheinend eher mit uns, das ist nicht verboten. Ähnliches gilt ebenfalls für unsere Beziehung zu Maschinen. Eigentlich sollen sie uns dienen, gefühlt wird aber häufig das Gegenteil. Auch die Arbeit ist ursprünglich eine vernünftige Idee gewesen.

Wie kam das Böse in die Welt? Vielleicht, als die Menschen sich in die Produkte ihres Geistes mehr und mehr vernarrten und nicht merken, wie sie von ihnen abhängig wurden, sogar von ihnen beherrscht. So geht es allen Süchtigen. Um ihre Apostasie, ihren Verrat darzustellen (der Geist muss sich ausdrücken), mussten böse Geister her, auf welche die Schuld und die darauf folgende Angst projiziert werden konnten. Der Preis dafür - das Böse fordert nichts Geringes: Ihm zu dienen und dem eigentlichen Schöpfer die Treue zu kündigen. Damit wir dies erfolgreich vor uns selbst verborgen halten können, lassen wir von besonders geeigneten Persönlichkeiten Religionen mit besonderer Sorgfalt konstruieren, um nunmehr notwendig gewordene Beschwichtigungsrituale zu organisieren. In der Religion haben wir deshalb die besondere Thematisierung des Konflikts zwischen Gut und Böse. So gut es geht, sollen Regeln dafür sorgen, dass dem Guten letztlich doch noch zum Sieg verholfen wird, obwohl nicht immer dieser Eindruck entstehen mag. Da dies keine natürlichen Regeln sind, die von angeborenen Gefühlen getragen werden, müssen sie geglaubt werden. Dies um so mehr, da allen Produkten des Menschengeistes die Tendenz innewohnt, sich von einer guten Idee in einen Albtraum zu verwandeln. Das ist der alte und stets neue Fluch, der auf ihm lastet, die „Erbsünde" in der Theologie. Um diese in sich labile Situation möglichst unter Kontrolle zu halten, werden die Religionen und ihre Exponenten mit besonderen Privilegien ausgestattet, die ihnen besondere Dauerhaftigkeit und Solidität vermitteln sollen. Mit dem toxischen Teil unseres Unterbewusstseins gehen wir sorgfältiger um als mit Atommüll.

Die Produkte des Menschengeistes scheinen eine Dynamik zu entwickeln, als besäßen sie einen eigenen Willen. Sie besetzen bevorzugt die strategisch wichtigen Positionen und nehmen uns Zeit weg und erzeugen Stress. Typisch für unsere Kultur ist das Oszillieren zwischen Eile und Langeweile, oder sogar das hilflose Gefühl, dass sowieso alles schon zu spät ist. Und äußerlich sieht die Lage tatsächlich nicht besonders günstig aus. Unser Lebensgefühl drückt sich in unseren Produktionen aus, die auch unbeabsichtigt eine starke Symbolik enthalten: Die Menschheit wird von Maschinen angegriffen, oder – noch stärker externalisiert – von Aliens und deren Maschinen. Hauptsache, wir sind es nicht selber! Das wäre in der Tat schwer zu ertragen. Dieses Motiv verdrängter Schuldangst durchzieht nicht nur Hollywood-Filme, erreicht jedoch durch diese eine enorme Verbreitung und Vereinheitlichung. Im Krimi wird vermittelt, dass man sich an Gesetze halten muss, sonst kriegt man mehr Ärger als man aushalten kann. In Science-Fiction wird oft in symbolischer Form vor dem Bösen gewarnt. In jedem Fall braucht es eine Heldengestalt, welche gegen extrem widrige Umstände ankämpfen muss, um den bis zum Schluss bedrohten und unwahrscheinlichen Sieg der guten Sache zu bewirken. Ich komme darauf im nächsten Kapitel zurück.

Solche Geschichten mögen wir, weil wir in dem Helden/der Heldin uns selbst erkennen können. Ausmaß, Bösartigkeit und Brutalität der dargestellten äußeren Konflikte entsprechen dabei der inneren Situation eines jeden Einzelnen auf seinem Weg zwischen dem tiefen Wissen der Seele und den Ansprüchen und Erwartungen unserer Kultur. Auch Unschuldige werden in Mitleidenschaft gezogen. Jeder muss sich dem auf irgendeine Weise stellen. Auf Ketzerei, d.h. bereits das geringste Erkennenlassen echter Individualität, steht die Todesstrafe – jetzt vielleicht in einigen Weltgegenden abgeschafft, aber nur, weil es kaum ernsthafte Häresie gibt. Die Maschinen haben sozusagen den Krieg um das menschliche Bewusstsein bereits ohne nennenswerten Widerstand gewonnen und können sich eine gewisse souveräne Milde leisten. Der angeborene Wunsch nach Befreiung kann aber nicht vollständig ausgelöscht werden, sondern lebt sich häufig unbewusst in den feinen Zwischenräumen aus, die zwischen den vergleichsweise groben kulturellen Sozialisierungsprogrammen zwangsläufig unausgefüllt bleiben. Hier gibt es noch altertümliche Dinge wie Magie, Fluch, Segen, Gnade, Reue, Hoffnung und Erlösung – über die wir nicht mehr viel wissen bzw. noch nie viel gewusst haben. Diese Lücke wurde von mentaler Seite einfach verleugnet oder mit Religion oder Aberglaube (je nach gesellschaftlichen Mehrheitsverhältnissen) ausgeschäumt. Und das Bedürfnis nach eigener Individualität wird durch Accessoirs jeder Art bedient, die sogenannte Mode, die sich überhaupt nicht auf Bekleidung beschränkt, auch wenn man bei dem Wort vielleicht zunächst daran denkt.

Man muss nachdenken, wenn man einen menschlichen Verhaltensbereich nennen möchte, der nicht der Mode unterliegt. Es ist uns nur nicht bewusst, dass wir uns in stetiger Veränderung befinden, und das ist nicht nur das biologische Altern. Wir sehen bei einem alten Film, dass er alt ist, nicht nur an der technischen Qualität. Es sind so viele Dinge auf allen Ebenen, die sich auf breiter Front verändern. Es lässt sich nur schwer imitieren. Antik ist nicht Retro. Nicht nur die Autos sahen damals anders aus. Das Bedürfnis, sozusagen auf der Höhe der Zeit zu sein, kann durch Mode scheinbar befriedigt werden, die sich deswegen auch permanent ändern muss. Jedoch das Höchstmaß an Individualität ist erst durch die Anerkennung der tiefen Person erreichbar. Selbst der bewusste Verzicht auf modische Veränderungen – der in unserer Gesellschaft Glaubwürdigkeit, Seriosität und Überzeitlichkeit darstellen soll, etwa bei sogenannten Würdenträgern, offenbart nur eine Negation natürlicher Veränderungsprozesse, die durch Naturgesetze geregelt werden und die halt niemand vorhersagen kann, auf die aber Verlass ist. Echte Zeitlosigkeit finden wir am ehesten in der Natur bzw. ihren Gesetzen. Das Verlangen, sie zu ergründen, finanziert sogar Forschungsprojekte auf anderen Himmelskörpern, was extrem anspruchsvoll und teuer ist.

Der Menschengeist versucht, den „Oberplan" – worum geht es eigentlich? - zu analysieren. Das kann er nicht wirklich bleiben lassen. Dafür sorgen unter anderem schon Leid und Schmerz, die wir zwar nach außen umetikettieren, sie aber nicht ignorieren oder ihnen entrinnen können. Das letzte Element von Klarheit vor der völligen Entfremdung. Es besteht kein Zweifel, wer leidet oder wem etwas wehtut. Die betroffene Person weiß es und braucht es daher nicht zu glauben. Man kann es ihr auch nicht ausreden. Man mag dem äußeren Unheil entrinnen – man entgeht nicht diesem Gericht. Ich kann aller Welt vormachen, dass es mir gutgeht, allein ich weiß es besser. Die Welt ist leichter zu überzeugen als die eigene Seele. Dies ist der lange und schmerzhafte Weg der Erfahrung. Vielleicht ist ein Leben tatsächlich zu kurz, um auf diesem Wege die Befreiung zu erreichen.

Unser Problem und der Grund unserer Unzufriedenheit sind nicht die vielen kleinen Fehler, die wir jeden Tag gemacht haben und die uns Leid tun, im wahrsten Sinne des Wortes, sondern der eine große, den wir immer machen und auch jetzt gerade und für den wir blind sind. Und welcher ist das? Das ist tabu! Wer das nicht selbst weiß, wird es sich von niemandem sagen lassen. Nur die Liebe trägt den Schlüssel für dieses Geheimnis. Dazu später mehr.

In der Psychologie heißen solche quälend-unruhige mentale Zustände „kognitive Dissonanz". Die Gedanken sind nicht kompatibel und stören bzw. blockieren einander, können auch keine Ruhelage mehr erreichen. Es klemmt, oder eher: es krampft, aber nicht im neurologischen, sondern im kognitiven Sinne.

In der Mathematik nennt man so etwas „Anomalie". Am Ende des Prozesses kommt heraus: 2=3. Kann man darüber hinweggehen? Nein. Alles ist falsch. Auch wenn vielleicht kein anderer es merkt. Ich muss alles nochmal prüfen, aber ich habe keine Lust mehr. Mein armer Kopf. Kennen Sie das Gefühl? Wenn ja, sind Sie ein Mensch. Willkommen. Ein unschuldiges Tier hat solche Probleme nicht.

1.9. Softwarekonflikte

„Da wir das Gehirn eigentlich nicht besonders gut verstehen, sind wir ständig versucht, die jeweils gerade neueste Technologie als Modell zum besseren Verständnis zu benutzen. In meiner Kindheit wurde uns immer versichert, das Gehirn sei eine Telefonzentrale - was auch sonst? Ich fand es auch amüsant, dass Sherrington, der große britische Neurowissenschaftler, sich das Gehirn als ein Telegraphen-System vorstellte. Freud verglich das Gehirn oft mit hydraulischen und elektromagnetischen Systemen. Leibniz verglich es mit einer Mühle; und zur Zeit ist die gängige Metapher natürlich der digitale Computer".
-John R. Searle, Philosophieprofessor (1932-) an der University of California, Berkeley, Forscher im Bereich künstliche Intelligenz

Die Entwicklung des Geistes ist kompliziert. Wer mit Computern arbeitet, kennt vermutlich das Phänomen, dass der Rechner im Laufe der Zeit immer langsamer wird, seltsame und unerklärliche Dinge tut, aus heiterem Himmel abstürzt, manche Programme nicht mehr ausführt. Man lässt deswegen in gewissen Abständen Service-Programme laufen, die leider zeitraubend, aber notwendig sind. Es wird nach Viren und sonstigen problematischen Importen gesucht, die meistens aus dem Internet stammen. Ab und zu werden Updates angeboten, um Programme aktuell zu halten. Gelegentlich werden auch Computerviren als Updates getarnt, damit man sie sich freiwillig herunterlädt. Computerhygiene ist vor allem mit der Entwicklung des Internets immer notwendiger geworden. Funktionsprobleme können aber auch einfach durch Kompatibilitätsprobleme der vorhandenen Software entstehen, auch ohne Viren. Wenn ein Rechner nicht mehr störungsfrei funktioniert, liegt es wahrscheinlich nicht an der Hardware. Das Gehäuse zu öffnen und nach elektrischen Kurzschlüssen oder losen Kabeln zu suchen wird eher selten weiterhelfen. Meistens liegen Softwarekonflikte vor. Diese sind schwerer zu finden und zu beheben. Manchmal gewöhnen wir uns daran, dass der Computer eben gewisse Dinge nicht mehr tut oder sehr langsam geworden ist. Man müsste ihn eigentlich neu einrichten, die Softwareprobleme haben sich in allen Funktionsebenen ausgebreitet und eingenistet und können nicht mehr ohne Datenverlust behoben werden. Wohl dem, der Freunde oder Angehörige hat, die sich mit so etwas auskennen!

Man kann solche Beobachtungen ganz gut mit der Entstehung unserer mentalen Probleme vergleichen. Wir lernen viele Regeln und Pläne kennen und verinnerlichen diese, insbesondere in der Kindheit, sehr leicht und ungeprüft. Es gibt keine Garantie dafür, dass diese „Programme" untereinander kompatibel sind. Es kann sein, dass bereits die wichtigsten Bezugspersonen, von denen wir durch Beobachtung und erzieherische Einwirkung lernen, nämlich Vater und Mutter, uns unvereinbare Pläne vermitteln, auch wenn ihnen dies nicht bewusst ist. Ihr Konfliktstil, d.h. die Art, wie sie mit inneren Widersprüchen umgehen, wird in uns weiterleben, manchmal selbst in der Negation (auf keinen Fall so werden wollen wie Vater/Mutter). Dann kommen Einflüsse von Kindergarten, Schule, Kirche, Mode und herrschender Ideologie hinzu. Es sind viele Programme, und es wäre verwegen zu erwarten, dass alle Formate und Pläne miteinander harmonieren. Ein großer Teil unserer Intelligenz wird ständig damit beschäftigt sein, die inneren Widersprüche unserer mentalen Software so weit zu kompensieren, dass wir halbwegs funktionsfähig bleiben. Dieser Geist wird für uns immer wichtiger, da er die Schnittstelle zwischen unserer existenziellen Realität mit ihren Bedürfnissen und den erlebten Ansprüchen der Außenwelt, insbesondere der sozialen, darstellt. Er wird lernen, Kompromisse zu machen, wenn möglich. Er wird Erfahrungen sammeln und auswerten, Konzepte entwickeln, Meinungen und Überzeugungen haben, an Gott glauben oder auch nicht. Er wird unsere Wahrnehmung stark beeinflussen! Aus der Fülle von sinnlichen Informationen, die ständig unseren Organismus erreichen, wird er einige wenige auswählen, die in seine Schemata passen, andere wird er einfach unterdrücken bzw. vom Bewusstsein fernhalten. Der Geist bekommt dadurch eine enorme Macht über uns. Wir gewöhnen uns früh daran, uns von ihm führen zu lassen. Wenn er das gut macht – „mens sana" – dann geht es uns gut – „in corpore sano". Wir identifizieren uns gewöhnlich mit diesem Geist – das bin „Ich". Man gibt ihm einen Namen, das ist dann unser Namen, der wird auf unserem Briefkasten stehen, auf unseren Ausweispapieren, Kontoauszügen, Zeugnissen, unserem Grabstein. Und doch bezeichnet er nicht unser eigentliches Wesen. Wir brauchen den Geist aber, weil er so klug ist und sich in der Welt gut auszukennen scheint.

Auf der anderen Seite sind wir ihm selbst dann ausgeliefert, wenn er uns nicht gut tut. Er kann uns zwingen, Dinge zu tun, die uns schaden. Dann ist er eben kein „gesunder Geist", auch wenn keineswegs eine klinisch bedeutsame „Geisteskrankheit" vorliegt. Er kann uns zwingen, zu schweigen, wenn es möglicherweise besser für uns wäre, etwas zu sagen – und umgekehrt. Er kann sogar unsere Vernichtung beschließen und durchsetzen. Er kann uns unvorstellbare Verbrechen begehen lassen und uns dabei glauben machen, dass wir etwas Notwendiges und Gutes tun. Wir sind gewohnt, alles widerstandslos auszuführen, was er uns diktiert. Sein einziger ernsthafter Gegner ist die echte Realität, aber da er gleichzeitig unsere Wahrnehmungsfilter kontrolliert, sorgt er dafür, dass wir dieser höchstens noch unabsichtlich und versehentlich begegnen. Solch eine Situation nennen wir gerne „Krise". Er verleiht uns Identität und Individualität, wenn auch nur virtuell. Dadurch, dass er keine substanzielle Grundlage hat, gelten in ihm die Naturgesetze nicht. Wir können uns alles Mögliche einbilden, das in der realen Natur keine Existenzmöglichkeit und keine Sekunde Bestand hätte – und dies unverändert über Jahre! Seine Irrtümer werden nicht zwingend von der Natur korrigiert. Wir können denken: Die Erde ist eine Scheibe – das reale Universum reagiert nicht darauf. Keine Gehirnzelle stirbt deswegen ab. Unter den Einfluss von Naturgesetzen geraten wir erst wieder, wenn wir die mentalen Anweisungen ausführen, d.h. wenn wir handeln. Wir können z.B. glauben, wir können fliegen oder über's Wasser laufen – so lange, bis wir es tatsächlich versuchen. Dann greifen die Gesetze plötzlich wieder. So kann er uns in sehr peinliche Situationen bringen. **Die Wirklichkeit heißt Wirklichkeit, weil in ihr die Naturgesetze wirken.** Wir bilden uns gerne ein, dass wir Kontakt zur Wirklichkeit suchen. Wir mögen es allerdings nicht sonderlich, wenn die Wirklichkeit Kontakt zu uns sucht, wegen ihrem manchmal sehr drastischen Stil.

> *„DIE WAHRHEIT – 500 SEITEN!!! – So lang kann doch die Wahrheit gar nicht sein…"*
> -Gottfried Benn, deutscher Dichter und Arzt

Dieser Geist liebt uns nicht; er ist dazu nicht fähig, es ist auch nicht seine Aufgabe. Er ist prinzipiell nicht zu echten Gefühlen fähig. Er kann allerdings auf unseren Vorteil bedacht sein, oder was er dafür hält. Er kann sich unentbehrlich machen, er ist sehr schlau. Dies unterscheidet ihn von der Seele; diese ist nicht schlau, sondern weise. Sie würde uns niemals bewusst in Gefahr bringen – sie liebt uns wirklich! Was wir fühlen, ist wahr. Wenn wir etwas lieben, ist es wahrscheinlich auch gut für uns. Wenn wir etwas hassen, ist es wahrscheinlich auch schädlich für uns. Sie berechnet nicht, sie weiß. Wenn wir Abneigung gegenüber einer Person fühlen, ist es wahrscheinlich auch besser, diese Person zu meiden. Wenn wir jemanden mögen, können wir wahrscheinlich auch von dieser Person in unserer Entwicklung profitieren. Wenn wir uns Schleimhautkontakt mit jemandem wünschen, kann das ein ekstatisches Erleben hervorbringen. Unerwünscht gehört so etwas zu den ganz unangenehmen Dingen. Wenn wir mit jemand gefühlsmäßig ein Kind wollen, könnte das ein tolles Kind werden…und wenn wir mit jemand auf keinen Fall ein Kind wollen, ist das wahrscheinlich auch besser so. Alle wirklich wichtigen Dinge im Leben hat die Natur nicht dem Denken und seinen Berechnungen überlassen, sondern durch Fühlen geregelt. Wenn wir in Konflikt kommen zwischen den Aussagen des Fühlens von Seiten der Seele einerseits und denen des Denkens von Seiten des Geistes andererseits, lassen wir uns häufig vom Geist und seinen Versprechungen oder Drohungen einnehmen. Wir sind im Grunde unserer Seele, sozusagen im Herzen, in der Situation, dass wir entscheiden müssen, auf welche Stimme wir hören. Die Seele ist weise und liebt uns, aber der Geist kann besser reden und hat scheinbar die besseren Argumente. Jedoch ist es die Seele, welche die Würde des Menschen (wie die jeder anderen Kreatur) ausmacht.

1.10. Salomo der Weise

Bekannt ist eine Legende, nach der König Salomo einen Streit zwischen zwei Frauen entscheiden sollte, die mit einem Kind zu ihm kamen und beide behaupteten, dessen Mutter zu sein. Salomo, der fünfhundert Frauen hatte und nur noch Gott fürchtete, ordnete an, man möge ein scharfes Schwert bringen, das Kind der Länge nach teilen und jeder Frau die Hälfte geben. Sofort flehte ihn eine der Frauen an, dies sei nicht nötig, sie würde gerne auf ihren Anspruch verzichten, man solle nur dem Kind nichts tun. Salomo der Weise sprach daraufhin ihr das Kind zu: Du bist die Mutter, du würdest eher auf das Kind verzichten, als zulassen, dass ihm ein Leid geschieht. Alle Anwesenden rühmten seine Weisheit.

Wir sind weise, wenn wir erkennen, wer uns liebt. Die Seele gibt uns frei, wenn der Geist seine Angst- und Droh-Szenarien aufbaut. Sie wird uns in keinen Konflikt führen, den wir nicht gewinnen können. Der Geist hat uns in Situationen gebracht, die voller Zwänge und Gefahren sein können, und die Seele wird uns nicht in Gegensatz und damit in Gefahr bringen. Sie zieht sich gleichsam zurück und wartet, bis wir uns ihr wieder zuwenden. Sie will nicht herrschen, hat das nicht nötig. Ihre Eigenschaft ist die Ruhe, sie ist stark, sie kann warten. Sie ist auch nicht beleidigt und verleugnet uns nicht, wenn wir ihr nicht folgen. Wenn wir uns ihr nach vielen Jahren der Knechtschaft durch den Geist wieder zuwenden und um eine gutes, altes Original-Gefühl bitten, um zu wissen, was gut für uns ist, wird sie nicht sagen: jetzt brauchst du mir auch nicht mehr zu kommen. Ich habe so lange auf dich gewartet, jetzt kenne ich dich nicht mehr. Frage doch deinen tollen Geist, dem du dein ganzes Leben lang nachgelaufen bist, und der dich jetzt im Stich lässt!

Vielmehr werden unsere Gefühle – das angeborene Wissen darüber, was gut für uns ist und was nicht – selbst an unserem letzten Tag genau so sicher funktionieren wie an unserem ersten. Nichts hat sich geändert, obwohl alles anders ist. Was immer schön war, ist auch jetzt noch schön. Was immer schon hässlich war, hassen wir noch immer. Rot ist noch immer rot, grün ist noch immer grün, die Farben erscheinen noch nicht einmal verblasst. Wir hassen Schmerz, wir lieben Freundlichkeit. Wir hassen es, wenn wir angeschrieen werden. Wir lieben Zärtlichkeit. Wir hassen Belehrungen, aber wir lieben es, zu lernen. Wir hassen Zwang, wir lieben Freiheit. Wir hassen Ärger,

Angst und Scham. Wir lieben Freude, Dankbarkeit und Begeisterung. All dies wird unser ganzes Leben lang zuverlässig so bleiben, ohne unser Zutun. Es lässt sich nicht verbessern, es ist perfekt. Es braucht nicht einmal Pflege. **Die Seele fühlt; der Geist denkt und erzeugt Emotionen.**

Unser Geist kann selbst nicht fühlen, er kann aber unsere Fähigkeit zu fühlen für seine Vorstellungen und Projektionen nutzen. Die so entstandenen Gefühle nennen wir: Emotionen. Gefühle, die mehr durch Denk- als durch primäre Wahrnehmungsvorgänge ausgelöst werden.

1.11. Gefühl und Emotion

sind nicht dasselbe, sie werden nur leicht verwechselt. Die Fähigkeit zu fühlen gehört zu den Lebensfunktionen der Seele. Gefühle helfen uns, damit wir uns in der realen Welt zurechtfinden. Das Fühlen gibt uns wahre Identität: Es ist ganz klar, dass i c h es bin, der etwas fühlt. Selbst, wenn Menschen sich so nahe kommen, dass man vielleicht nicht gleich sehen kann, wessen Bein das ist, das unter der Bettdecke herausragt – wenn eine Wespe hinein sticht, wird unfehlbar die Person reagieren, der das Bein gehört. Wenn ich Hunger habe, muss **ich** etwas essen. Wenn ich auf die Toilette muss, kann ich keinen anderen schicken. Und nur ich fühle, wann ich dort fertig bin. Wenn ich mich selbst finden will, muss ich meinem Fühlen zu seinem innersten Ursprung folgen, sozusagen zum *anderen* Ende der Leitung. *Das* bin ich. Etwas, das draußen keinen Namen hat, das aber fühlen kann. Die Seele, am anderen Ende der Leitung.

Die Fähigkeit zu fühlen stellt die Verbindung zwischen diesem Organismus und der Umwelt dar. Wenn wir mit den Augen fühlen, nennen wir das: Sehen. Wenn wir mit den Ohren fühlen, nennen wir das: Hören. Was wir mit Nase und Mund fühlen, nennen wir: Riechen und Schmecken. Wir können gar nicht wahrnehmen, ohne zu fühlen. Das ist der Unterschied zwischen einer Kamera und dem Auge: Die Kamera bildet ab. Mit dem Auge können wir sehen. Das Auge eines Toten könnte theoretisch auch noch abbilden, aber es ist niemand mehr da, der sieht. Keine noch so komplizierte Maschine kann das. Aber die Maschine kann so programmiert werden, dass sie ein virtuelles Abbild ihrer Umgebung speichert und sich so verhält, als w ü r d e sie fühlen. Sie würde den Unterschied nicht kennen! In unserem Zentrum ist etwas, das tatsächlich lebt und fühlt, und wir kennen den Unterschied.

Es kann allerdings geschehen, dass wir die Fähigkeit zu fühlen, die wir haben, um uns in der realen Welt zurechtzufinden, mit den Empfindungen verwechseln, die unser Geist vermittels seiner Vorstellungskraft bei uns auslösen kann. Diese nennen wir Emotionen, aus Ungenauigkeit aber auch Gefühle. Im Englischen ist das klarer: Da werden *Feeling* und *Emotion* unterschieden. Wir übersetzen beides meistens mit *Gefühl*. So entstehen Missverständnisse.

Unser Geist, wenn er gesund ist, wird versuchen, immer wieder durch Realitätsabgleich zu vermeiden, allzu weit von der Realität wegzudriften, so dass seine virtuellen Modellberechnungen einigermaßen in die Wirklichkeit passen. Aber der Geist weiß eigentlich nicht, was Wirklichkeit ist, so wie die Kamera nicht weiß, was Sehen ist. Wir können dann auf einer verminderten Aufmerksamkeitsstufe weiterleben, bekommen Anweisungen vom Geist, nicht mehr primär von der Wirklichkeit, die wir ungefiltert auch nicht verarbeiten könnten, jedes Gehirn wäre völlig überfordert. Wir träumen mehr oder weniger, mit offenen Augen. Das ist vielleicht ganz angenehm, wenn es ein schöner Traum ist. Aber es kommt unweigerlich ein Zeitpunkt, an dem die Wirklichkeit sich wandelt, während wir weiterträumen. Wir haben vielleicht vorher Warnungen oder Anzeichen erhalten, sind aber nicht aufgewacht. Dieses Erlebnis führt zu einem unangenehmen Erwachen. Viele Menschen sind dann eine Weile schlecht gelaunt. Wir müssen uns erst wieder orientieren, wir sind in dieser Zeit verwundbar und neigen zu Fehlern. Orientieren heißt meistens: Welcher Tag ist heute, wo bin ich, was ist los? Dann finde ich heraus: Heute ist Freitag, der 28. November 2008, 6:00 Uhr, und ich bin an meiner Heimatadresse. Dann beruhige ich mich wieder, ich bin jetzt orientiert, kenne den Tag und die Situation. Das reicht, um den Psychiater zu überzeugen, dass ich „in allen Qualitäten vollständig orientiert" bin. Für den Geist genügt das. Sonst würde der Verdacht auf eine psychische Störung entstehen.

In Wirklichkeit weiß ich nichts über diesen Tag. Freitag ist es nur in der Geisteswelt der Menschen, nicht in der wirklichen Natur. Das Wochenende naht nur für die Menschen. In der realen Natur geht alles weiter. Es gibt zwar Zyklen in der realen Natur, wie etwa die Abfolge der Jahreszeiten. Aber die Zeit geht nicht wirklich im Kreis herum, wie auf unseren Uhren, sondern immer geradeaus. Wir fühlen uns lediglich sicherer, wenn wir dem Tag einen Namen geben. Wir gewinnen dadurch den Eindruck, Kontrolle über das Geschehen zu haben und Vorhersagen machen zu können. Heute ist Freitag, da gibt es Fisch. Es scheint der menschlichen Natur zu entspringen, allen Dingen Namen zu geben. Adam und Eva saßen friedlich (noch!) unter dem Baum und gaben allen Tieren Namen: Du bist das Nashorn, du die Giraffe, du die Ameise – wir lieben das. Die Tiere geben uns keine Namen, wissen auch so, was sie von uns zu halten haben. Mit der Namensgebungshoheit statten wir unseren Geist aus, für seine Berechnungen. Die Wirklichkeit kann der Geist nicht berechnen, aber mit den Namen kann er etwas anfangen. Er kann „logisch" denken. Bei Aristoteles bedeutet „Logos" soviel wie Definition. Definition heißt Abgrenzung. Logos bedeutet auch Wort oder Bedeutung. Der Geist arbeitet mit solchen Elementen und liefert dementsprechend: Erklärungen, Definitionen, Theorien, Ideen, Gedanken – alle Formate, nur keine Wirklichkeit. Die Wirklichkeit von morgen entsteht nicht aus den Gedanken von heute. Die Wirklichkeit von morgen entsteht aus der Wirklichkeit von heute. Aus den Gedanken von heute entstehen nur die Gedanken von Morgen. Aus Gedanken wird niemals Wirklichkeit. Deswegen werden unsere Wünsche nicht wahr; unsere Ängste aber auch nicht. Ist nicht schlimm, wenn man es weiß.

Der Tag hat in Wirklichkeit keinen Namen und keine Nummer, sondern ist einfach ein neuer, noch nie dagewesener Tag, den niemand kennt und der niemals wiederkommt. Alle Pflanzen und Tiere wissen das, deswegen machen sie sich unverzüglich schweigend und mit voller Konzentration ans Werk, wobei es ihnen hauptsächlich um Ernährung und Vermehrung geht. Sie leben konzentriert in der Wirklichkeit der Naturgesetze, können sich nicht leisten zu träumen. Eigentlich können wir das auch nicht, wir sind aber so gemacht, dass wir dazu fähig sind. Wir leben gern in unseren Vor-Stellungen, das heißt, wir stellen unsere Gedanken vor uns hin, zwischen uns und die Wirklichkeit. Und da ist es eben Freitag. Ich weiß ungefähr, was auf mich zukommt – denke ich. Bis die Wirklichkeit eine Kurve macht, und ich geradeaus weiterfahre.

Im Vergleich zu den Tieren wirken wir träge, verträumt und etwas versponnen, um nicht zu sagen: verrückt. Selbst bei unseren Haustieren, die uns gut kennen, hat man eigentlich nicht den Eindruck, dass sie lieber Menschen wären. Manche wissen immerhin unsere Kochkünste zu schätzen. Die meisten Tiere haben Angst vor uns und fliehen, wenn wir uns nähern.

Unsere Vorhersagen können für eine kurze Zeit funktionieren, und dann nicht mehr, je weiter wir in die Zeit hinein denken. Auch große Propheten haben sich sehr geirrt. An jedem Jahresende gibt es Sendungen im Fernsehen, in denen untersucht wird, welcher von den zahlreichen Hellsehern und Astrologen vom vorigen Jahreswechsel recht hatte: meistens keiner. Falls einer zufällig doch etwas zutreffend vorhergesagt hat und sich deswegen besonderer Aufmerksamkeit erfreuen darf, wird er sich spätestens im folgenden Jahr blamieren dürfen. Es scheint eine Eigenschaft der Wirklichkeit zu sein, dass sie sich nicht vorhersagen lässt. *Paul der Krake* durfte sich nach seinen erfolgreichen „Vorhersagen" bei der Fußball-Weltmeisterschaft 2010 nicht mehr öffentlich äußern. Kluge Entscheidung des Managements! Aufhören, wenn's am schönsten ist. Kurz danach war er tot.

"Ereignisse vorhersagen kann man nur, nachdem sie eingetreten sind"
-Eugène Ionesco (1909 –1994), französischer Autor und Dramatiker ("Die Nashörner").

Im antiken China wurde ein Mensch, der den höchsten Sinn, das „Tao", verwirklicht hatte, ein „Erwachter" genannt. Das waren auch damals schon seltene Erscheinungen. Aber es deutet in dieselbe Richtung: Wir müssen dazu nicht unbedingt etwas Neues lernen, oder ein weiteres Buch lesen. Genauso wichtig ist wohl, dass wir etwas vergessen: Dass wir zu wissen glauben, wie dieser Tag oder sonst irgendetwas Reales heißt und was geschehen wird. Wir lernen, dass Menschen (und manche Haustiere) kommen, wenn man sie beim Namen ruft. Es kann sein, dass wir glauben, wir hätten eine ähnliche Macht über die Dinge dieser Welt. Dies lässt uns unaufmerksam werden und, ohne dass wir es merken, in Träume versinken, in denen alles nur noch aus Namen und Gedanken besteht; in denen Ereignisse berechenbar und wiederholbar sind; in denen das, was wir heute tun müssen, auch morgen getan werden kann; in denen wir auf Dinge warten, die niemals wirklich geschehen; in denen wir unsere eigenen Erklärungen glauben und eher an der Realität zweifeln. Das Leben wird scheinbar immer komplizierter, solange bis ein Wunsch nach Vereinfachung entsteht. Wir möchten gerne wieder „nichts" fühlen – jenes Nichts der Zufriedenheit und Ausgeglichenheit unserer frühen Kindheit, das Gefühl ohne Namen, das uns sagte, dass alles in Ordnung war. Wir können aber dieses Gefühl nicht kreieren. Wir können nur die niedere Variante davon, das „nichts" der Betäubung und des Todes, erzeugen. Die angeborene Sehnsucht der Seele nach ihrer verborgenen Heimat kann vom Geist, der davon nichts weiß, auf seiner Ebene eigentlich nur als Sehnsucht nach dem Tod übersetzt werden. Wehe uns, wenn er zu viel Macht bekommt! Das „Jenseits" aus der Sicht des Geistes ist der Tod. Das „Jenseits" aus der Sicht der Seele hingegen ist der geheimnisvolle Ursprung des Lebens, der rein gar nichts mit dem Tod zu tun hat und den nur sie selbst kennt.

> *„Hüte dich vor der dunklen Seite der Macht!"*
> -Obiwan Kenobi, Jedi-Meister („Star Wars", Episode 5)

Unser Geist hat die Macht, durch unser Vorstellungsvermögen Gefühle auszulösen. Gefühle können nicht vollständig gespeichert werden. Sie sind uns nur bewusst, wenn sie aktuell gefühlt werden. Wir vergessen sie, wenn sie vorbei sind. Selbst, wenn wir noch vor wenigen Stunden satt waren, lässt sich das irgendwie nicht ganz erinnern, wenn wir Hunger haben - und umgekehrt. Wenn wir verliebt waren, lässt sich das schwer erinnern, wenn wir enttäuscht sind – und umgekehrt. Wenn wir frieren, können wir uns kaum erinnern, wie es ist, wenn uns warm ist – und umgekehrt. Wir speichern im Gedächtnis lediglich eine abstrakte, codierte Erinnerung. Wir geben dem Gefühl einen Namen, diesen können wir speichern. Unser Gehirn reagiert auf die Produktionen des Geistes ganz ähnlich wie auf echte Wahrnehmungen und gibt ihnen eine Gefühlstönung. Solche Gefühle nennen wir, wie gesagt, Emotionen.

Emotional können wir uns irren, weil die Grundlagen der Emotionen aus unserem Geist kommen, während „echte" Gefühle eher der Wahrnehmung verwandt sind. Es gibt natürlich auch Wahrnehmungstäuschungen. Man denke an die optischen Täuschungen, die eine starke Faszination auf uns ausüben. Vielleicht fasziniert uns, dass die Wahrnehmung auch nicht immer recht hat, und wir dies dazu nutzen können, unsere Neigung zu mentalen Illusionen zu entschuldigen. Aber echte Gefühle irren sich selten. Ein Schmerz signalisiert eine Schädigung oder Gefahr einer solchen. Hunger kann durch Absinken des Blutzuckerspiegels ausgelöst werden und signalisiert Bedarf an Nahrung. Sättigung lässt uns das Interesse an Nahrung verlieren. Durst signalisiert eine zu hohe Konzentration an Salzen im Blutserum und motiviert uns, dieses durch Zufuhr von Wasser zu verdünnen.

Müdigkeit signalisiert Erholungsbedürftigkeit. Bewegungsdrang sorgt dafür, dass unser Bewegungsapparat die nötige Wartung erhält. Das Bedürfnis nach Gesellschaft sorgt dafür, dass wir genügend Schutz und mentalen Input bekommen. Der Wunsch nach Rückzug zeigt uns, dass wir Zeit zur ungestörten Verarbeitung von Erlebnissen brauchen. Freude zeigt uns, dass wir etwas richtig getan haben – richtig für uns. Ärger bedeutet, wir haben etwas falsch gemacht. Zuneigung lässt uns die Nähe eines anderen suchen, der unserer Entwicklung förderlich ist. Abneigung lässt uns einen anderen meiden, dessen Einfluss zweifelhaft oder schädlich sein könnte. All diese Gefühle, und noch viele mehr, sorgen dafür, dass es uns gut geht und dass wir bekommen, was wir brauchen, um zu gedeihen.

Nach diesem System richten sich auch die Tiere und Pflanzen, bei denen wir diese Motivationsebene Instinkt nennen. Wir würden einem Menschen, der es fertigbrächte, sich so erfolgreich um seine Angelegenheiten zu kümmern, dass er gesund bliebe, dabei seine Fortpflanzung inklusive Aufzucht der Brut erfolgreich bewältigte (allein das schon!), sich die Konkurrenz hinreichend vom Hals hielte; gut aussähe; sich keine unnötigen Sorgen machte, weite Reisen unternähme und immer wieder nach Hause fände, mit der Zeit immer klüger würde, der das Leben über alles liebte, aber den Tod mit Würde anzunehmen vermag – einem solchen Menschen würden wir bereitwillig ein hohes Maß an Intelligenz zuschreiben, ihn für geistig hochstehend halten und bewundern (oder beneiden). Das alles können Tiere, ohne viel Aufhebens davon zu machen. Sie richten sich nach ihren Wahrnehmungen und Gefühlen und mit dem Älterwerden zusätzlich nach ihren Erfahrungen.

Dies alles können wir ebenso. Wir haben aber außerdem noch die Fähigkeit, zu denken und zu verstehen, unser kleines Simulationsmodell aufzubauen, um uns die Alltagsroutine zu erleichtern. Uns geht es ebenso wie den Tieren um Essen, Trinken, Fortpflanzung und Verteidigung. Nur wir haben zusätzlich noch das Bedürfnis, zu **verstehen**. Wir machen uns auf alles einen „Reim". Wie beim echten Reimen sind unsere Fähigkeiten dazu unterschiedlich verteilt. Unser Gehirn arbeitet pausenlos. Es arbeitet nicht an der Wirklichkeit, das kann es nicht, diese folgt ihren eigenen Gesetzen. Es versucht, eine möglichst gute Übereinstimmung seiner geistigen Konzepte mit der Wirklichkeit, aber auch untereinander, zu erreichen, Widersprüche zu minimieren und möglichst zu beseitigen, und, wenn das nicht gelingt, wenigstens eine Erklärung dafür zu erstellen. Wenn es diese Erklärung akzeptiert, haben wir das Gefühl, etwas verstanden zu haben. Dieses Gefühl – Verstehen ist ein Gefühl! – gehört auch zu den primären Gefühlen, die wir unser Leben lang lieben. Wir lieben es, wenn wir etwas verstehen. Wenn wir etwas lesen oder einen Film sehen, und wir verstehen, worum es geht, warum die Dinge so geschehen, wie sie gezeigt werden, dann löst das bei uns ein positives Gefühl aus: wir verstehen.

Wenn wir etwas nicht verstehen, dann irritiert uns das. Wenn wir die Handlung in einem Fernsehfilm nicht verstehen (wir sind z.B. dabei eingeschlafen und merken beim Aufwachen nicht gleich, dass bereits ein anderer Film begonnen hat), so erzeugt das ein unangenehmes Gefühl. Eine Geschichte muss so erzählt werden, dass wir immer das Gefühl haben, wir verstehen sie. Das ist die Erzählkunst. Das finden wir interessant. Wenn wir im Mathematikunterricht die logischen Schritte nicht nachvollziehen können und nicht mehr verstehen, wieso das eine auf das andere folgt, entsteht ein unangenehmes Gefühl. Der Unterricht ist nicht interessant, wir verstehen nicht, fühlen uns irgendwie abgehängt. Es geht dann nur noch darum, bei einer Leistungsüberprüfung eine akzeptable Note zu bekommen. Die Sendung mit der Maus ist hingegen interessant; alles wird so dargestellt, dass wir uns sogar für Dinge interessieren können, die uns zwar wenig betreffen, aber schön erklärt werden (das Durchschnittsalter der Zuschauer von der Sendung mit der Maus beträgt 39 Jahre!). Aufgabe eines Lehrers ist, die Dinge interessant zu machen, das heißt, im Schüler immer das Gefühl wach zu halten, dass er versteht, wovon die Rede ist. Mehr braucht es manchmal gar nicht.

Wir lernen wirklich gerne! Wir lassen uns nur nicht gerne belehren.

1.12. Die Entstehung psychosomatischer Krankheiten

Die angeborene Fähigkeit zu fühlen kann auch durch den Geist genutzt werden. Wir reagieren auf seine Vorstellungen ähnlich wie auf echte Wahrnehmungen. Solche Gefühle nennen wir, wie gesagt, Emotionen. Und so sicher unsere Gefühle bei der Wahrnehmung sind, so können unsere Emotionen auf Täuschungen oder Irrtümern beruhen und dann falsch sein. Der Geist kann nicht nur unsere Wahrnehmung sehr unterschiedlich filtern, je nachdem, wie er eingestellt ist. Er kann uns auch mühelos etwas vormachen, was nicht wahr ist. Dies tut er mit Hilfe seiner Einbildungs- und Vorstellungskraft. Seine frühesten erworbenen Programme nennen wir Prägung, das heißt, diese Strukturen kann man nicht mehr vollständig rückgängig machen, sie sind sozusagen im Gewebe drin, im Gegensatz zur Färbung, die vielleicht auffälliger ist, aber möglicherweise geändert werden kann. Wenn der Geist uns dazu bringt, Dinge zu tun, die uns schaden, können wir davon krank werden und sogar sterben. Solche Krankheiten nennt man psychosomatisch. Weiter hinten mehr davon.

Gehen wir zurück zu unserem Kippelkind: Das Kind wird lernen müssen, dass die Ansprüche der Außenwelt, wenn sie den gefühlten eigenen Bedürfnissen entgegengesetzt sind, notfalls mit Gewalt durchgesetzt werden. Es ist für das Kind sehr wichtig, dies herauszufinden. Manche Kinder akzeptieren es schnell, andere kämpfen ein Leben lang an dieser Grenze. Aber wenn etwas klar ist, z.B.: dort ist die Tür, wird selbst ein gestörtes Kind nicht versuchen, an einer anderen Stelle durch die Wand zu gehen. Immerhin handelt es sich um nichts Geringeres als die Pflege und Wartung des uns anvertrauten eigenen Körpers, des Spitzenproduktes einer langen Evolution (mindestens 3,5 Milliarden Jahre!). Die Natur will offenkundig nicht, dass wir so etwas Wichtiges der jeweils regional und epochal herrschenden Mode überlassen und hat uns deshalb Gefühlskonstanz gegeben, das heißt, Gefühle ändern sich nicht. Schmerz wird nicht schön, und Freude nicht unangenehm. Rot wird nicht grün. **Liebe ist das Gefühl, das entsteht, wenn wir etwas Schönes wahrnehmen**, egal mit welchen Sinnen. Dass etwas schön ist, wissen wir durch dieses Gefühl: die Liebe. Was für uns schön ist, mag sich ändern (und bleibt doch erstaunlich konstant), doch das Gefühl selbst bleibt immer dasselbe.

Wir müssen jedoch lernen, auf die Ansprüche, Erwartungen und Anforderungen der Außenwelt (Abb. 4) angemessen zu reagieren – wenn möglich. Dies wird uns die Außenwelt, zumeist in Gestalt unserer Bezugspersonen, unmissverständlich klarmachen. Es ist eine Frage der geistigen Gesundheit, des Feingefühls und Verständnisses dieser Personen, wie viel Wertschätzung und Akzeptanz unsere eigenen Gefühle erhalten. Im Idealfall lernt unser Geist, wie man die mannigfaltigen Forderungen der Außenwelt bedient, und dabei die gefühlten Bedürfnisse des eigenen Körpers nicht zu kurz kommen lässt. Dann haben wir „mens sana in corpore sano" – einen gesunden Geist in einem gesunden Körper. Es kann aber geschehen, dass der Geist so katastrophal geprägt und programmiert wurde, dass er zum Feind des Körpers geworden ist und uns dazu bringt, dessen Bedürfnisse zu missachten und unseren Gefühlen zu misstrauen. Wenn wir von klein auf lernen, dass unsere eigenen Gefühle, die nur wir selbst wirklich fühlen können, weniger wichtig sind als das, was man außen von uns erwartet, dann werden wir dies möglicherweise unser Leben lang unerschütterlich glauben. Unsere Gefühle bringen uns dann nur in Schwierigkeiten. Sie helfen uns zwar, am Leben zu bleiben, doch wir müssen sie nach außen verbergen, wir würden sonst wegen Rebellion bestraft. Dies wäre zwar schade, aber noch nicht wirklich schlimm. Schlimmer ist, dass wir unseren Gefühlen selber nicht mehr vertrauen. Damit haben wir unser natürliches Selbstvertrauen verloren und müssen uns auf Gedeih und Verderb der Gnade der Außenwelt anbieten. Dort fehlt es schließlich nicht an Menschen, die uns gerne sagen, wie alles zu sein hat und die bedenkenlos unseren Geist programmieren, die es im günstigen Fall sogar gut mit uns meinen. Die eigenen Gefühle kann man zwar nicht ausschalten, aber zurückdrängen und ihre Gültigkeit aberkennen. Oder sie werden sogar als böse und gefährlich denunziert. Du bist nur einer, und draußen sind viele, die sich, bei aller Unterschiedlichkeit, zumindest in diesem Punkt einig sind: Deine Gefühle sind nicht maßgeblich. Sie können ruhig abgespalten werden.

Die Seele lässt sich nicht auf eine Konfrontation mit dem viel gröberen Geist ein und wird, um uns nicht in größere Gefahr zu bringen, ihre Ansprüche zurückziehen, wie die wahre Mutter in der Szene mit dem weisen Salomo. Auf diese Weise kann der Geist scheinbar uneingeschränkt über den Körper herrschen, aber er liebt ihn nicht wirklich. Für ihn ist der Körper nicht „der Tempel der Seele", wie im Tantra-Buddhismus so schön gesagt wird, sondern nur ein Werkzeug zur Erreichung seiner virtuellen Ziele.

1.12.1. „Lagerungsschäden"

Unter dem Druck dieser Entwicklung kann es geschehen, dass der Körper Dinge tun muss, die er nicht gerne tut, hingegen echte Bedürfnisse unterdrückt. Dass er z.B. nicht genug Schlaf bekommt, weil unser Schlaf für die anderen in der Außenwelt nur einen geringen Wert hat. Es ist uns fast manchmal ein wenig peinlich, dass wir überhaupt schlafen müssen, weil das zwar irgendwie notwendig, aber so unproduktiv ist. Dass er isst, was ihm nicht schmeckt, und meiden muss, was ihm schmeckt; dass er stillhalten muss, obwohl er weglaufen möchte; dass er sich bewegen muss, obwohl er sich lieber ausruhen möchte; dass er seine natürlichen Gefühlsreaktionen verbergen muss; dass er sich mit jemandem paaren muss, den er eher ablehnt – und sich nicht mit jemandem paaren darf, zu dem er sich vielleicht hingezogen fühlt. Dass er Schmerzen und andere Warnsignale übergehen muss.

Na und, ist das schlimm? Wohl nur für den Körper selbst, und ob das schlimm ist, kann ein anderer schwer entscheiden. Er ist gediegen konstruiert, hält eine Menge Wartungsfehler aus und macht vieles ohne erkennbare Schäden mit. Wie empfindlich er tatsächlich ist gegenüber Gefühllosigkeit, zeigt das Phänomen der so genannten Lagerungsschäden. Darunter versteht man orthopädische Beschwerden, wie sie nach einem chirurgischen Eingriff unter Vollnarkose auftreten können. Während der Operation liegen wir nicht unbedingt in einer orthopädischen Ideallage, sondern so, dass die Chirurgen gut an die Stellen herankommen, an die sie wollen. Wir sind in Vollnarkose und spüren nichts – wirklich nichts! Das ist nicht wie sonst, wenn uns jemand fragt, was wir spüren, und wir sagen: nichts – nur weil uns gerade nichts wehtut, kratzt, sticht, beißt oder brennt. Das ist ja sozusagen der Idealzustand. Wir sind am Leben und wir spüren nichts. Wir spüren immer die Bedürfnisse unseres Körpers, auch wenn wir sie beherrschen. Sogar im Schlaf fühlen wir, wenn uns der Arm einschläft, und drehen uns auf die andere Seite; oder, wenn ein Bein aus der Bettdecke heraushängt, holen wir es wieder darunter zurück. Dafür wachen wir noch nicht einmal auf. Wir haben sogar im Schlaf noch genug Gefühl und Motorik, um für den Körper zu sorgen.

In der Narkose ist das anders. Wir fühlen tatsächlich nichts und können uns auch nicht bewegen. Wenn wir wieder zu uns kommen, klagen wir vielleicht über Beschwerden, die mit dem Gegenstand der eigentlichen Operation nichts zu tun haben. Schmerzen etwa in der rechten Schulter, obwohl wir am linken Knie operiert wurden. So etwas nennt man Lagerungsschaden, und es kommt daher, dass wir einfach eine Weile nichts fühlen konnten und dadurch keine Möglichkeit hatten, den Körper aus eigener Kraft richtig zu lagern, wie wir das sonst im Schlaf mit Selbstverständlichkeit tun. Dazu genügen schon wenige Stunden! Solche Lagerungsschäden sind manchmal ziemlich hartnäckig.

An diesem Beispiel sieht man, wie wichtig unser eigenes Fühlen für den Körper ist. Wir können richtig krank werden, wenn wir den Körper nicht richtig behandeln, und richtig heißt: mit Gefühl! Nicht nur beim Liegen über längere Zeit, sondern genau so beim Sitzen (man erinnere sich an unser Kippelkind). Oder, wenn wir ihm nicht die Herausforderungen und Belastung geben, die er braucht, oder die Nahrung, die Ruhe, die Abwechslung, die Gesellschaft, die Anregung, kann er krank werden, und zwar „richtig" körperlich krank. Solche Krankheiten sehen aus wie körperliche Krankheiten, haben aber ihren Ursprung in einer geistigen Problematik. Aus irgendwelchen, im Einzelfall näher zu beschreibenden Gründen waren wir über einen zu langen Zeitraum nicht in der Lage, entweder unseren Bedürfnissen zu folgen oder sie überhaupt zu fühlen. **Solche Krankheiten nennen wir psychosomatisch.** Diese psychosomatischen Krankheiten reagieren nicht ausreichend auf eine rein körperliche Behandlung oder kommen nach kurzen Erfolgen wieder, weil die mentalen Bedingungen, die zu ihrer Entstehung und Aufrechterhaltung geführt haben, weiterhin bestehen. Wir bringen dem Körper z.B. nicht genügend Wertschätzung entgegen, sondern sehen ihn eher durch die Augen der anderen, das heißt, viel zu kritisch, um ihn liebevoll und mit dem nötigen Feingefühl zu steuern. Selbst Verletzungen durch einen Unfall können ihren Ausgangspunkt in einer psychischen Problematik haben – die uns z.B. so sehr in Anspruch nimmt, dass wir unaufmerksam werden und dadurch ein Hindernis oder eine Warnung nicht rechtzeitig wahrnehmen. Wir sind oft verträumt, dann passieren uns Dinge, die bei höchster Aufmerksamkeit und Konzentration nicht geschähen. Dennoch würden wir einen Knochenbruch, der durch einen verträumten Unfall geschehen ist, trotz seiner Entstehungsbedingungen nicht unbedingt psychosomatisch nennen. Er reagiert ja auch auf die übliche körperliche Behandlung und heilt hoffentlich ohne Komplikationen.

Doch wenn jemand häufiger in Unfälle verwickelt ist, würde man schon genauer hinsehen: Womit ist dieser Mensch psychisch beschäftigt? Welche Gedanken und Emotionen nehmen seine Aufmerksamkeit so sehr in Anspruch, dass er nicht mehr auf seine Gefühle achten kann? Deswegen ist das Telefonieren während der Autofahrt verboten; wir fahren dann nachweislich viel schlechter, das heißt unaufmerksamer, als sonst. Und im Gegensatz zu einem realen Beifahrer, der mitfährt und uns beim Fahren noch beistehen würde, z.B. warnen oder im richtigen Moment schweigen, ist der Geist nicht still und warnt uns gerne vor unrealen Gefahren (z.B.: Du kommst zu spät! Das gibt Ärger!...). Ähnlich verhält sich der Gesprächspartner am Handy, der auch nicht mit uns „mitfährt" und uns deswegen möglicherweise mehr ablenkt als ein realer Beifahrer. Mit einem echten Beifahrer zu reden ist deswegen dem Fahrer gottseidank nicht verboten, sondern kann sogar hilfreich sein.

Psychosomatisch werden häufig chronische Erkrankungen des Bewegungsapparates, des Herzens, des Stoffwechsels, des Nervensystems, des Magen/Darm-Trakts oder der Haut verstanden – oder auch nicht. Es ist nicht immer leicht, den Zusammenhang von körperlichen Beschwerden und möglicherweise psychischen Bedingungen zu erkennen, zumal in unserer Gesellschaft meistens eher mechanisch oder maschinell anmutenden Erklärungsmodellen der Vorzug gegeben wird („Verschleiß"; „kaputt" usw.). In den bildgebenden Verfahren sehen wir vorzugsweise den Körper als funktionsgestörte oder defekte Maschine. Wir sehen aber nicht, welche sozialen und emotionalen Bedingungen hinter den körperlichen Veränderungen stehen – und möglicherweise weiterhin bestehen. Dazu reicht unser Wissen über den Körper meistens nicht aus, noch weniger unser Wissen über die einzigartige psychische Bedingungslage des Leidenden. Die Diagnose „psychosomatisch" wird häufig erst dann geäußert, wenn die Beschwerden sich durch konventionelle körperliche Behandlung nicht wirklich bessern lassen, d.h. wenn es keine „Heilung" gibt.

Das Wort „heilen" (und alle seine Abkömmlinge: Heilung, heilsam, Heilquelle, Heilbad, Heiler, Heilerde usw.) klingt im medizinischen Sprachgebrauch heute merkwürdig altmodisch, ein wenig naiv und riecht fast schon nach ideologischem Abweichertum. Eine Krankheit heilen? Wir sind schon stolz, wenn es gelingt, eine Störung zu kompensieren (so dass der Mensch wieder funktionieren, am besten: arbeiten kann).

Aber auch für einen psychosomatisch orientierten Behandler ist es schwer zu verstehen, was mit dem Patienten eigentlich los ist. Der Behandler hat ja unter Umständen nicht wesentlich weniger oder andere Probleme als der Patient. In einer psychosomatisch ausgerichteten Behandlung wird jedoch stärker als in einer rein organmedizinischen Therapie auf die emotionale Befindlichkeit des Patienten eingegangen. Wie steht er/sie zu sich selbst? Was bedeuten die anderen für diesen Menschen? Worum geht es ihm/ihr? Was sind möglicherweise verborgene, das heißt: sich der bewussten Bearbeitung entziehende, Motive? Wodurch ist das emotionale Gleichgewicht gestört oder blockiert? Welche Gefühle kann die Person nicht richtig wahrnehmen oder deuten?

Der Behandler muss nicht die Antwort auf solche Fragen finden, aber er kann dem Patienten helfen, etwa durch die Anwendung der psychotherapeutischen Methoden so viel emotionale Sicherheit vermitteln, dass dieser seine eigene innere Wahrheit erkennen und akzeptieren kann. Dann kann ein neuer Blickwinkel, ein neues Verständnis für die eigenen Bedürfnisse gewonnen werden, und ein besserer Weg zu deren Erfüllung. Dies ist der Weg zur Gesundheit. Dann kann sogar eine chronische Krankheit sich bessern. Es gibt natürlich so etwas wie Heilung. Wir besitzen seelische Selbstheilungskräfte! Das ist nichts Übersinnliches oder Esoterisches, sondern, einfach ausgedrückt, unsere angeborene Fähigkeit, zu lieben und zu hassen. Das zu lieben, was uns gut tut, und zu hassen, was uns schadet. Und der Geist, der uns daran gehindert hat, unseren eigenen Gefühlen zu glauben, kann lernen – klug, wie er ist – einen Weg zu finden, auf dem es uns besser geht.

Bei einer psychosomatischen Erkrankung handelt es sich demnach um echte, reale und körperlich beschreibbare Krankheiten, keine eingebildeten Beschwerden, und keine sogenannte Geisteskrankheit.

Es ist auch nicht die Seele krank, die kann nicht krank werden. Aber in unserem Denken und Glauben, in den Erfahrungen, Urteilen, Meinungen, Erwartungen, Bewertungen, hat sich etwas entwickelt, das mit den eigentlichen und ursprünglichen Bedürfnissen des Organismus nicht harmoniert. Das passiert Menschen! Wenn man so will, könnte man sagen, der Geist ist krank, aber auch der Geist, da er zwar Macht, aber letztlich keine reale Substanz besitzt, kann nicht wirklich krank sein. *Wir* sind krank, weil Geist und Körper nicht dasselbe wollen, und der Körper, als der Klügere, nachgibt, sich manchmal sogar opfert. Wer sich nicht wohl fühlt, der leidet – das sind wir, die Fühlenden. Der Geist braucht mehr Verständnis, der Körper mehr Liebe.

Damit dies alles geschehen kann, hält die Seele uns am Leben und verfolgt ihre eigenen geheimnisvollen Ziele, die mit Krankheit und Gesundheit nichts zu tun haben. Den Kontakt mit ihr zu finden ist das potentiell höchste Ziel des menschlichen Lebens und belohnt uns dementsprechend mit den höchsten Gefühlen.

„Wir machen uns entweder glücklich oder unglücklich. Der Arbeitsaufwand ist der gleiche."

-Carlos Castaneda (1925-1998), Mystiker und Autor („Reise nach Ixtlan")

2. Die buddhistische Katze

„Das Problem mit der Welt ist nicht, dass Menschen zu wenig wissen, sondern dass sie so vieles wissen, was nicht stimmt"
-Mark Twain

Wenn wir einmal von etwas überzeugt sind, dann ist es schwer, diese Überzeugung zu ändern, auch wenn Grund zu zweifeln vorliegt. In der Umgangssprache heißt das „glauben", im Unterschied zu „wissen". Das kann manchmal richtig gefährlich werden. Der Meister erzählte folgende Geschichte:

Ein Mann war im Urlaub nach Thailand gereist und hatte dort unter anderem einen buddhistischen Tempel besichtigt. Beim Hinausgehen gab er am Tor eine Spende, erhielt dafür zum Dank ein Glöckchen mit dem eingravierten Bild des Buddha, an einem Bändchen. Er steckte das Glöckchen ein und flog nach Hause. Dort packte er den Koffer aus und fand dieses Glöckchen. Er wusste zunächst nicht, was er damit anfangen sollte, wollte es aber nicht wegwerfen, weil es ein schönes Reiseandenken war.

Der Mann hatte auch eine Katze. Dieser Katze band er das Glöckchen um den Hals.

Die Katze war während seiner Abwesenheit von Nachbarn versorgt worden und war die meiste Zeit, wenn sie nicht schlief, damit beschäftigt, den Mäusen, die ebenfalls in diesem Haus wohnten, nachzustellen. Ab und zu gelang es ihr, eine zu fangen. Die Mäuse hatten große Angst vor der Katze und flehten in ihren Versammlungen immer wieder zu ihrem Mäusegott, dass doch die Bedrohung durch die Katze aufhören möge. Sie beobachteten die Katze und interessierten sich für alles, was die Katze betraf. So entging ihnen nicht, dass die Katze neuerdings ein Glöckchen um den Hals trug. Das war Anlass, eine Mäuseversammlung einzuberufen und die Sache zu besprechen. Dabei stellte sich heraus, dass man auf dem Glöckchen einen Buddha gesehen hatte. Was hatte das alles zu bedeuten?

Die Mäuseältesten berieten sich und kamen übereinstimmend zu dem Schluss: Die Katze ist jetzt Buddhistin geworden! Und Buddhisten sind bekanntlich Vegetarier! Sie würden fortan nicht mehr unter der Katze zu leiden haben. Ihr Flehen war erhört worden! Dies verkündeten die Mäuseältesten dem Mäusevolk, und nicht enden wollender Jubel brach aus. Man sang und tanzte die halbe Nacht.

Eine der jüngeren Mäuse, die schon öfter durch Zweifel an der Weisheit der Mäuseältesten aufgefallen war, meldete aber Bedenken an, ob die Sache sich wirklich so verhalte, und verlangte eine Überprüfung. Die Mäuseältesten berieten sich erneut und kamen schnell zu einer einstimmigen Entscheidung: Diese junge Maus sollte umgehend selbst zur Katze hingehen, dann werde man schon sehen.

Die Katze war bereits durch den ungewöhnlich starken nächtlichen Radau der Mäuse aufmerksam geworden und lag mit halb geschlossenen Augen vor dem Mausloch auf der Lauer. Nun kam also die kritische junge Maus ganz vorsichtig aus dem Loch und schlich langsam frontal auf die Katze zu, viel langsamer als Mäuse sich gewöhnlich bewegen, insbesondere in Gegenwart einer Katze. Die Katze war erstaunt über dieses Verhalten und rührte sich nicht. Die Maus kam näher, richtete sich vor der Katze auf ihren Hinterbeinen auf und blickte ihr direkt in die halb geöffneten Augen. Sie sah sich auch das Buddha-Glöckchen am Hals der Katze genau an, schnupperte daran. Die Katze war über derlei Dreistigkeit so verblüfft, dass sie nicht reagieren konnte. Die Maus lief, nunmehr schnell, in das Loch zurück und rief: Es ist alles wahr! Die Katze meditiert! Und nun gab es kein Halten mehr. Die Mäuse bildeten spontan eine Polonaise und tanzten aus ihrem Loch heraus, auf die Katze zu und um sie herum, um ihr zu zeigen, wie sehr sie sich über diese Wendung der Dinge freuten.

Das war nun der Katze, die sich inzwischen von ihrer Verblüffung erholt hatte, doch zu viel, und sie stürzte sich auf die Mäuseschar, verletzte und tötete so viele Mäuse wie nie zuvor. Die übrigen Mäuse, die entfliehen konnten, sammelten sich erst am frühen Morgen wieder im Mäusenest. Viele waren verwundet, alle waren verwirrt und ratlos. Wie konnte man sich diese Katastrophe erklären?

Wieder berieten sich die Mäuseältesten, diesmal länger und gründlicher als vorher. Und sie kamen zu einem klaren Ergebnis, das sie schließlich dem Mäusevolk verkündeten: Seitdem die Katze Vegetarierin ist, ist sie leider unwahrscheinlich aggressiv geworden! Und es wäre wohl vorerst besser, ihr aus dem Weg zu gehen.

***

Die Mäuseältesten können und dürfen sich nicht irren!

Wirklichen Mäusen würde so etwas natürlich nicht passieren. Mäuse wissen, was sie von Katzen zu halten haben. Vielleicht möchten wir es nicht „wissen" nennen, weil wir damit häufig etwas Gelerntes verbinden. Was man lernt, kann man auch wieder vergessen. Der berühmte Verhaltenspsychologe B.F. Skinner sagte treffend: „Bildung ist was übrigbleibt, wenn das Gelernte vergessen worden ist." Insofern sind die Tiere und Pflanzen sehr gebildet, und in dem Wort gebildet steckt auch der Hinweis zu einer erschaffenden und gestaltenden, in sich einigen, geheimnisvollen Natur, deren Gebilde sie sind. Der alte Satz: „Irren ist menschlich" trifft insofern schon zu, als die Tiere sich selten oder nie irren. Wir nennen diese Fähigkeit der Tiere (und Pflanzen, da wird der Begriff Instinkt allerdings seltener gebraucht), etwas herablassend „Instinkt" (vom Lateinischen: *instinguere* = *anstacheln, antreiben, hineinstechen*, nämlich von Seiten der Natur). Die Natur selbst veranlasst die Tiere, das Richtige zu tun. Das Richtige ist, was zum Erfolg führt, nämlich bei Ernährung, Fortpflanzung, Brutpflege, Körperpflege und im Sozialverhalten. Der Erfolg definiert sich dadurch, dass die eigentlich komplizierten Verhaltensweisen auch tatsächlich zum Gelingen führen. Wenn die Tiere dies tun, gedeihen sie und fördern gleichzeitig ohne besondere Absicht die gesamte übrige Natur, mit der sie somit auf wundersame Weise im Einklang sind. Obwohl sie „egoistisch" ausschließlich ihre eigenen Interessen verfolgen, kommt alle Welt in Ordnung – bis wir auftauchen.

Wenn Menschen erfolgreich handeln, nennen sie es lieber Intelligenz, oder allenfalls noch Intuition. Tiere suchen nicht nach Erklärungen. So wie diesen Mäusen in der Fabel geht es nur uns. Wir glauben, was wir glauben möchten, und lassen uns nur schwer dazu bringen, einen grundlegenden Irrtum einzugestehen. Eher akzeptieren wir widrige Situationen und suchen nach Erklärungen dafür, finden auch immer welche, ungeachtet des Wirklichkeitsgehalts. Für Mäuse ist eine Katze eben eine Katze, das bedarf keiner weiteren Erklärung. Sie würden niemals wegen einer Weltanschauung ihr Verhalten ändern, weil sie zu einer solchen nicht fähig wären. Weder Katze noch Mäuse haben Überzeugungen. Sie vertrauen vor allem ihren Sinnen und ihrem Fühlen. Wir hingegen sind zu großen Opfern bereit, um unsere Überzeugungen vor der Wirklichkeit zu retten. Dies gilt besonders für unsere Grundüberzeugungen, d.h. die Überzeugungen, die uns so selbstverständlich anmuten, dass sie uns kaum noch bewusst sind. Solche Überzeugungen sind im Gegensatz zu Instinkten nicht angeboren, sondern werden meistens sehr früh im Leben erworben, zu einem Zeitpunkt, an dem wir noch nicht kritisch denken und urteilen können, oft noch nicht einmal richtig sprechen können. Solche Grundüberzeugungen werden dann nicht in Worten und Begriffen bei uns abgelegt, nicht verbal codiert sozusagen, sondern unmittelbar durch Beobachtung und Erfahrung geprägt. Unsere Urteilsfähigkeit, wenn sie endlich ausgereift ist, wird dann meistens automatisch versuchen, unsere Erfahrungen so zu strukturieren, dass die Grundüberzeugungen nicht in Frage gestellt werden, weil dies in uns ein unangenehmes Gefühl von Verwirrung und Orientierungslosigkeit hervorrufen würde. Die Katze ist Buddhistin, das <u>sieht</u> man doch an dem Glöckchen. Vegetarierin ist sie folglich auch. Dass sie aggressiv ist, muss also erklärt werden. Es wird eine Theorie gebildet, die verschiedene Annahmen erfordert. Zum Beispiel, dass der widerwillige Verzicht auf Fleisch starke Frustration bedingen könnte, welche wiederum eine gesteigerte Reizbarkeit und Aggressivität mit sich bringt. Das klingt halbwegs plausibel und ist möglicherweise für uns einfacher zu akzeptieren, als die schlichte Wahrheit, dass das Ganze nur ein Riesenmissverständnis unsererseits und die Katze einfach nur eine Katze ist, und dafür noch nicht einmal besonders aggressiv. Die Verwirrung tritt erst ein, wenn sich die Erfahrung nicht auf unsere Grundüberzeugungen reimt.

Der „Heilige" (Mönch; Priester usw.) sei z.B. tugendhafter als andere Menschen, das möchten wir glauben. Wenn sich dies als unwahr erweist, sind wir enttäuscht und suchen nach Erklärungen oder Sanktionen. Wir können aber nur schwer den Anspruch aufgeben, dass er tugendhafter zu sein hat, obwohl eigentlich klar ist, dass er doch nur einer von uns ist. Allerdings wird dieses Missverständnis auch von Seiten des Geistlichen durch ein eigentümliches Gebaren, besondere Kleidung oder bestimmte Merkmale aufrechterhalten, an denen man seine Entsagungsbereitschaft erkennen kann (und soll). Entsagung, die nach Außen verborgen stattfindet, hat sich irgendwie nicht durchsetzen können. Wenn keiner davon weiß, funktioniert es anscheinend nicht richtig. Es lässt sich vielleicht nur aushalten, wenn man damit ein bisschen angeben oder Dominanz (Macht!) ausüben kann. Die dahinter stehende Motivation unterscheidet sich somit in ihrem Charakter nicht wesentlich von der allgemein üblichen. Eine wirklich umfassende Entsagung wäre eine, von der niemand außer einem selbst wüsste. Dies dürfte meines Erachtens selten vorkommen. Aber, wer weiß, man erführe es ja möglicherweise gar nicht...

Die Mäuseältesten in der Fabel, die lieber nach weiteren Erklärungen suchen, statt einzusehen, dass sie sich einfach geirrt haben, stehen auch für Autoritäten der „Wissenschaft", die als über jedem Zweifel angeordnete Glaubensgrundlage die herkömmliche Religion in unserer Gesellschaft heute weitgehend verdrängt hat. Es hat sich dadurch in gewisser Weise nicht wirklich viel geändert. Ähnlich wie unsere Religionen den Mangel an echter Gottesverbundenheit verwalten, so wird in den Naturwissenschaften ein Mangel an Wissen kaschiert. Da muss schon dick aufgetragen werden, damit nicht jeder merkt, dass stellenweise nichts dahinter ist. Nichts im Vergleich zu dem, was jeder Mensch in seiner Tiefe an Potenzial in sich trägt. Es gibt „Päpste" in der Wissenschaft, es gibt einen Absolutheitsanspruch, es gibt ein hohes Maß an kritikloser Glaubensbereitschaft, sogar Fanatismus. Wer heute eine „wissenschaftliche Wahrheit" bezweifelt, wird auf die gleiche Verständnislosigkeit und Abwehr stoßen wie ein Mensch des Mittelalters, der etwa die Institution der Beichte oder den bösen Blick infrage gestellt hätte. Zweifel an der wissenschaftlichen Denkweise haben heute eine ähnliche Wirkung wie Zweifel an der Kirche in früheren Jahrhunderten. Wir sind nicht klüger geworden. Nur weil die Bevölkerung heute lesen und schreiben kann, heißt das nicht, dass sie deshalb ihrem Ziel näher gerückt ist. Sie lässt sich nur effizienter verwalten.

Um schwimmen zu können, muss man nicht das archimedische Prinzip kennen – und dessen Kenntnis bewahrt einen nicht vor dem Ertrinken, wenn man nicht schwimmen gelernt hat, oder wenn man mitten auf dem Ozean ist, sogar als guter Schwimmer. Das Theorem des Archimedes hilft einem nicht einmal beim Schwimmen, obwohl es sicher zu den wichtigsten physikalischen Prinzipien gehört, dessen Entdeckung Archimedes folgerichtig zu dem legendären Ausruf „Heureka!" veranlasste – „ich habe es gefunden!". Ein Naturgesetz nämlich, warum in Wasser eingetauchte Körper, wie seiner damals in der Badewanne, leichter sind. Er habe beobachtet, dass beim Überlaufen der Badewanne genau soviel Wasser hinauslief, wie sein Körpervolumen verdrängte, und daraus die richtigen Schlussfolgerungen gezogen. Als nächstes sei er vor lauter Begeisterung nackt auf die Straße gelaufen, eben diesen Ausruf tuend. In Griechenland soll man damals überhaupt gerne nackt herumgelaufen sein. Und die Entdeckung einer bis dahin unbekannten Naturgröße – des Auftriebs – kann wohl jeden Menschen erst einmal aus dem Gleichgewicht bringen. Heute hätte er bestimmt dafür den Nobelpreis bekommen. Nun war es endlich möglich, unsinkbare Schiffe zu bauen, wie etwa die *Titanic*.

Hier soll nicht die Geschichte bewertet werden, nach dem Motto: Früher war alles besser. Es wäre auch sinnlos, da sich die Vergangenheit nicht wiederholen lässt. Niemand kann den „Fortschritt" aufhalten, es gibt keinen Rückwärtsgang, nicht einmal eine Bremse oder ein Lenkrad. Wer glaubt, er könne die Geschehnisse vorausschauend lenken, befindet sich im selben Irrtum wie ein Kleinkind, das an seinem Babysitz im Auto ein Spielzeug-Lenkrad hat, an dem es dauernd dreht (Maggie Simpson!); es hat eigentlich kein Bewusstsein davon, dass es das Auto nicht wirklich lenkt, doch seine Vorstellungskraft ermöglicht ihm, dies zu glauben. Erst, wenn am Straßenrand ein Spielzeugladen auftaucht und das Kind dorthin abbiegen möchte, wird ihm seine Machtlosigkeit bewusst – kein schönes Gefühl. Kann Tränen geben. Es wird jedoch nicht deswegen sein Spielzeug-Lenkrad wegwerfen, sondern versuchen, die Illusion der Macht wiederherzustellen. Sie war einfach zu schön.

Immerhin, die Faszination und Begeisterung, welche die Naturwissenschaften im 19. und 20. Jahrhundert auszulösen vermochten, haben offensichtlich ihren Höhepunkt hinter sich, auch wenn die Macht der wissenschaftlichen Institutionen noch ungebrochen ist. Wir sind von ihnen abhängig geworden, sie tragen aber nicht mehr unsere ganzen Hoffnungen.

2.1. Pandora

Aus der griechischen Geisteswelt kennen wir auch warnende Stimmen, wie im Mythos der Pandora. Göttervater Zeus schenkte ihr zur Hochzeit mit Epimetheus, dem Bruder des bekannteren Prometheus, eine Büchse, mit der Maßgabe, diese auf keinen Fall zu öffnen. Dieses Manöver war wohl dazu gedacht, zukünftig die Wiederholung von Problemen, wie die Götter sie mit Prometheus erlebt hatten, ein für allemal zu verhindern. Prometheus (deutsch: „der Vorausdenkende") hatte nämlich den Menschen ohne Einverständnis der Götter das Feuer gebracht. Pandora („die Allbeschenkte") war selbst ein Produkt der Götter, unwiderstehlich schön und liebreizend, und in die Büchse hatte jede der Gottheiten eine verderbenbringende Gabe gefüllt. Prometheus hatte seinen Bruder Epimetheus („der danach Denkende") noch ausdrücklich vor Geschenken der Götter gewarnt; doch dieser hatte nichts Eiligeres zu tun, als mit seiner schönen Frau zusammen diese Büchse zu öffnen, und seitdem ist auf der Welt die Hölle los. Vor Schreck schließen sie die Büchse wieder, bevor auch noch die Hoffnung aus ihr entweichen kann, und so wird die Erde für die Menschen zunächst ein ausgesprochen trostloser Ort. Später öffnet Pandora die Büchse noch einmal, um auch die Hoffnung herauszulassen, aber das Goldene Zeitalter, in dem die Menschheit nicht Arbeit, Krankheit und Tod kannten, ist unwiederbringlich vorbei. Die Hoffnung macht das Ganze dann wenigstens erträglich.

Auffällig an dieser Geschichte ist die Ähnlichkeit mit dem jüdisch/christlichen Paradies-Mythos. Die Menschen verlassen die ursprünglich vorgegebene natürliche Harmonie, das „Paradies" (ursprünglich aus dem Persischen, etwa: eingehegtes Gebiet), es bleibt kaum eine Erinnerung, nur eine Hoffnung. Solche Legenden gibt es anscheinend in allen Kulturen. Es handelt sich um einen Archetyp, das heißt, ein Symbol aus dem kollektiven menschlichen Unterbewusstsein, wenn wir es einmal so nennen wollen. Gemeinsam ist diesen Legenden, dass die Menschheit schon bessere Zeiten hatten, die aber unsere Vorstellungskraft übersteigen. Wir finden den Weg zurück nicht mehr. Geblieben aus diesem Verlust ist der unstillbare Drang, das Leben besser zu machen. Unter dem Eindruck der damaligen menschenunwürdigen Lebensbedingungen erschien ein Rückweg in das bessere Leben, ins Paradies, nur durch die Überschreitung der Todesschwelle möglich. Diese auch heute noch sehr verbreitete Grundüberzeugung wurde in den letzten Jahrhunderten durch die Erkenntnisse der Naturwissenschaft zunehmend relativiert, welche eine Verbesserung der Lebensbedingungen bereits im Diesseits in Aussicht stellten: den Himmel auf Erden. Das erschien attraktiver als die Aussicht auf eine fragliche Erleichterung nach dem Tode, muss dafür aber ebenfalls geglaubt werden. Wem es heute schwer fällt, an die Überlegenheit der wissenschaftlichen Denkweise zu glauben, der wird ebenso misstrauisch beobachtet wie ein bekennender Ungläubiger im Mittelalter. Zu dieser Denkweise gehört etwa die Annahme, dass unter idealen Bedingungen alles wiederholbar sei, wie im wissenschaftlichen Experiment. Nicht wiederholbare Erscheinungen entziehen sich schlicht der wissenschaftlichen Beobachtung und verlieren ihren Anspruch auf Realität. Es ist die große Zeit der Statistik und der Niedergang der Magie. Als Krönung dieser Entwicklung kann die *kontrollierte prospektive Doppelblind-Studie* gelten, mit der man in der Heilkunde den notorischen Placebo-Effekt zu umgehen versucht. Alles, was mit diesem Prüf-Instrument nicht nachgewiesen werden kann, verliert den Anspruch auf Realität und wird im Ordner „Zufall" abgelegt. Wir beschränken uns auf die Beobachtung wiederholbarer Ereignisse und glauben, alles Geschehen letztlich darauf zurückführen zu können. Der letzte Beweis ist die zutreffende Vorhersage von Ereignissen. Daran müssen sich auch Propheten messen lassen. Vorhersagen gelingen der Wissenschaft mit hoher Präzision vor allem im Weltall, wie etwa Sonnen- und Mondfinsternisse oder über die Flugbahn von Objekten. In diesem Bereich erscheint die wissenschaftliche Methodik jeder anderen weit überlegen.

Auf der Erde liegen die Dinge anscheinend komplizierter. Schon das Wetter von morgen ist nicht annähernd mit vergleichbarer Sicherheit vorhersagbar, noch weniger der Verlauf von Krankheiten, Beziehungen, Aktienkursen, kurz: weiträumige Bereiche, wo das „Chaos" herrscht. Die Gesetze, die das Chaos regieren, sind noch Gegenstand der Forschung. Das Chaos mag sich irgendwie der Wissenschaft nicht recht fügen. Vorerst müssen wir Vieles dem „Zufall" überlassen. Unter diesem Begriff ordnen wir alles ein, das sich der wissenschaftlichen Vorhersage entzieht. Wenn wir unser Bewusstsein ausschließlich auf wiederholbare Ereignisse richten, entgeht uns möglicherweise die ganze Welt der einmaligen und unwiederholbaren Ereignisse, zu der immerhin unsere eigene individuelle Existenz gehört, die selbst das Produkt einer extrem unwahrscheinlichen Kette von „Zufällen" seit dem Beginn der Zeit darstellt. Geschieht alles nur einmal, oder geschehen manche Dinge nur einmal, oder kann alles immer wieder geschehen – es läuft darauf hinaus, ob sich Realität verlustfrei im Labor abbilden lässt. Wenn nicht, wie groß oder klein, wie wichtig oder unwichtig ist der Teil der Realität, der sich nicht unter Laborbedingungen zeigt? Handelt es sich dabei nur um eine letztlich vernachlässigbare statistische „Verunreinigung", die man durch immer genauere Methodik irgendwann endgültig ausgleichen kann? Oder haben wir nur eine besonders perfide Art der Selbstüberlistung entwickelt, mit deren Hilfe wir unumkehrbar die Hölle auf die Erde gebracht haben? Womit wir auf einmal Religionen und/oder Wissenschaften brauchten, von denen aber keine Möglichkeit zur Rückkehr zu erwarten ist?

Wenigstens existiert das Gefühl der Hoffnung weiterhin, als Lichtpunkt im Dunkel, manchmal vielleicht der einzige. Hoffnung gehört zu unserer im Lieferumfang enthaltenen Standard-Ausstattung. Sie muss nicht erst in Kindergärten, Schulen und Kirchen gelehrt und erworben werden. Sie ist ein stilles Versprechen, dass doch alles gut werden kann, wider den äußeren Anschein. Deswegen heißt es: Die Hoffnung stirbt zuletzt. So wie es Wasser für den Durst gibt, Nahrung für den Hunger, Schlaf für die Müdigkeit, so gibt es auch eine „frohe Botschaft" für die Hoffnung. Und so, wie der Anblick einer Speisekarte den Hunger nicht stillt, die Kenntnis der Dipol-Struktur des H_2O-Moleküls den Durst nicht löscht, bloßes Im-Bett-liegen die Erschöpfung nicht beseitigt, so kann auch die Kenntnis von Worten und Taten vergangener Heiliger die Verzweiflung nicht wirklich lindern. Dadurch, dass wir die Worte wiederholen und die Taten kennen, sind wir leider nicht automatisch in dem Bewusstsein, aus welchem heraus es möglich war, diese Worte zu sprechen und diese Taten zu vollbringen. Dieses Original-Bewusstsein kam vielleicht aus der Dimension eines Daseins, in der die Dinge nur einmal geschehen und wo der Versuch, sie zu wiederholen, bereits an einem verborgenen Naturgesetz scheitert.

„Zufall ist vielleicht das Pseudonym Gottes, wenn er nicht unterschreiben will."
-Anatole France (1844-1924), französischer Schriftsteller, Literaturnobelpreisträger.

Psychologisch interessant ist die eigentümliche Parteilichkeit, mit der wir die Entscheidungen von Göttern empfinden. Warum sollte Prometheus nicht das Feuer für die Menschen auf die Erde holen? War doch nett von ihm! Wir sympathisieren eindeutig mit ihm, können keinen Sinn im göttlichen Verbot sehen. Was haben die Götter gegen uns? Wollen kein Feuer geben? Was ist denn das für ein Service! Sie erscheinen grausam, feindselig, willkürlich und ungerecht, die Strafe unangemessen hart und tückisch. Und warum mussten Adam und Eva im jüdisch/christlichen Schöpfungsmythos gleich das Paradies verlassen, nur weil sie die verbotene Frucht aßen? Und wissen wollten, was gut und böse ist? Es fällt uns schwer, eine innere Zwangsläufigkeit in diesen Vorgängen zu entdecken. Der strafende Gott hätte nach unserem Empfinden durchaus Milde walten lassen können, anstatt gleich bei der ersten Übertretung jemanden mit dem Flammenschwert zu schicken. Hätte nicht erst eine Abmahnung erfolgen können?

Wir sind eindeutig Kinder von Prometheus und Pandora, von Adam und Eva. Es fällt uns schwer, einen anderen Standpunkt einzunehmen. Propheten werden erschlagen, Erlöser gekreuzigt. Wir haben mächtige Religionen entwickelt, um mögliche Götter zu beschwichtigen, und komplizierte Erklärungssysteme dafür, warum das anscheinend die halbe Zeit nicht klappt. Falls der christliche Erlöser wieder auftaucht, wie er angekündigt haben soll, wird er durch die allgegenwärtige Darstellung seines Folter- und Hinrichtungsgerätes, des Kreuzes, und durch die vielbeschworenen realistischen Darstellungen des Gekreuzigten vielleicht daran erinnert, was wir mit solchen Leuten machen. Sicher erscheint diese Deutung des Kreuz-Symbols abwegig, und unsere „mäuseältesten" Theologen haben bestimmt eine ganz andere Erklärung dafür, aber wer weiß – man denke an die buddhistische Katze! Auch der Mahdi, auf den die Moslems angeblich warten, von dem es heißt, dass er alle Menschen zu Gott bringen kann, wird sich wohl sehr in Acht nehmen müssen, dass er seinen ersten öffentlichen Auftritt überlebt. Der Klerus herrscht nach schiitischer Auffassung nur in Stellvertretung bis zu dessen Wiederkehr aus der Verborgenheit. Da werden die sich aber freuen! Vor ähnlichen Problemen dürfte ebenfalls der angeblich erwartete Erlöser der Juden stehen, wenn er erschiene. Die Religionen haben überall gründlich vorgesorgt. Ihre Vertreter werden es sein, die sich am schnellsten auf jeden stürzen, der ihren alten Lehren ein wenig Leben einhauchen könnte. Bei aller gegenseitigen Geringschätzung und Ablehnung werden sie sich in diesem Punkt einig sein: Den wollen sie nicht. Der wiederkehrende Erlöser wird die Menschen vielleicht zunächst von den Religionen erlösen müssen, und deren Vertreter ahnen das.

„Auch wenn alle sich einig sind, können alle sich irren"
-Bertrand Russell (1872-1970), walisischer Mathematiker, Philosoph und Autor, Nobelpreisträger für Literatur 1950, Friedensaktivist, Atheist.

Im wissenschaftlichen Weltbild ist die Idee einer Erlösung nicht mehr notwendig. Erlösung wovon? Das Paradies der Wissenschaften liegt diesseits und in der Zukunft, wir arbeiten schwerstens daran. Wir erschaffen unser eigenes Paradies bzw. unsere eigene Hölle, alte Mythen haben dabei wenig Bedeutung. Es ist der alte Trotz von Adam und Prometheus, die beide nie verstanden haben, wofür sie eigentlich bestraft wurden, und von wem. Aus Gottesfurcht wurde Lebensangst, ein zweifelhafter Fortschritt. Aus Wissen wurde Wissenschaft, aus Gesetzmäßigkeit wurde Gesetzlichkeit, aus Macht wurde Gewalt, aus Einfalt wurde Dummheit, aus Sehnsucht wurde Krankheit, aus Reinheit wurde Sauberkeit, aus Hingabe wurde Gehorsam, aus Liebe wurde Beliebtheit, aus Frieden wurde der Zustand vor dem nächsten Krieg. Alles ist in eine niedrigere Etage gerutscht, in der wir uns ganz gut auskennen, aber nicht wohlfühlen.

2.2. Indiana Jones und Sir Galahad

Der Stein der Weisen, ein alchimistisches Symbol, kann unedles Metall in Gold verwandeln, ohne dessen Form zu verändern. Gemeint ist damit das Wissen, wie die niedrige, „gemeine" Orientierung des menschlichen Bewusstseins auf die höhere, „edle" Ausrichtung umgelenkt werden kann. Die Alchemisten des Mittelalters und der Renaissance hatten das wörtlich genommen und verbrachten ihr Leben mit der Suche nach einer Substanz, mit der man edles Metall, am besten Gold herstellen kann, angetrieben durch Gier nach Reichtum, ein unedles Motiv. Ferner soll der Stein der Weisen auch alle Krankheiten heilen können. Er zeigt damit Verwandtschaft zum legendären heiligen Gral, in dem *Wolfram von Eschenbach* ebenfalls einen Stein sieht, im Gegensatz zur verbreiteteren Auffassung, dass es sich um ein Trinkgefäß handle (wie bei *Indiana Jones und der letzte Kreuzzug*). Im Stein-Symbol wird eher die Überzeitlichkeit und Integrität des Grals betont, das Trinkgefäß-Symbol spiegelt mehr den Durst der Menschheit nach Erlösung; die Heilung von Krankheiten ist lediglich die „gemeine" Anwendung. Reichtum und Gesundheit! Was uns alles entgeht in diesem eisernen Zeitalter! Als Abglanz können bei sportlichen Wettbewerben geschmacklich außerweltliche Pokale, „Cups" und ähnliche Gefäße mit nach Hause gebracht werden, mit denen man auch nicht wirklich etwas anfangen kann.

Der Gral kann nach der Legende nur von einem unschuldigen Narren, der in sich größten Heldenmut und Reinheit vereint, gefunden werden, in der Gralslegende dargestellt durch den etwas vertrottelt geschilderten Sir Parzival, der den Gral zwar fand, dem jedoch keine bürgerliche Nutzanwendung dazu einfiel, da ihm der Sinn für die Niederungen der Wirklichkeit fehlte. Er entstammte edlem Hause, war jedoch abseits der Welt aufgewachsen. Scheinbar nicht viel erfolgreicher war der makellose Ritter Sir Galahad. Er war der Sohn von Sir Lancelot, welcher durch seine Verstrickung in die leidenschaftliche Liebesgeschichte mit der verheirateten Königin die Gralssuche nicht selbst mit der nötigen Beharrlichkeit betreiben konnte. Galahad fand den Gral, hielt ihn sogar in den Händen, konnte ihn aber irgendwie auch nicht in die

Welt der Tafelrunde zurückbringen und starb einige Zeit später weit weg von Camelot.

Den Gral zu finden hatte immer etwas ausgesprochen Persönliches, das sich schlecht kommunizieren oder instrumentalisieren ließ. In der Legende ziehen viele aus, um den Gral zu suchen, doch fast alle, auch die besten (siehe Sir Lancelot), scheitern an ihren Verstrickungen, bekommen nämlich eher das, was sie tatsächlich begehren – und das war wohl meist doch nicht der Gral, sondern Dinge wie Ruhm, Sex, Besitz, Macht, Liebe, Familie, Recht haben usw. – eben das, wofür wir Menschen hauptsächlich Energie aufbringen. Er spukt immer wieder durch die Köpfe, in den letzten Jahren etwa im Bestseller „Sakrileg" von *Dan Brown* (der „da Vinci-Code"). Auch dort entzieht er sich letztlich den Machenschaften der Mächtigen. Die Welt kann mit ihm eigentlich gar nichts anfangen. Sie braucht jeden Tag neue Schlagzeilen, jede Woche neue Titelgeschichten. Nächste Woche wird der Gral gefunden, eine Woche später die Arche Noah, dann die Bundeslade (von der wir seit Indiana Jones wissen, dass sie in den unergründlichen Archiven der CIA endgelagert ist). Dann wird endlich Atlantis entdeckt, das Monster von Loch Ness taucht vollständig auf und ein UFO landet. Der Gral wird zu einer Nachricht von gestern, und wir sind immer noch da, wo wir vorher waren. Wir sollen schließlich jeden Tag eine neue Zeitung kaufen oder den Fernseher einschalten. Wenn dort gesagt würde: Es gibt nichts Neues. Was dich betrifft, weißt Du selbst, wie du zu leben hast, und alles andere geht dich nichts an – das wäre wahrlich das Ende der Welt. Dann besser die üblichen Weltuntergänge mit Asteroiden, Vulkanen, Seuchen, Kriegen, schwarzen- und Ozonlöchern usw., das trifft wenigstens alle, und wir brauchen uns nicht zu ändern.

Die Forderung: Erkenne dich selbst (an einer Säule des Apollo-Tempels in Delphi) durchzieht das antike Denken nicht nur der Griechen, sondern taucht als ultimative Weisheit in allen Kulturen auf. Was es von außen betrachtet bedeutet, sich selbst zu erkennen, ist schwer vorweg zu nehmen, solange man es nicht getan hat. Im Zen gibt es den Spruch: Vor der Befreiung – Wasser tragen und Holz hacken. Nach der Befreiung – Wasser tragen und Holz hacken. Ein solches Produkt ist schwer verkäuflich. Kein Nutzen, kein Vorteil, nichts zum Angeben, kein Machtanspruch, keine moralische Überlegenheit, keine Superkräfte, keine Unsterblichkeit, keine Heilkräfte, keine Telepathie, kein erkennbarer Unterschied zur Menge – wo liegt denn da der Spaß?

Die Art der wahren Menschen des Altertums war es, ihre Pflicht zu tun gegen die Menschen, aber sich nicht durch Bande der Freundschaft an sie zu ketten; sie erschienen demütig, ohne zu schmeicheln; sie waren ausgeprägt in ihrer Eigenheit, ohne eigensinnig zu sein; sie waren weit erhaben über jede kleinliche Wirklichkeit, ohne damit zu glänzen; freundlich lächelnd schienen sie fröhlich zu sein, und doch waren sie zurückhaltend und gaben sich nur gezwungen mit den Menschen ab. Sie ziehen uns an und dringen ein in unser Inneres, und reich beschenkt wird unser Geist durch sie gefestigt; streng halten sie sich an die Formen ihrer Zeit, und stolz sind sie in ihrer Unbezwinglichkeit; im Verkehr scheinen sie ihre Worte sparen zu wollen, gesenkten Blickes vergessen sie das Reden.(…)

Im Gesetz sahen sie das Wesen der Staatsordnung, in den Umgangsformen eine Erleichterung des Verkehrs, im Wissen die Erfordernisse der Zeit, im geistigen Einfluss das Mittel, die Menschen zu sich hinanzuziehen. Da sie im Gesetz das Wesen der Staatsordnung erkannten, töteten sie niemals aus kleinlichen, persönlichen Gründen; da sie in den Umgangsformen eine Erleichterung des Verkehrs erkannten, richteten sie sich danach ihrer Mitwelt gegenüber; da sie im Wissen die Erfordernisse der Zeit erkannten, ließen sie sich dazu herbei, sich seiner zu bedienen bei der Erledigung ihrer Aufgabe. Sie erkannten im geistigen Einfluss das Mittel, die Menschen zu sich hinanzuziehen: so wandelten sie gemeinsam mit allem, was Füße hatte, den höheren Zielen entgegen, und die Menschen dachten wirklich, dass sie durch eigene Anstrengung dahin gekommen.

-aus *Dschuang Dsï: Das wahre Buch vom südlichen Blütenland*, ca. 365 - 290 v. Chr.

Woher weiß Dschuang Dsï das alles so genau, wenn es doch so lange her ist? Bereits damals blickte man in China auf ein überliefertes ehrwürdiges Altertum zurück. Aber Dschuang Dsï will nicht von alten Zeiten erzählen, sondern nur eine ehrfürchtige Distanz schaffen, welche den moralischen Druck aus der Forderung nach Selbsterkenntnis nimmt. Es gibt ihm die Möglichkeit, sein Wissen über gewisse Gesetzmäßigkeiten des Lebens darzustellen, ohne sein Publikum zu erschrecken. Er spricht aus seiner inneren Erfahrung und Beobachtung.

Ähnlich machen es auch unsere Märchen, wenn sie mit *Es war einmal…* beginnen, um dann, ohne belehrend zu wirken, wichtige überzeitliche Daseinsgesetze zu vermitteln – wenn es echte Märchen sind. In Wirklichkeit spielen sich die Geschehnisse in der Gegenwart ab. *Es war einmal vor langer Zeit in einer weit, weit entfernten Galaxis…*, das ist hier und jetzt! So fängt das moderne Märchen *Krieg der Sterne* an – nicht nur zeitlich, sondern auch noch räumlich so weit entfernt wie möglich, und dann kommt eine epische Weltraum-Version der alten Geschichte von der Auseinandersetzung zwischen Gut und Böse. Das nennt man Dystopie (im Gegensatz zur Utopie). Es spielt keine Rolle, ob dabei die Kulisse futuristisch oder prähistorisch ist, wie in Tolkiens *Herr der Ringe*. Die Geschichten sind dann erfolgreich, wenn sie uns über ihre Bilder und Allegorien, mit ihrer Handlung und ihrer Aussage innerlich berühren. Wir möchten daran erinnert werden, welches Potenzial in uns steckt: Jeder von uns ist ein Held in seiner eigenen Geschichte, hat unmögliche Aufgaben zu lösen, wird mit Tyrannen konfrontiert, muss gegen Unwissenheit und Verzweiflung ankämpfen, erliegt der Versuchung, verliert das Ziel aus den Augen, bekommt überraschend eine Chance, begibt sich in große Gefahr, braucht seine ganze Kraft. Wir sind aber so sehr in unsere Alltäglichkeiten verstrickt, dass wir leicht die Grundzüge des Geschehens übersehen. Dann wirkt eine gute Geschichte strukturierend.

Oft sind zwei Helden da: Der eine makellos und rein (Sir Galahad; Luke Skywalker; Prinz Tamino in der *Zauberflöte*), der andere mit menschlicheren Zügen (Sir Lancelot; Han Solo; Papageno) und einer gewissen Anfälligkeit insbesondere für erotische Leidenschaften. Deswegen erreicht vielleicht Galahad den Gral und Lancelot nicht. Der erlangt dafür die Liebe der schönen Königin Ginevra (und einiger anderer Damen). Luke Skywalker wird ein Jedi-Ritter; Han Solo nicht, obwohl er auf der selben Seite kämpft. Han Solo erringt dafür die Liebe der Prinzessin Leia Organa. Luke Skywalker scheint hingegen wenig Interesse am weiblichen Geschlecht zu haben. Darth Vader allerdings auch nicht. Sie sind Asketen. Papageno wünscht sich Weib und Kind, bekommt diese auch. Prinz Tamino darf Prinzessin Pamina behalten, aber erst, nachdem er nachweisen konnte, dass er imstande war, es notfalls auch ohne sie auszuhalten. Don Quichote übertreibt es, sein Gefährte Sancho Pansa jedoch erscheint eher wie einer von uns. Sherlock Holmes wäre ohne Dr. Watson ein einsames Genie. Frodo Beutlin (in *Der Herr der Ringe*) hat seinen Freund Sam, welcher am Schluss sogar heiratet. Der Held braucht anscheinend einen Freund, der mehr in der Menschenwelt zu Hause ist und vor dem er glänzen kann, der ihm aber auch hilft, auf dem Boden zu bleiben. Sonst könnte er in Einsamkeit geraten. Dadurch wird es für uns auch einfacher, uns mit dem Helden zu identifizieren. Die Geschichten sagen: Du bist nicht ganz allein, wenn du nach dem Höchsten strebst. Du hast dich vielleicht von deinen „Mäuseältesten", aber nicht von der Realität gelöst. Es genügt manchmal ein Freund, um dich zu bestätigen (Zwei Freunde zu haben könnte schon wieder ein Problem sein...)

„Man braucht nur eine Insel allein im weiten Meer.
Man braucht nur einen Menschen. Den aber braucht man sehr."
-Mascha Kaléko, 1907-1975

Die Natur mag uns beeindrucken, die Vögel für uns singen, die Tiere sich mit uns vertragen, die Sonne für uns scheinen – sprechen können nur Menschen mit uns, in der Menschensprache. Wenn auf einmal ein Tier uns sagen würde: Mach' weiter so! Alles wird gut! Oder: Lass' es! Denk' nicht einmal dran! – Wir wären vermutlich sehr beunruhigt und würden an unserem Verstand zweifeln. Wenn aus den Wolken oder aus den Wellen eine Stimme mit uns spräche, würde uns dies wahrscheinlich eher verunsichern als bestätigen. Es gibt schließlich Psychosen. Oder wir würden uns nach einer verborgenen Kamera umschauen. Wir sprechen schon mit den Tieren, aber wir erwarten nicht ernsthaft eine Antwort oder eine Auskunft von ihnen. Wir nehmen die Tiere auch nicht wirklich ernst. Wir gehen nicht davon aus, dass sie uns helfen können auf unserem Weg – nach allem, was wir ihnen angetan haben. Wenn sie wirklich mit uns sprächen, könnten wir nicht sicher sein, ob sie auf unserer Seite sind – man dürfte es ihnen nicht übel nehmen, wenn sie uns loswerden wollten. Sie brauchen uns nicht. Es gibt nichts, das wir ihnen zu sagen hätten, außer vielleicht sorry. Die Tiere sind nicht diejenigen, die umkehren müssen. Wir fühlen uns überrascht und beschämt, wenn wir erfahren, dass uns manchmal wilde Tiere helfen – wie es von Delphinen seit alters her berichtet wird. Wir haben nicht viele Freunde in der Natur, und wir wissen das.

Wenn die Natur beschlösse, uns zu konfrontieren, hätten wir kaum Chancen. Sie würde nicht Löwen und Tiger schicken, sondern vermutlich eher so etwas Geringes wie einen Grippevirus. Nach ein paar Tagen wäre alles vorbei, und es wäre wieder Frieden auf der Erde – nur leider niemand mehr, der sich darüber freuen könnte, so wie es nur wir Menschen vermögen. Das ist wenigstens etwas, womit wir unsere Existenz rechtfertigen können. Wozu das ganze Theater, wenn keiner mehr hinschaut. Das größte Wunder unter allen Wundern des Lebens ist die Fähigkeit, diese Wunder zu bewundern und wertzuschätzen, und das können anscheinend nur wir Menschen. Man hat allerdings hat auch schon von vereinzelten Bären gehört, die auf den Aussichtsbänken im Yellowstone-Nationalpark gesessen habe sollen... Doch immerhin haben *wir* diese Bänke gebaut und dort aufgestellt.

Viele Menschen suchen eine Kommunikation mit der Geisterwelt, wozu man auch den modernen Engelskult zählen muss. Der Geisterglaube ist wahrscheinlich von allen Religionen die älteste und verbreitetste. Trotzdem haftet den Begegnungen mit Geistern immer etwas Surreales, Unheimliches und Beängstigendes an. Wirklich bestätigen kann uns letztlich doch nur ein lebendiger Mensch.

Der chinesische Weise Dschuang Dsï erzählt folgende Geschichte:

Der Herzog Huan war einst auf der Jagd in einer sumpfigen Gegend, und sein Kanzler Guan Dschung lenkte den Wagen. Da sah er einen Geist.

Der Herzog fasste den Guan Dschung bei der Hand und sprach: »Vater Dschung, was siehst du?«

Der erwiderte: »Ich sehe nichts.«

Als sie nach Hause kamen, da redete der Herzog irre und wurde krank. Mehrere Tage lang ließ er sich nicht sehen.

Nun gab es einen weisen Mann in Tsi, der sprach: »Eure Hoheit schaden sich selbst. Wie könnte ein Geist Eurer Hoheit schaden? Wenn die Lebenskraft in einem Anfall von Erregung verbraucht wird, ohne sich wieder zu ersetzen, so ist ein Schwächezustand die Folge. Steigt sie empor, ohne wieder herunterzukommen, so wird der Mensch leicht zornig; sinkt sie nach unten, ohne wieder heraufzukommen, so wird der Mensch vergesslich. Kann sie weder steigen noch sinken, sondern stockt sich im Herzen, mitten im Leib, so verursacht sie Krankheit.«

Der Herzog Huan sprach: »Ja, gibt es denn überhaupt Geister?«

Jener erwiderte:»Gewiss! Im trüben Wasser wohnt der Schwarz-
fuß; beim Herde wohnt die Scharlachfee; bei den Kehrichthaufen an
der Tür haust der Poltergeist; in den Niederungen im Nordosten, da
hüpfen die Talzwerge und die Hornfrösche herum; in den Niederun-
gen im Nordwesten haust der Pantherkopf; im Wasser wohnt der
Vampir; auf den Hügeln wohnt der scheckige Hund; in den Bergen
wohnt der Einbein; in den Einöden wohnt das Irrlicht; und in den
Sümpfen wohnt der Hüpferling.«

Der Herzog sprach:»Darf ich fragen, wie der Hüpferling aussieht?«

Der Weise sagte:»Er ist ungefähr so groß wie ein Rad und so lang
wie eine Deichsel. Er hat violette Kleider an und ein rotes Hütlein auf.
Er ist ein Geschöpf, das Donner und Wagengerassel nicht hören
kann. Dann fasst er mit den Händen nach dem Kopf und stellt sich
aufrecht hin. Wer ihn sieht, wird Herrscher im Reich.«

Da lachte der Herzog Huan laut auf und sagte:»Das war gerade
der, den ich gesehen habe.«

Darauf brachte er seine Kleider und seine Kopfbedeckung zurecht
und setzte sich zu seinem Gast. Und ehe der Tag vorüber war, da war
seine Krankheit unversehens verschwunden. (aus: Dschuang Dsï,
Das wahre Buch vom südlichen Blütenland, 19;7)

Eine großartige psychotherapeutische Sternstunde! Der Herzog in der
Geschichte war über ein subjektives Erlebnis in Zweifel geraten, ob er
noch bei Verstand sei und reagierte dementsprechend, mit Depression und Rückzug. Der „Weise" war imstande, ihn nicht nur komplett
zu bestätigen, sondern sogar noch eine glückliche Vorbedeutung hin-
zuzufügen. Das Ganze hat aber nur funktioniert, weil er das Erlebnis
des Herzogs unabhängig verifizierte, indem er den „Hüpferling" exakt
beschreiben konnte. In solchen Fällen tritt eine sehr schnelle Heilung
ein. Entscheidend ist hier die Bestätigung durch einen anderen, unab-
hängigen Menschen. Der „Geist" ist nicht unabhängig, er kann ein
Produkt unserer Einbildungskraft sein. Und es genügt ein anderer
Mensch, um die nötige Klarheit zu vermitteln. Nur ist dieser eine oft
nirgendwo zu sehen, und unsere Zweifel bleiben. Wenn wir uns
Freunde und Gefährten suchen, streben wir danach, Menschen zu
finden, die uns in dieser Weise bestätigen. Das hält uns stabil und ge-

sund. Mit dem eigenen Kopf ganz allein zu sein macht uns krank. Wir „verzweifeln".

Auf dieser Schiene gibt es natürlich auch einen negativen Pol, der uns veranlasst, Dinge für wahr zu halten, wenn nur genug andere daran glauben, damit wir nicht in Gegensatz zu allgemein akzeptierten Konzepten kommen. Da macht es die Masse. So kann es zu den unglaublichsten Gräueltaten kommen, ohne dass jemand sich etwas dabei denkt. Wer unsere subjektiven Erfahrungen bestätigen kann, bekommt einen starken Einfluss auf uns. Der Weise allein ist fähig, in uns die Inhalte zu aktivieren und bewusst zu machen, die er sozusagen nicht selber zuvor in uns versteckt hat. Eltern finden leicht die Ostereier, die sie selbst für ihre Kinder versteckt haben, das zählt nicht viel. Der höchste Anspruch der Psychotherapie ist es, die Schätze in uns freizulegen, die wir selber mitgebracht, aber vergessen haben, die tatsächlich uns gehören.

Tiere und Naturelemente können uns durch ihre Hingabe oder Integrität zwar emotional stabilisieren, zu uns selbst führen kann uns aber nur ein Mensch, der die Menschensprache spricht und dies aus der Tiefe seines Herzens, nicht aus dem in Erziehung und Lerngeschichte erworbenen Wissen, denn dieses ist Moden und Ideologien ausgesetzt, während mit „Herz" der tiefe und über alle Zeitalter konstante Wesenskern gemeint ist. Was das Herz weiß, wurde nie erlernt und kann nicht vergessen werden. Es kann allerdings ignoriert werden.

2.3. Matrix und Mystik

Deswegen sagt ein geflügeltes Wort: Das Herz kennt den Weg (den nämlich der Kopf vergeblich, aber hartnäckig sucht). Jedoch das Herz ist hier eine Metapher mit vielen Schichten, mit einer Oberfläche und einem gut verborgenen Kern, mit eigentümlicher Wildheit und Unzähmbarkeit, mit grenzenloser Tiefe (auch nur eine Metapher). Aus dieser Tiefe kommen wir, niemand kann es erzwingen, und dorthin verschwinden wir wieder, niemand kann es verhindern. Der Zugang zu dieser Quelle wird im Verlauf des Sozialisationsprozesses systematisch zugeschüttet und dem Erdboden gleichgemacht, und nur der „Auserwählte" kennt die Koordinaten und das Passwort. Unter der scheinbar soliden Oberfläche der Konvention herrscht ein erbarmungsloser Krieg um die Kontrolle des menschlichen Bewusstseins, wie sehr drastisch in der erfolgreichen „*Matrix*"-Saga symbolisch dargestellt wird. Die Kenntnis des Zugangs zum Innersten ist ein Geheimnis, das üblicherweise vollständig geleugnet wird, oder mit Adjektiven wie „mystisch" gekennzeichnet wird (meistens in betulichen Anführungszeichen, als müsste man die Realität des Phänomens anzweifeln). Falls das nicht reicht und jemand sich ihm trotzdem nähert, könnte er überrascht sein von der Heftigkeit und Bösartigkeit der Attacken, mit der die Befreiung verhindert werden soll. Denn es handelt sich tatsächlich um diesen inneren Zugang zum tiefsten Grund unserer Existenz, weit jenseits der Vorstellungskraft, wenn von „Befreiung", „Erlösung", „Erleuchtung" und dergleichen die Rede ist. Gral und Stein der Weisen sind archetypische Symbole für dieses Geschehen. Man kann sonst nichts mit ihnen anfangen. Sie sind bedeutungslos für den, der nicht nach dem Grund der Realität in sich selbst sucht. Wer die umschriebene Sache findet, kommt nicht zurück, jedenfalls nicht als derselbe, der er vorher war. Man findet sie nicht aus Versehen, und selbst eine aktive Suche kann fehlschlagen, da niemand weiß, wonach man eigentlich sucht. Intelligenz, Tatkraft, Ehrgeiz, Erfolg – all dies scheint dabei nicht viel zu helfen.

Der Held von *Matrix*, der Programmierer Anderson („Anders-Sohn"!), wird sozusagen von der anderen Seite kontaktet, eher unerwartet und im Moment einer beruflichen Krise. Alles geht ohne Räucherstäbchen, Sitar-Klänge und Glockenläuten, aber seine Situation ist zutiefst mystisch, ohne Anführungszeichen. (Allerdings tritt der Held nach seiner Berufung in ziemlich priesterlich wirkender schwarzer Gewandung auf). Er bekommt eine Wahl, muss zwischen einer roten und einer blauen Tablette entscheiden: Die eine belässt die Dinge vollständig beim alten, die andere schneidet ihm endgültig den Rückweg ab. Er muss wählen, kann nicht beide Tabletten z.B. erst einmal 10 Jahre aufheben und dann endgültig entscheiden. Er bekommt einen neuen Namen („*Neo*"). Ihm wird der illusionäre Charakter seiner gewohnten Welt bewusst gemacht, was ihn auf eine vorher nicht vorstellbare Weise in Gegensatz zu seiner Umgebung bringt. Er lernt andere Menschen kennen, die auf seinem Bewusstseinslevel operieren. Er trifft auf Liebe, Freundschaft und Verrat. Alles ist von größter Bedeutung, es gibt keinen „Alltag" mehr. Sein Mentor heißt *Morpheus*, wie in der griechischen Mythologie der Gott des Traumes, Sohn des Schlafgottes *Hypnos*. Er bekommt übermenschliche Kräfte (die braucht er hauptsächlich zum Kampf. Es ist eine amerikanische Produktion). Das

Orakel sagt ihm: Erkenne dich selbst. Sein Gegner tritt gleichförmig als Mann in grauem Anzug auf, „Agent Smith". Man fühlt sich erinnert an die grauen Herren in *Michael Endes* „Momo". Den grandiosen Sieg aus unterlegener strategischer Position erlangt der Held Neo im Endkampf, aber nicht durch Kampf, sondern durch Verstehen. Er rettet sich, seine erwachten Genossen und die tiefschlafende Menschheit. Leider muss natürlich die Partnerin dran glauben.

2.4. Arnold Schwarzeneggers mystischer Weg in die Pyramide

Die *Matrix*-Filme wurden vermutlich nicht hergestellt, um alte Mystik mit neuem Leben zu erfüllen. Das Thema ist nicht neu, findet sich bereits in Platons Höhlengleichnis, im Gnostizismus, im Zen-Buddhismus, in der jüdischen und christlichen Tradition, aber auch in moderner Science-Fiction. Der Held erlangt das vollständige Bewusstsein und kann dadurch die Welt vor großer Gefahr retten. Diese immer faszinierende Geschichte bildet auch den Kern von Hauptdarsteller Arnold Schwarzeneggers bestem Film *„Total Recall"*, nach einer Story von Philip K. Dick. Auch hier dient eine eigentlich mystische (ebenfalls ohne Räucherstäbchen und Sitar) Geschichte dazu, ein gewaltiges (und extrem gewalttätiges) interplanetares Abenteuer zu transportieren. Über den Schluss hinaus lässt das Drehbuch unklar, ob es sich um reale Geschehnisse handelt oder nur um eine künstliche Erinnerung, die der Held sich als billigeren Urlaubsersatz leisten wollte. Er kommt jedenfalls durch Offenlegung einer echten Erinnerung einer grandiosen Verschwörung auf die Spur, wodurch sein bisheriges undramatisches Leben augenblicklich in eine nicht mehr abreißende Kette atemberaubender und höchst gefährlicher Abenteuer verwandelt wird. Selbst seine hübsche Ehefrau trachtet ihm auf einmal nach dem Leben, sowie alle seine Kollegen von der Baustelle, mit denen er bis dahin in sozialem Frieden zusammengearbeitet hat. Nichts ist mehr, wie es war. Allmählich wird klar: Es gibt ein altes Geheimnis auf dem Mars, das den inzwischen dort lebenden Menschen ermöglichen könnte, frei zu atmen. Die mussten bisher ihre begrenzte Atemluft für viel Geld bei dem bösen Gouverneur kaufen. Bei Bergwerksarbeiten auf dem Mars wurde jedoch ein 500.000 Jahre alter gigantischer Reaktor (im Inneren einer riesigen pyramidenartigen Strktur) entdeckt, der dem ganzen Planeten Mars durch Einschmelzen des

Eiskerns wieder eine atembare Atmosphäre geben könnte – wenn ihn nur jemand endlich einschalten würde. Das würde dem Bösen natürlich das Geschäft mit der Atemluft verderben. Allerdings könnte es auch passieren, dass der ganze Planet explodiert, so genau weiß man das vorher nicht. Der Böse versucht, mit wirklich allen Mitteln zu verhindern, dass Arnold Schwarzenegger auf den (einducksvollen!) Einschaltknopf drückt, und je näher dieser Moment rückt, desto unerbittlicher werden die Kampfhandlungen. Liebe, Freundschaft, Verrat. Im letzten möglichen Moment und mit letzter Kraft betätigt der Held schließlich den Schalter, der eine halbe Million Jahre nach Fertigstellung auch sofort problemlos funktioniert (so wurde früher gebaut!). Der Reaktor läuft an, der Böse erstickt noch schnell, der Held aber und seine Gefährtin sind, wenn auch mit knapper Not, die ersten, die seit langer Zeit auf dem Mars wieder frei atmen können, und mit ihnen alle ihre Freunde, die ebenfalls kurz vor dem Erstickungstod standen. Wieder hat ein Held in höchster Bedrängnis und im letzten Moment die Rettung gebracht. Freier Atem für alle!

2.5. Da helfen keine Pillen

Der Titel „*Total Recall*" (vollständige Erinnerung) benennt das wesentliche Element der Handlung. Ohne diese Erinnerung hätte der Held ein einfaches, spannungsarmes Leben als Bauarbeiter geführt, mit netten Kollegen und attraktiver Ehefrau (Sharon Stone). Was dann geschah, durch den Versuch, eine künstliche Erinnerung zu installieren, hätte man früher Offenbarung genannt. Es stellte sich heraus, dass das beschauliche Bauarbeiter-Idyll eine wertlose künstliche Tarn-Erinnerung war, bis die echte Erinnerung wieder freigelegt wurde, und in dieser war der Held ein Held, er konnte gar nicht anders. Auch er bekommt, ähnlich wie der *Matrix*-Held, als „letzte Chance" eine Tablette angeboten, mit der er das Abenteuer sofort hätte beenden können – sogar seine Ehefrau rät ihm dringend dazu, was ihn kurz schwanken lässt. Er entscheidet sich gegen das „Medikament", das ihn wahrscheinlich auf der Stelle getötet hätte – und sofort zeigt sich, dass seine schöne Frau in Wirklichkeit Teil der Verschwörung und mit seinem schlimmsten Feind verheiratet ist. Tatsächlich lässt der Film den Zuschauer im Unklaren, ob es sich um ein großartiges paranoides Wahngebäude handelt von einem ausgesprochenen Aktivurlaub auf dem Mars, oder ob der Held in der Realität zu Hause ist. Nicht so wichtig, ist ja sowieso nur ein Film.

Für uns ist aber möglicherweise nicht egal, ob wir unser Leben mit einem kleinen Konzept von Idyll erfüllen können, in welchem alles wie geplant läuft, wir uns getrost mehr und mehr unseren Konsumgewohnheiten anvertrauen können, um schließlich ein hohes und sorgenfreies Alter mit friedlichem Ableben zu erreichen – oder handelt es sich dabei um eine Illusion, die niemals real wird, während wir unsere kostbare und unwiederbringliche Lebenszeit damit verträumen? Die Tatsache unserer Geburt hat etwas sehr drastisch Reales, wie es erst wieder von der Tatsache unseres Todes erreicht wird. Wenn wir dazwischen in unserem Leben nach etwas Realerem suchen als nach Anerkennung, Konsumbefriedigung, Sicherheit, Erfüllung von Wünschen, Vermeidung von Ängsten, Umsetzung von Vorstellungen, was bleibt uns da übrig? Vielleicht manchmal nur die Einnahme eines Medikaments.

Der mystische Held sagt uns jedoch: Gib nicht auf. Es gibt noch ein Geheimnis, durch dessen Kenntnis sich alles ändern kann. In deinen Händen kann das Schicksal der ganzen Welt entschieden werden; kein Tag, kein Moment ist unwichtig oder bedeutungslos, und die Dinge sind nicht, was sie scheinen. Während die Nachrichtenmedien uns periodisch jede Stunde (neuerdings auch schon jede halbe Stunde) klarmachen, dass wir hilflos sind und keinen Einfluss auf den Gang der Dinge haben, während jeden Tag unablässig tonnenweise Angst in die Bevölkerung hineingepumpt wird (es gibt keine Maßeinheit für Angst. Wenn sie Gewicht hätte, wären es sicher Tonnen), sagt uns der mystische Held: Zwischen Geburt und Tod besteht die ganze Zeit eine reale innere Verbindung zur Quelle der Existenz, und erst, wenn du diese gefunden und aktiviert hast, kannst du wirklich leben (wie in der Ikea-Werbung: „Wohnst du noch, oder lebst du schon?" Als hätte Leben etwas mit Möbeln zu tun!). Das Wissen um diese Verbindung ist das kostbarste Wissen der Menschheit, über alle Zeitalter und Kulturen hinweg. Jesus von Nazareth nannte es: Das Königreich des Himmels. Der Buddha nannte es Nirvana. In der Yoga-Lehre heißt es Samadhi, im Zen Satori. Es ist der selbe natürliche Sachverhalt, unabhängig von Geistesgeschichte, Ideologie, Philosophie oder Religion. Viele sprechen davon, wenige kennen es. Ohne diese innere Erfahrung ist man nur auf seine kümmerlichen Vorstellungen, Wünsche und Ängste angewiesen, welche naturgemäß niemals real werden. Das Leben bleibt weit unterhalb seines Potentials und unerfüllt, egal, was unsere „Mäuseältesten" meinen und wie inhaltsreich unser Nachruf ausfällt.

„Was man „Erlösung" nennt, gehört in die Zeit vor dem Tod. Wenn du deine Fesseln im Leben nicht brichst, glaubst du, Geister tun es danach? Die Vorstellung, dass die Seele mit dem Ekstatischen verschmilzt, nur weil der Körper verfault – das ist alles Fantasie. Was jetzt gefunden wird, ist dann gefunden. Wenn du jetzt nichts findest, wirst du am Ende bloß eine Wohnung in der Stadt des Todes haben."
-Kabir (1398-1448), indischer Dichter

2.6. Hobbits und Orks

Das alles soll nicht heißen, dass George Lucas („Krieg der Sterne") oder Paul Verhoeven („Total Recall") oder die Wachowski-Brüder („Matrix") eine mystische Philosophie vertreten. Vermutlich wollten sie nur eine gute Geschichte erzählen, eine, die möglichst viele Menschen interessiert. Das ist dann anscheinend automatisch eine mystische Geschichte. Nur Gewaltdarstellung allein hat nicht den gleichen Erfolg. Z.B. waren der zweite und der dritte Film der *Matrix*-Trilogie deutlich gewaltbetonter und tricktechnisch anspruchsvoller, aber dramatisch weniger prägnant als der erste Teil und wurden dafür auch kritisiert. Das hat allerdings nicht ihren kommerziellen Mega-Erfolg gemindert: Sie spielten weltweit über 1,6 Milliarden (!) Dollar ein. Zum Vergleich: Die ersten drei *Star-Wars*-Filme („Krieg der Sterne") brachten über 1,8 Milliarden Dollar in die Kasse. Auch „Total Recall" war ein Kassenerfolg: weltweit über 260 Millionen Dollar. Die ersten drei *Indiana-Jones*-Filme brachten etwa 1,2 Milliarden ein. Es lohnt sich, eine gute Story zu erzählen.

Teure Filme werden für den Weltmarkt produziert, müssen daher einen überkulturellen, allgemeingültigen Handlungskern enthalten, sollen in Japan ebenso verstanden werden wie in Südamerika oder Europa. Peter Jacksons dreiteilige Verfilmung des Epos „Der Herr der Ringe" von J.R.R. Tolkien kam sogar auf weltweite Einnahmen von über 2,8 Milliarden Dollar. Auch hier ist die Handlung archetypisch und mystisch unterlegt: Der Friede der Welt (einer allegorischen *Mittelerde*, die in weit prähistorische Zeit projiziert erscheint, aber in symbolischer Wirklichkeit wohl eher in unserer *Mitte* stattfindet) ist bedroht durch eine Konzentration von **Macht** in Gestalt eines magischen Ringes. Dass dieser Ring seinen Träger auch noch unsichtbar machen kann, erscheint fast als beiläufiger Nebeneffekt, der die Handlung zwar gelegentlich weiterbringt, aber nicht das eigentliche Motiv darstellt. Das Hauptmotiv der Handlung ist die Eigenschaft dieses Ringes, seinen Träger durch die Möglichkeit unbegrenzter Macht zu korrumpieren. So wird das Böse in jedem, der Kontakt mit dem Ring hat, herausgefordert, wodurch es zu Mord, Verrat und Krieg kommt. Nur wenige Individuen sind integer oder unschuldig genug, dem Fluch des Rings nicht zu verfallen und beschließen, ihn zu vernichten. Dies erweist sich als überaus schwierig, weil so viele Interesse an ihm haben, nicht nur der Oberbösewicht. Der Ring kann auch nicht mit normalen Mitteln zerstört werden, sondern nur im vulkanischen Feuer des „Schicksalsberges", der leider tief im Feindesland liegt. Dorthin muss er gebracht werden, möglichst ohne dass man ihn benutzt, denn das merkt der böse Herrscher und würde ihn an sich bringen, was keinesfalls geschehen darf, der Böse ist bereits mächtig genug und wäre dann gar nicht mehr zu stoppen. Das Böse geht von diesem Ring aus. Die Macht des Ringes einzusetzen, sei es auch für einen „guten" Zweck, bedeutet für jeden eine extreme Versuchung, muss aber unbedingt vermieden werden, weil dadurch letztlich das Böse gestärkt würde. Es kommt darüber zu zahlreichen Konflikten. Die Geschichte hat mehrere Helden, einige davon strahlend, wie der Zauberer Gandalf und der im Exil verweilende König Aragorn.

Die tragischste Gestalt ist jedoch Frodo, ein Hobbit (eine kleinwüchsige Menschenart), dem die undankbare Aufgabe zufällt, den Ring auf einem langen, leid- und gefahrvollen Weg zum Schicksalsberg zu bringen und dort zu vernichten. Dass ihm dies gegen alle Wahrscheinlichkeit und nach haarsträubenden Abenteuern am Ende gelingt, kommt durch Tapferkeit, Freundschaft, Hingabe, Treue, Unschuld, Entschlossenheit und einige magische Segnungen zustande. Nur so ist der böse Sog der Macht zu überwinden. Man beneidet Frodo nicht, bewundert und bedauert ihn eher. Nach Vollendung der Aufgabe kann er auch nicht mehr lange in der normalen Welt (wie sein Freund und Bodyguard Sam, der danach eine Familie gründet) verweilen, sondern zieht sich allein, aber nicht einsam, mit dem Zauberer und dem edlen Volk der Elben, deren Zeit nun abgelaufen ist, endgültig auf einen noch entfernteren Kontinent zurück. Was ist mystisch an der Geschichte? Die Herstellung des Rings, die Konzentration von Macht, war der Sündenfall von Mittelerde. Es bedurfte langer Zeit und großer Opfer, die Welt davon zu erlösen. Erlöst werden auch nur die Guten –

die bösen und zahlreichen Orks in der Geschichte haben auch nach der Befreiung der Welt irgendwie keinen Anspruch auf Frieden.

„Das Pochen auf Macht führt zu Verwicklungen, wie ein Bock, der gegen eine Hecke stößt, seine Hörner verwickelt. Während der Gemeine, wenn er im Besitz der Macht ist, darin schwelgt, macht es der Edle nicht so. Er ist sich der Gefahr des Weitermachens unter allen Umständen bewusst und verzichtet daher rechtzeitig auf bloße Machtentfaltung."
-aus dem „I Ging – Das Buch der Wandlungen". China, 3. Jahrtausend v. Chr.
Eine der ältesten Überlieferungen der Menschheit.

2.7. Sehr mystisch!

Mystik lebt, ist ein Bewusstseinsphänomen und nimmt zuweilen seltsame Formen an, ist so alt wie neu, ist immer dieselbe und wiederholt sich doch nie, hat nichts mit Religion zu tun (ist eher das Gegenteil davon). Vielleicht kann heute ein Schulkind mehr mit Luke Skywalker anfangen als mit Jesus Christus. Darin liegt kein Widerspruch, und es muss auch nicht reflexhaft bedauert werden.

Das „Jenseits" der Mystik ist im Diesseits erfahrbar. Sterben hilft nicht, nach Hause zu kommen. Mystik drückt sich gerne in Gleichnissen aus, der eigentliche Inhalt kann nicht mental kodiert und kommuniziert, „gemein" gemacht werden, verbirgt sich aber im sichtbaren Alltäglichen. Mystik kann nicht experimentell oder logisch verifiziert werden, sondern verbreitet sich durch „Offenbarung". Sie ist etwas typisch Menschliches. Sie ist faszinierend. Sie ist wichtig. Sie vermittelt Hoffnung. Sie begleitet uns vom ersten bis zum letzten Atemzug. Sie ist einfach, man muss nichts können, was nicht angeboren ist. Vielleicht muss man eher ein paar Dinge vergessen, die man falsch gelernt hat. Sie kann mühelos im Zentrum unseres Bewusstseins stehen, weil sie ohnehin dort zu Hause ist. Sie ist mit Gefühlen wie Freude, Dankbarkeit, Begeisterung, Freiheit, Gelassenheit, Güte, Realität, Sicherheit, Ruhe, Klarheit und Liebe umgeben. Diese Gefühle zeigen, dass man sich ihr nähert. Ärger, Angst, Enttäuschung, Trotz, Scham, Groll, Neid, Zwang, Zwietracht, Zweifel, Hass, Trauer und Verwirrung signalisieren Entfernung von mystischer Erfahrung.

Mystiker weit auseinanderliegender Epochen und Weltgegenden verstehen einander über Abgründe von Zeit und Raum. Ohne Kenntnis des mystischen Pols unseres Bewusstseins gibt es nur vordergründige und vorübergehende Einigkeit. Die mystische Erfahrung vereint uns innerlich, bedarf keiner äußerlichen Veranstaltung. Mystische Erfahrung und Illusion sind natürliche Feinde, wobei Illusion das Negativ darstellt, so wie Dunkelheit und Kälte das Negativ, das Fehlen von Licht und Wärme sind. Weise ist, wer Zugang hat zur Quelle des Bewusstseins, unabhängig von Bildung, Temperament, Geschlecht, Moral, sozialer Herkunft oder Religion. Die Sehnsucht nach mystischer Erfahrung ist ein angeborenes Bedürfnis. Ein besonderes Gefühl der Erfüllung begleitet mystische Erfahrung, von dem wir vorher nicht wussten, dass wir dazu fähig sind – ein Gefühl, keine Emotion (der Unterschied wird in Abschnitt 1.10. „Gefühl und Emotion" beschrieben). Die Phantasie kann mystische Erfahrung nicht fördern, sondern nur begrenzen. Die Offenbarung des mystischen Pols unseres Bewusstsein ist Gnade, kann nicht gekauft, verdient oder erarbeitet werden. Zu mystischer Erfahrung führt nur die eigene Sehnsucht. Und diese drückt sich manchmal aus in der Liebe zu guten Geschichten. Die Kunst besteht darin, eine Wahrheit so zu sagen, dass sie einfach und direkt angenommen werden kann, ohne Dogma und Belehrung, selbst wenn sie aus Hollywood kommt. Die Kunst hilft uns dann, schwere Zeiten besser auszuhalten und die Hoffnung und die Sehnsucht nach Freiheit nicht aus den Augen zu verlieren. Das darf uns auch ruhig etwas wert sein.

3. Warum wir lachen …

„Lache und die Welt lacht mit dir, weine und du weinst allein."
-Charlie Chaplin (1889-1977), englischer Schauspieler, Regisseur und Produzent.

Chaplins Beobachtung ist treffend und richtungweisend. Lachen ist offensichtlich ein sehr viel geselligeres Phänomen als Weinen. Wir lachen selten allein. Wenn man allein vor einem Bildschirm sitzt oder ein Buch liest, muss es schon etwas sehr Lustiges sein, um uns zum Lachen zu bringen. In der richtigen Gesellschaft, das heißt, wenn es eine gewisse Bereitschaft zum Lachen gibt, braucht es dagegen nur geringfügige Auslöser, um sogar relativ große Gruppen zum Lachen zu bringen. Man denke an manche Karnevalsveranstaltungen. Daheim vor dem Fernseher kommen die Darbietungen irgendwie nicht so lustig rüber wie im Saal. Für Fernsehzuschauer wurde deswegen eigens die „Lachmaschine" erfunden, die dem vereinsamt vor dem Fernseher weilenden Zuschauer suggerieren soll, dass eine Menschenmenge alle paar Sekunden über die Gags einer flachen Komödie lacht.

Aber warum lachen wir? Unter welchen Bedingungen lachen wir? In verhaltensbiologischen Arbeiten wird das Lachen manchmal als soziale Ausdrucksgebärde mit dem Zähnefletschen der Primaten in Verbindung gebracht. Das Lachen hat eine starke soziale Komponente, das merkt man schon daran, dass es äußerst ansteckend ist, ohne Immunität zu hinterlassen. Selbst der unsägliche „Lachsack" wirkt irgendwie noch immer erheiternd. Es scheint so zu sein, dass man in unterschiedlichen Gesellschaften über unterschiedliche Dinge lacht. Aber gelacht wird überall, es ist etwas zutiefst Menschliches. Selbst im nordkoreanischen Staatsfernsehen gibt es Kabarett (vermutlich auch mit Lachmaschine). Lachen ist gesund, eine unumstößliche Volksweisheit, die inzwischen auch wissenschaftlich bestätigt wurde. Immunaktive Substanzen werden in den Blutstrom ausgeschüttet, Krankheiten heilen schneller, Schmerzen lassen nach, die Sauerstoffversorgung des Organismus verbessert sich, und viel Gutes geschieht. Wir lachen auch wirklich gerne, von Anfang an. Das alles reicht aber nicht, um uns einfach so lachen zu lassen. In Lachseminaren und in Lach-Yoga-Kursen wird geübt, ohne Anlass zu lachen (mit Anlass kann schließlich jeder Idiot lachen!); das ist möglich, man muss nur dazu bereit und in der richtigen Gesellschaft sein. Durch das Lachen signalisieren sich die Gruppenmitglieder gleichsam einen gemeinsamen Bewusstseinszustand, synchronisieren sich sozusagen. Das akustische Signal breitet sich gleichmäßig in alle Richtungen aus und ist damit einem visuellen Signal überlegen. Hören können wir in alle Richtungen, sehen nur in eine. So kann sich eine Gruppe sehr schnell und effektiv einstimmen. Dies vermittelt in der Gruppe ein Gefühl von Zusammengehörigkeit und Sicherheit, zumal es eine bessere Leistungsfähigkeit der Gruppe bei der Bearbeitung von Problemen ermöglicht. Lachen ist älter und stabiler als Sprache. Es findet eine schnelle, genaue Abstimmung, ein affektives Fein-Tuning, statt. Lachen ist sehr ausdrucksvoll und kann ohne Worte schnell und unmissverständlich Aufschluss über die Stimmung des Lachenden geben. Wir kennen nicht nur das fröhliche Lachen, sondern auch trauriges, bitteres, hilfloses, zynisches, spöttisches, ironisches, sarkastisches, böses, albernes, überraschtes, verlegenes, resigniertes, dominantes, höhnisches, ängstliches usw. Lachen. Wir erkennen es unmittelbar, über Sprachbarrieren hinweg.

Neben der sozialen und gesundheitlichen Funktion hat das Lachen zudem eine interessante individuelle Bedeutung. Eine ziemlich wirksame Methode, Menschen zum Lachen zu bringen, besteht darin, witzig zu sein oder einen Witz zu erzählen. Wir können über einen guten Witz sogar wiederholt lachen.

Bei genauerer Betrachtung muss man feststellen, dass wir nicht ohne weiteres über einen Witz lachen, sondern nur dann, wenn wir ihn verstanden haben. Das ist ein wichtiger Unterschied! Was ist komisch? Die Komik ist etwas, das im Denken des Betrachters geschieht. Ewas kann unbeabsichtigt komisch wirken, oder aber, entgegen der Absicht, unkomisch. Wir lachen noch nicht, wenn wir einen Witz hören, sondern erst, wenn wir ihn verstehen. Wenn alle über einen Witz lachen, und einer lacht erst zehn Sekunden später – dann lachen alle noch einmal, nämlich über den Spätzünder. Warum?

Es geht dabei um ein bestimmtes Gefühl, das wir immer dann haben, wenn wir etwas wirklich verstehen. Wir freuen uns, wenn wir etwas verstehen. Wir haben dann eine unschuldige, reine Freude an unserem eigenen Denkvermögen – das ist etwas, das wir beim Problemlösen, beim Lernen, beim Planen, beim Berechnen, beim Arbeiten oder was immer wir sonst gerade mit unserem Verstand tun, nicht unbedingt fühlen. Wir denken eigentlich gerne; wir lernen, lösen Rätsel, finden etwas heraus, erkennen Zusammenhänge, überprüfen unsere Erkenntnisse. Dies tun kleine Kinder unaufgefordert mit großer Begeisterung. Denken können wir immer, aber es macht nicht immer Freude. Ein Witz bietet uns die Möglichkeit, endlich einmal wieder richtig Freude an unserem Denken zu erleben. Hurra, ich habe etwas verstanden! Verstehen ist ein Gefühl. Einem Gefühl macht man keine Vorschriften, es muss echt sein, sonst erleben wir es nicht. Man kann etwas auswendig lernen und zuverlässig reproduzieren, das heißt aber noch nicht, dass wir es auch verstanden haben. Vieles haben wir einfach nur gehört oder gelesen, aber nicht wirklich verstanden. Unser Gehirn ist sehr leistungsfähig und vermag eine fast perfekte Imitation von Verstand konstruieren. Das reicht meistens für Klassenarbeiten, Prüfungen und Ähnliches. Du musst vor allem wissen, was der Lehrer/Prüfer/Vorgesetzte hören will, auch wenn es nicht verstanden wurde oder mit deinem persönlichen Verständnis übereinstimmt. Zumindest hast du das verstanden! Das Denken ist dafür sehr brauchbar, macht aber wenig Spaß. Die angeborene Begeisterung über das Denkvermögen weicht allmählich einer umfangreichen Enttäuschung. Wir können nicht aufhören mit dem Denken, aber es macht keine Freude mehr – so wie viele Dinge in unserem Leben, die anfänglich eigentlich sehr lustvoll waren, aber im Laufe des Lebens zur Qual werden können. Dass es dabei unser geliebtes Denken erwischt, stellt einen besonders perfiden Verlust dar.

Umso mehr lieben wir es, wenn wir wieder das freudige Gefühl erleben dürfen, dass wir etwas mühelos verstanden haben! Ein guter Komiker wird seinem Publikum genau dieses Gefühl ermöglichen, das ist seine Gabe. Die höchste Qualität dieser Gabe, die wir „Humor" nennen, besteht darin, Selbsterkenntnis ohne Schuld- oder Schamgefühle zu begünstigen, und dies nicht auf Kosten anderer zu tun. Wir mögen jemanden, der sich selbst nicht übermäßig ernst nimmt und dies zu erkennen gibt, ohne dabei aggressiv oder destruktiv zu sein. Wenn jemand nur auf Kosten anderer lustig sein kann, vertrauen wir ihm nicht, selbst wenn wir lachen. Wir fühlen, dass auch wir nicht vor ihm sicher sind. Über uns lachen darf nur jemand, den wir lieben und dem wir vertrauen – dann lachen wir mit und genießen das Gefühl, etwas verstanden zu haben. Beim Flirten wird viel gelacht. Es gibt dem Gegenüber das Gefühl, verstanden zu werden. Damit kann man uns kriegen!

Ein deutsches Sprichwort sagt: Am Lachen erkennt man den Narren – und der war meistens der einzige, der an einem weltlichen Herrscherhof die Wahrheit sagen durfte. Wenn er das so tat, dass er den Herrscher dabei zum Lachen bringen konnte, hatte er die Chance, bei diesem eine Tötungs- oder Aggressionshemmung auszulösen und die Kommunikation zu überleben.

Warum neigen dagegen unsere Religionen systematisch zur Humorlosigkeit? „Lachen tötet die Furcht, und ohne Furcht kann es keinen Glauben geben. Wer keine Furcht mehr vor dem Teufel hat, braucht keinen Gott mehr [...] dann können wir auch über Gott lachen." - Umberto Eco, *"Der Name der Rose"*. Immerhin: „Der Narr hält sich für weise, aber der Weise weiß, dass er ein Narr ist" – William Shakespeare, aus *Wie es euch gefällt*.

> *„Gott ist ein Komödiant, der vor einem Publikum spielt, das sich nicht zu lachen traut".*
> -Voltaire, franz. Autor, 18. Jahrhundert.

3.1. …und weinen!

> *„Schwere Herzen, so wie schwere Wolken am Himmel, werden am besten erleichtert durch das Ablassen von ein wenig Wasser"*
> -Christopher Morley, Schriftsteller und Journalist (1890-1957). Studierte in Oxford; gründete später die Sherlock-Holmes-Gesellschaft in den USA.

Als wenn es nur Wasser wäre! Zu den Dingen, die wir schon nach wenigen Wochen können, gehört das Weinen. Nicht nur Schreien, sondern richtig mit Tränen. Und es ist etwas, das wir unser Leben lang immer wieder tun. Die Tränendrüsen gehören offenkundig nicht zu den Drüsen, die sich im Laufe des Lebens nach Erreichung gewisser Entwicklungsstadien zurückbilden, obwohl offenbar Kinder anscheinend häufiger weinen als Erwachsene. Warum weinen wir?

Über das Lachen ist schon viel geschrieben worden. Es gibt bereits viel Material über die Psychologie des Witzes etc.; das Weinen wurde weniger bearbeitet und soll hier hervorgehoben und fundamental beschrieben werden.

Das Geschehen ist, wie alles Natürliche, geheimnisvoll. Jeder kennt das Gefühl: Die Augen beginnen zu brennen, und schon läuft das Wasser. Die Augen fangen an zu schwimmen, und wenn es weitergeht, laufen sie über, und die Tränen rollen am Gesicht herab. Wenn wir nicht gerade Zwiebeln schneiden, wird dieser Vorgang meistens durch Gefühle ausgelöst. Vielleicht denkt man bei Tränen zuerst an Traurigkeit, aber wir kennen mehrere Gefühle, die uns zum Weinen bringen können. Es gibt Tränen der Dankbarkeit! Wir können weinen, wenn wir uns sehr freuen! Oder wenn uns etwas weh tut, wenn wir uns hilflos fühlen, oder gerührt sind, oder einsam, oder enttäuscht, oder erleichtert, oder ängstlich, man könnte diese Aufzählung fortsetzen. Gemeinsam ist all diesen Zuständen, dass sie uns leicht aus dem emotionalen Gleichgewicht bringen. So liegt es nahe, das Weinen als Teil einer Anpassungsreaktion zu verstehen, deren Ziel die Wiederherstellung des emotionalen Gleichgewichts ist. Wie geschieht dies?

Tränen sind eben nicht nur Salzwasser. Sie enthalten zwar fast 1% Salz, vor allem Kochsalz, wie das Blutserum, aus dem sie in den Tränendrüsen hergestellt werden. Zudem enthalten Tränen noch Spuren von Ascorbinsäure (Vitamin C), Lysozyme, Harnstoffe, Glucose, Sauerstoff, Mangan, Kupfer, Eisen, Zink, Lipide, Triglyzerin, 60 verschiedene Arten von Proteinen (von denen mindestens 20 überhaupt nur in menschlichen Tränen vorkommen!), und schmerzlindernde und stimmungsaufhellende Endorphine (sogenannte „Glückshormone").

Es handelt sich also um ein sehr differenziertes und aufwändiges Produkt. Die Bedeutung der einzelnen Bestandteile und in welchem Wechselverhältnis sie zueinander stehen, ist nicht in allen Einzelheiten bekannt. Einige Substanzen dienen wohl hauptsächlich der Stabilisierung des Tränenfilms und der Pflege der äußerst empfindlichen Hornhaut. Die Oberfläche des Auges, insbesondere der Teil vor der Pupille, die durchsichtige Hornhaut, muss geschützt und ernährt werden, da sie, um durchsichtig zu sein, keine Blutversorgung hat. Dazu wird von den Tränendrüsen, die innerhalb der Augenhöhlen und seitlich oberhalb der Augen sitzen, die Tränenflüssigkeit produziert und über bis zu einem Dutzend Ausführungsgänge unter das Oberlid transportiert. Mit jedem Lidschlag verteilt und stabilisiert sich der Tränenfilm von dort über der Hornhaut. Außerdem gibt es am Auge noch weitere Drüsen, die diesen Vorgang unterstützen und z.B. Infektionen abwehren. Allein das Schutz- und Ernährungssystem der Augen ist sehr komplex. Dass wir uns ein Leben lang (hoffentlich) unserer blanken Augen erfreuen können, verdanken wir ihm. Bewusst wird uns das erst dann, wenn es gestört ist, etwa wenn die Augen zu trocken werden. Viele Umweltfaktoren greifen den Tränenfilm an, z.B. Ozon, ultraviolettes Licht, Allergene. Eine Störung in diesem Bereich erleben wir als extrem belastend. Wenn die Augen stärker gereizt werden, beispielsweise durch Fremdkörper, starken Wind oder durch die beim Schneiden von Zwiebeln freigesetzten Reizstoffe, wird im Gehirn der Reflex ausgelöst, die Tränendrüsen zu aktivieren und mehr Tränenflüssigkeit als nur für die Erhaltung des Tränenfilms auszuscheiden. Es bildet sich eine richtige Träne. Diese wird dann aus dem Auge herausgespült. Für die umgebende Haut im Gesicht bedeuten Tränen wegen ihres Gehaltes an pflegenden Substanzen kein kosmetisches Problem, im Gegenteil. Tränen machen schön.

Der Tränenmechanismus dient also dem Schutz und der Ernährung der Augen, hat aber außerdem offenbar noch andere Aufgaben. Wozu sonst die Endorphine? Diese psychoaktiven Substanzen sind in den Tränen nur dann enthalten, wenn es emotional ausgelöste Tränen sind, nicht, wenn es sich um eine chemische oder mechanische Reizung handelt, wie etwa bei scharfem Wind oder Zwiebelschneiden. In der Tränenflüssigkeit männlicher Mäuse sollen sogar sexuelle Lockstoffe, sogenannte Pheromone, nachgewiesen worden sein! Wenn also der Mäuserich seiner Maus etwas vorweint, geht es nicht mehr allein um die Augen. Kann es sein, dass wir uns diesbezüglich bei Mäusen besser auskennen als bei uns selbst? Uns könnten interessante Entdeckungen bevorstehen, die unser Verständnis menschlichen Balz- und Paarungsverhaltens erweitern. Das Wegküssen der Tränen des Liebespartners gehört immerhin zu den besonders zärtlichen und intimen Gesten der Menschen und hat daher wahrscheinlich (mindestens) eine verborgene Bedeutung. Normalerweise empfinden wir eher eine Ekelschranke gegen Körperflüssigkeiten eines anderen, die aber unter bestimmten Bedingungen, z.B. großer Zuneigung und Nähe, aufgehoben werden kann. Das zeigt eine besondere Intimität.

3.1.1. Tränen lügen nicht!

Für den Psychologen ist besonders die emotionale Bedeutung der Tränen interessant. Es gibt Hinweise, dass die Art und Zusammensetzung der Tränen-Endorphine, das sind hormonartige körpereigene psychoaktive Proteine, unterschiedlich sind, je nachdem, aus welchem emotionalem Zustand man weint – und mit Weinen meinen wir nur diese Art der Tränenproduktion, nicht die Zwiebeltränen, die lediglich durch chemische Reizung ausgelöst werden und keine psychoaktiven Substanzen enthalten.

„Mit Zwiebeln kann man sogar Erben zum Weinen bringen. "
-Benjamin Franklin, US-Präsident, 1706-1790

Wenn also die Tränen, die aus einer Störung des emotionalen Gleichgewichts herrühren, psychoaktive Proteine enthalten, sind diese sicher nicht dafür gedacht, im Taschentuch zu landen oder womöglich ganz unterdrückt zu werden. Anscheinend erzeugt eine Anreicherung dieser Proteine auf unserer Augenoberfläche den typischen brennenden Reiz, der dem echten Weinen vorausgeht, und löst damit auch über einen Reflex die Mehrproduktion der eher wässrigen Phase der Tränenflüssigkeit aus, die wieder andere, eigene Zuführungskanäle hat. Jeder Kontaktlinsenträger weiß, dass nach einigen Tagen die Linsen von Proteinen gereinigt werden müssen, sonst beginnen sie, zunehmend in den Augen zu reizen und zu brennen. Das Salzwasser der Tränenflüssigkeit wäscht diese Proteine aus den Augen heraus, zunächst durch die Ablaufkanälchen in den Innenwinkeln der Augen. Von dort fließt die Tränenflüssigkeit letztlich in die Nasenhöhle, wo es dann spürbar feucht wird und wir zu schnuffeln anfangen. Durch das Schnuffeln wird die Flüssigkeit daran gehindert, aus der Nase herauszulaufen, vielmehr wird sie nach innen gezogen. Das nächste, das dann eintritt, ist ein Schluckreflex. Wir trinken unsere eigenen Tränen. Dies geschieht meist unbewusst. Dadurch gelangen die besagten Endorphine in den Körper, werden in den Verdauungsorganen wieder in den Blutkreislauf zurückgeführt und erreichen über diesen das Gehirn, wo in den Zentren, die für unsere emotionale Steuerung zuständig sind, bestimmte Rezeptoren von eben diesen Proteinen betätigt werden und Steuerungsimpulse an die Zentren senden, die für die affektive Stimmung zuständig sind. Dies führt dazu, dass unsere Stimmung sich in Richtung Normalisierung verändert – egal, in welche Richtung wir aus dem Gleichgewicht geraten sind. Und dann hören wir auf zu weinen. Es handelt sich um einen selbstlimitierenden Regelkreis.

Dieser komplizierte Reflexkreis hilft vor allem Kindern, die noch keine Möglichkeit haben, sich über kognitive Vorgänge (das Denken) emotional stabilisieren zu können. Deswegen weinen Kinder oft, und sie weinen richtig – nämlich nicht ins Taschentuch, sondern es wird ungehemmt geschluchzt und geblubbert und geschnuffelt. Das typische

„Schluchzen" ist eine Dringlichkeit signalisierende Ausdrucksgeste des Organismus, bei der aktiv Tränenflüssigkeit ruckartig und heftig nach innen gesaugt wird, dort wo nämlich der eigentliche Bedarf vorliegt. Das Schluchzen kommt als Reflex auch nur bei emotional bedingtem Weinen vor, nicht bei Tränenproduktion wegen chemischer oder mechanischer Reizung. Das Schluchzen sagt: Es reicht noch nicht, mehr davon, schnell!

Aber Kinder hören relativ schnell wieder zu weinen auf, wenn nämlich genügend Endorphine auf dem beschriebenen Weg ins Zentralnervensystem gelangt sind und die Stimmung sich stabilisiert. Wir weinen deswegen meistens nicht lange. Nach 10-20 Minuten hören wir damit meist wieder auf. Wir hören nicht deswegen auf zu weinen, weil der äußere Anlass dazu nicht mehr bestünde, oder weil die Tanks leer wären – die sind so schnell nicht leer, immerhin bestehen wir überwiegend aus Wasser. Sondern wir hören auf, weil wir eine Beruhigung und Normalisierung fühlen, sobald diese Endorphine bei den entsprechenden Rezeptoren im Gehirn ankommen und dort ihre Arbeit verrichten. Der seelische oder auch körperliche Schmerz wird gelindert, die Aufregung gedämpft, die Unruhe gelindert.

Fast alle Menschen geben übereinstimmend an, dass sie sich nach dem Weinen erleichtert fühlen. Die Dosierung und Zusammensetzung der Tränen hinsichtlich der Endorphine wird schließlich vom eigenen Organismus auf den jeweiligen Bedarf zeitnah abgestimmt, eine Art automatischer eingebauter Bedarfsapotheke. Die verwendeten Substanzen mögen in den Augen brennen, um durch reflektorische Salzwasserausschüttung den Wasseranteil zu erhöhen, sind aber letztlich mild und unschädlich. Sogar Babys vertragen Tränen gut. Es gibt keine Fehldosierung oder Verwechslung. Bei Kummer bekommen wir nicht versehentlich Freudentränen, bei Schmerz keine Tränen der Rührung. Diese innere Apotheke hat immer geöffnet! Es entstehen keine Kosten, es gibt keine „Selbstbeteiligung". Tränen sind nicht suchtbildend. Die wirksamen Substanzen bestehen aus körpereignem Eiweiß, es kommt zu keiner Allergiebildung. Der Tränenmechanismus kann bis zum Lebensende erhalten bleiben; die Tränendrüsen bilden sich nicht zurück, wie manche anderen Drüsen, die wir tatsächlich in späteren Lebensstadien nicht mehr brauchen.

Tränen sind immer frisch! Vermutlich lassen sich die psychoaktiven

Bestandteile nicht lange lagern, sondern zerfallen unter Licht, Sauerstoff und Wärme. Dennoch könnte etwas an der Überlieferung dran sein, dass die Königin Kleopatra ihre Tränen in einem eigens dafür vorgesehenem Gefäß sammelte. Sie hätte dadurch einen Vorrat an hochwertigen natürlichen Psychopharmaka aus körpereigenem Protein. Vielleicht hat sie nachts, wenn sie schlaflos war, weil sie sich nicht entscheiden konnte zwischen Julius Cäsar und Mark Anton, ihr Fläschchen getrunken, um einschlafen zu können. Wegen der Ekelschranke vor fremdem Eiweiß wäre sie wohl nicht auf die Idee gekommen, die Tränen anderer zu konsumieren. Da haben die Sklaven noch einmal Glück gehabt! Vermutlich passen nur die eigenen Tränen genau zu den eigenen Gefühlen.

Vermutlich lässt sich auch die Dosierung nicht beliebig manipulieren, und das, was wir durch unsere unschuldigen Tränen bekommen, stellt bereits das Optimum dar. Die willkürliche Einnahme von eingelagerten Tränen hätte nach dem Gesagten auch nur Sinn, wenn sie im genau gleichen emotionalen Zustand geschähe, in dem sie ursprünglich entstanden. Das würde jedenfalls ein hohes Maß an emotionaler Selbstwahrnehmung voraussetzen! Aber dass Tränen irgendwie kostbar und etwas Edles sind, war möglicherweise in der Antike schon bekannt. Es gibt eine schöne Szene in dem klassischen Hollywood-Film „Quo Vadis?", wo der geniale Sir Peter Ustinov den Kaiser Nero spielt und in Richtung des Kommandanten der Palastwache gequält ausruft: Tigellinus, mein Tränenglas!, als er über den mangelnden Kunstverstand seiner Untertanen glaubt, schier verzweifeln zu müssen. Die Alten wussten, dass nur Menschen weinen, obwohl offensichtlich auch Tiere ihre Augen mit einem Tränenmechanismus schützen und pflegen. Nur haben anscheinend Menschen ein gegenüber den anderen Geschöpfen so luxuriöses Gefühlsleben und ein derartig labiles emotionales Gleichgewicht, dass sie diesen zusätzlichen emotionalen Regelmechanismus brauchen. Von Göttern, Engeln und Dämonen ist nicht bekannt, ob sie weinen. Man wüsste das allerdings nur, wenn der äußerlich sichtbare Teil der Tränen, nämlich der Überschuss, der aus den Augen herausläuft und demnach nicht mehr der inneren Verwertung zu Verfügung steht, erkennbar wäre. Es ist durchaus denkbar, dass die Tiere einen ähnlichen Mechanismus besitzen, der aber so präzise arbeitet, dass keine Verschwendung durch bloßes Dekorationsmaterial entsteht. Und Tiere sind lange nicht so hysterisch wie wir.

Aber auch die äußerlich in Erscheinung tretenden, weil am Gesicht herunterlaufenden Tränen sind nicht verschwendet oder nur dekorativ. Jeder kennt die enorme Wirkung, die der Anblick von Tränen auf unseren emotionalen Zustand haben kann – und damit ist nicht nur die Sache mit den Mäusen gemeint, bei denen offenbar eine Menge Körperchemie mitspielt, sondern die soziale Wirkung der sichtbaren Tränen, die wohl hauptsächlich über unser Einfühlungsvermögen vermittelt wird, mit Hilfe unserer „Spiegelneuronen", das sind speziell dafür angelegte Nervenzellen im Gehirn. Wir bekommen dadurch ein Signal, dass der Produzent dieser Tränen im Augenblick aus seinem emotionalen Gleichgewicht ist und sich erst wieder fangen muss, teilweise auch mit Hilfe eben dieser Tränen. Man wird in diesem Zustand keine besonderen Verstandesleistungen erwarten. Vielleicht möchte man eher mitweinen. Man kann bei Kindern oft beobachten, dass sie mitweinen, wenn eines damit anfängt, selbst wenn sie den Anlass dafür nicht kennen. Sie stimmen sich mit ein.

Dieser Effekt wird gelegentlich mehr oder weniger bewusst gesucht und mag zum Erfolg mancher Filme beigetragen haben (Sissi!). Die Amerikaner nennen solche Filme „weepies", deutsch etwa: Heuler. Man hat schon mit Vorbedacht Taschentücher mitgebracht und weint still im Kino mit Held/Heldin mit. Die Spiegelneuronen ermöglichen uns eine anständige Dosis stimmungsaufhellender Endorphine, ohne dass wir uns real in den herzzerreißenden Konflikt begeben müssen! Das ist schon etwas für Kenner. Es geht dabei nicht um das Salzwasser, sondern um die wohltätigen Endorphine, die so schön in den Augen brennen, je mehr, desto besser.

Kinder weinen manchmal scheinbar ohne erkennbaren Grund, ja sie sind unter Umständen sogar augenscheinlich guter Dinge dabei. Sie wissen nichts von Endorphinen. Sie geben sich sozusagen einfach „die Kanne", weil sie fühlen, dass es ihnen gut tut und sie emotional stabilisiert. Der Verdacht von Eltern, dass es sich um einen sozialen Manipulationsversuch handeln könnte, muss daher nicht zutreffen. Auch Eltern weinen sich manchmal in den Schlaf, tun dies meistens nur leiser.

Aus dem Gesagten geht hervor, wie wir unser Verhalten optimieren können, um emotionalen Stress besser auszuhalten: Wenn wir das Gefühl haben, wir könnten gleich losheulen – die Augen beginnen zu brennen, füllen sich mit „Wasser" – dann ist das immer auch ein Angebot unseres Organismus, uns zu helfen, möglichst schnell, sanft, wirksam und sicher wieder ins Gleichgewicht zu kommen. Unser Organismus weiß sehr genau, wie wir uns fühlen und was uns fehlt, und er verfügt über Mittel, uns zu helfen. Allerdings kann es sein, dass wir uns in Umständen befinden, die es nicht ratsam erscheinen lassen, den Tränen freien Lauf zu lassen, wie wir es als Kinder noch durften (hoffentlich! Wenn Eltern ihren Kindern das Weinen verbieten, ist das unnötig grausam!). Die anderen sollen nicht merken, dass wir aus der Balance geraten, dass wir z.B. verletzt oder beschämt, begeistert oder eingeschüchtert sind. Wir schämen uns für unsere Gefühle, weil sie leicht als Schwäche gedeutet werden. In gewisser Weise stimmt das, denn eine Störung des emotionalen Gleichgewichts zieht unausweichlich eine Trübung der Urteilsfähigkeit nach sich. Wir möchten in diesem Zustand eigentlich keine Entscheidung treffen, müssen dies aber wegen der äußeren Bedingungen tun. Das soll nicht gleich jeder merken. Wir hoffen insgeheim (meistens vergeblich!), dass die so entstehenden Fehler in der allgemeinen Verwirrung untergehen, so dass niemand mehr unser Versagen erkennen kann. Also unterdrücken wir unsere Tränen, das haben wir spätestens in der Schule gelernt, wo spontane emotionale Äußerungen jeder Art nicht wirklich gewünscht sind und daher nicht belohnt, sondern missbilligt werden. Der Tränenmechanismus ist, wie viele Reflexe, konditionierbar, und schweren Herzens gewöhnen wir uns das spontane Weinen ab. Wenn wir das geschafft haben, sind wir weniger verletzbar und fühlen uns stärker, endlich „erwachsen". Kinder sind manchmal stolz: „Ich habe nicht geweint!". Das Kind schämt sich seiner Tränen – und seiner Gefühle! Eltern sollten dann ruhig ein wenig Sorge zulassen. Ihr Kind hat einen wichtigen emotionalen Schutzfaktor verloren, selbst wenn es sozial besser angepasst erscheinen mag. Ein großer Schritt zur Selbstverleugnung ist vollzogen. Aber den Eltern ging es vermutlich in jenem Alter nicht viel besser.

„Der Mensch an sich ist feige und schämt sich für sein Gefühl,
dass es nur keiner zeige, weil die Moral es so will"
  -Hildegard Knef

Was wir tun (und vielleicht auch unseren Kindern, die möglicherweise noch nicht so verkorkst sind wie wir, beibringen können): Den Tränenreflex verstehen und zulassen; vielleicht steuern, beherrschen und kanalisieren, aber anerkennen. Wenn in Gesellschaft anderer die Tränen in uns aufsteigen, sollten wir uns dorthin zurückziehen, wo wir

ungestört sind. Schlafzimmer, oder notfalls auf die Toilette, die wir un-
auffällig hinter uns abschließen können. Wir brauchen mindestens
eine Viertelstunde Zeit für das ganze Manöver. Wenn wir uns genügend sicher fühlen: laufen lassen! Dabei den Kopf nach hinten legen,
so dass sich die Tränenpfützchen in den Innenwinkeln der Augen
sammeln und möglichst gut durch die Ablaufkanälchen in die Nasenhöhle fließen. Bewusst den Schnuffelreflex zulassen, und runter damit! Je mehr, desto besser! Es gibt keinen Grund, zu befürchten, dass
der Damm endgültig brechen und sich nicht mehr schließen lassen
könnte. Die Endorphine sind, obwohl mild, sehr zuverlässig und wirksam, und nach einigen Minuten spüren wir Erleichterung, Lösung, Beruhigung. Wenn wir noch schluchzen, bedeutet das: Der Körper hat
noch nicht genug und fragt nach, ob er noch ein wenig mehr davon
bekommen kann. Wir sollten so lange weinen, bis das aufhört. Anschließend das Gesicht einigermaßen in Ordnung bringen, und wir
sind wieder einsatzfähig. Wir können wieder klar denken. Dann entscheiden wir, ob wir in die Situation zurückgehen oder uns zurückziehen, in Ruhe und Gemessenheit. Nicht ärgern! Eher ist ein Gefühl der
Dankbarkeit angebracht – dafür, dass wir ein Mittel zur Stabilisierung
in uns tragen, wo es uns niemand wegnehmen kann!

4. Warum das Runde ins Eckige muss

„Wir müssen jedoch anerkennen, dass, wie mir scheint, der Mensch mit all seinen edlen Eigenschaften doch immer noch in seinem Organismus den unauslöschlichen Stempel seiner niederen Herkunft trägt"
– Charles Darwin (1809 – 1882), engl. Naturforscher

Viele Menschen begeistern sich für Sport. Sport hat etwas Mythisches und Überzeitliches, man denke an Olympia. Sport ändert sich vergleichsweise wenig, übergreift global politische und religiöse Systeme. In einer Zeit, in der kaum noch etwas überdauernde Gültigkeit besitzt, zeigen die sportlichen Disziplinen eine bemerkenswerte Dauerhaftigkeit. Die von Veränderungen lebende Mode erfasst offenkundig eher die Sportbekleidung als die eigentlichen Sportarten. Und selbst, wenn die aktive Teilnahme am Sport für viele Menschen anscheinend schwieriger geworden ist und das Durchschnittsgewicht der Bevölkerung stetig zunimmt, bleibt die Faszination erhalten. Wie kommt das?

Wir brauchen für unser mentales und soziales Gleichgewicht offenbar einen gewissen Grundbestand an Ritualen. Beständigkeit zeigen dabei nur Rituale, die über einen tief in unserem Wesen verankerten Kern verfügen. Es gibt Feiertage, die eine Regierung einsetzt oder abschafft, ohne dass sie von der Bevölkerung wirklich gebraucht oder vermisst würden. Aber sportliche Ereignisse scheinen aus sich selbst zu entstehen, müssen nur noch organisiert und verwaltet werden, und auch das scheint sich zu finden.

Bei der Analyse von Sportarten fällt auf, dass in vielen Disziplinen auf sehr ursprüngliche menschliche Aktivitäten Bezug genommen wird. Es gab lange Epochen in der menschlichen Entwicklung, in denen es wirklich darauf ankam, wie gut jemand einen Speer (oder sonstige harte Gegenstände) werfen konnte – sei es zur Jagd oder im Kampf. Das Überleben ganzer Sippen hing von solchen Fähigkeiten ab. Wie schnell oder ausdauernd der Mensch laufen kann, wie weit und hoch er springen kann, das war einmal – für lange Zeit! – ein brauchbarer Indikator dafür, ob er überhaupt noch einmal nach Hause zurückkam. Und ob er etwas zu essen mitbrachte! Und ob man deswegen mit ihm Kinder haben möchte.

Dass diese Fähigkeiten auch heute noch sehr hoch eingeschätzt werden, zeigt sich an der Popularität, am hohen Einkommen und an dem hohen Sozialprestige der Sporthelden. Sie eignen sich als Idole, d.h. als Vorbilder. Die mit Abstand stärkste Anziehungskraft in unserer

Gesellschaft, verbunden mit einem rational kaum fassbaren emotionalen Potential, hat dabei ein bestimmtes Mannschaftsspiel.

4.1. Vor und hinter dem Tor

Man stelle sich folgendes Szenario vor:

Es ist schon seit undenklichen Zeiten kalt und unwirtlich auf der Welt. Die Menschen besiedeln bzw. durchstreifen bereits das Land, und dementsprechend sind die großen Tiere selten und vorsichtig geworden. Aber es gibt noch ausreichend Niederwild, wenn man versteht, es zu fangen. Die Menschen leben in Höhlen, können nur in Gemeinschaft mit der ganzen Sippe überleben. Alle haben Hunger, alle frieren, die Vorräte sind knapp. Die Frauen sammeln Brennholz und essbare Pflanzen. Alle paar Tage tun sich die leistungsfähigsten jungen Männer der Sippe zusammen, um auf die Jagd zu gehen. Das Beuteschema ist auf am Boden lebende oder niedrig fliegende Tiere eingestellt, in der Größe variierend etwa um die Ausmaße eines menschlichen Kopfes. Das Tier ist flink und will flüchten, rennt um sein Leben, würde einem einzelnen Jäger möglicherweise entkommen. Aber wenn zehn bis elf Jäger es umzingeln und treiben, wird es für das Tier richtig gefährlich. Die Mannschaft (so heißen solche Ensembles, sogar wenn es aus Frauen besteht) versucht nun, das Tier zu einer ganz bestimmten Stelle zu treiben, nämlich zum Tor ihrer heimatlichen Höhle. Wenn das Tier sich dort hineinflüchtet, ist es verloren. Dahinter warten schon die Frauen mit den Kochtöpfen (bildlich. Man kannte noch kein Metall) und den hungrigen Kindern, da gibt es kein Entrinnen mehr. Das Überleben der Sippe ist für einen weiteren Tag gesichert, der Hungertod abgewendet. Deswegen geht alles darum, die Beute durch das Tor zu kriegen, vorher kann es immer noch entkommen, und alles war vergeblich. Wenn es aber gelingt, die widerstrebende Beute durch das Tor in die heimatliche Höhle zu bugsieren, ist die Freude schier grenzenlos! Die Jäger fallen sich um den Hals, gönnen sich eine kleine Pause im harten eiszeitlichen Alltag, lassen sich feiern und rühmen, es wird immer und immer wieder von der Heldentat erzählt, sie wird wiederholt in allen Einzelheiten dargestellt, sie können gar nicht genug davon bekommen.

Es könnte alles so schön sein, die essbaren Tiere haben eigentlich keine echte Chance gegen eine gut eingespielte Homo-sapiens-Jagdmannschaft. Aber: auf diese Weise wird das Wild allmählich knapp, dafür vermehren sich die Menschen, bilden neue Kolonien, besiedeln weitere Höhlen. Und tatsächlich hat sich noch innerhalb der Grenzen des eigenen Jagdreviers eine weitere Sippschaft eingerichtet, mit genügend jungen Männern für eigene Jagdunternehmungen! Dies führt zwangsläufig zu Konflikten. Zwei Höhlen in einem Jagdgrund! Zwei Tore, durch die Nahrung herbeigeschafft werden muss! Das nennt man Nahrungskonkurrenz, eine starke instinktive Triebkraft. Schließlich sind die Jäger verantwortlich für das Überleben und Wohlergehen ihrer Sippschaft.

Es zeigt sich, dass zu den günstigen Zeiten für eine erfolgreiche Jagd beide Mannschaften unterwegs sind, und sie haben es auch schon auf einen vielversprechenden Braten abgesehen, den sie vor sich hertreiben, immer in Richtung auf das Tor (der Heimathöhle). Beide Mannschaften sind sich unausweichlich uneinig, in welche der beiden Höhlen die Beute muss. Natürlich in die jeweils eigene! Manche der Jäger sind verwandt, kennen sich, haben früher in der anderen Höhle gewohnt, haben vielleicht noch verwandtschaftliche Bindungen oder Freundschaften. Dies ist aber bedeutungslos, so lange der Jäger seine Rolle in der Mannschaft zu spielen hat. Große Ehrungen warten (bei Jagderfolg!) auf ihn, Ruhm, Privilegien und zusätzliche oder privilegierte Fortpflanzungsmöglichkeiten. Da ist die Entscheidung klar. Das Schändlichste, was überhaupt passieren kann, wäre – auch nur unabsichtlich – dem Gegner einen Jagderfolg zu ermöglichen, ihm womöglich auch noch selber die Beute ins Tor zu praktizieren. Dieser Jäger kann sich daheim auf Einiges gefasst machen.

Es hat sich überdies sehr bewährt, vor dem Tor der gegnerischen Heimathöhle den umsichtigsten, erfahrensten, mutigsten, gemeinsten oder dominantesten Mann der eigenen Mannschaft aufzustellen, damit dieser, falls die Jagd nicht gut läuft, noch im letzten Moment das Schlimmste verhindern kann, dass nämlich die Beute in diesem Tor verschwindet (wo, wie gesagt, die Kochtöpfe warten und nie etwas wieder herauskommt). Dieser „Torwart" hat sogar besondere Privilegien und darf sich einiger unwaidmännischer Tricks bedienen, z.B. die Beute mit den Händen ergreifen, was den anderen Jägern streng untersagt ist. Sie kommen nämlich schneller voran, wenn sie das Tier vor sich her treten, was allerdings einiger Übung bedarf. Über diesen Punkt sind die Jagdverbände allerdings regional unterschiedlicher Ansicht. Wenn es dem Torwart gelingt, sich der Beute zu bemächtigen, bevor sie die Linie ohne Wiederkehr überquert, wird er versuchen, sie möglichst schnell in Richtung eigene Höhle – die natürlich am anderen Ende des Reviers gelegen ist – zu befördern. Alle, die sich um ihren Höhleneingang gedrängt und sich schon gefreut haben, dass es bald etwas gibt, müssen nun in höchster Eile hinterher rennen und verhindern, dass der Gegner sich den Umstand zu nutze macht, dass ihnen relativ wenige Konkurrenten die Beute noch streitig machen können – außer natürlich dem anderen Torwart, der sicherheitshalber den angesteuerten Höhleneingang bewacht, um seinerseits vielleicht noch im letzten Moment die Beute zu sichern. Sicher ist die aber erst, wenn sie im Tor der eigenen Höhle verschwindet. Außerdem hat der Torwart allein eher schlechte Chancen gegen eine zahlenmäßige Übermacht von Gegnern.

Wenn es tatsächlich einer Mannschaft gelingt, das Stück Wild in ihrem Tor abzuliefern, gibt es bei den Mitgliedern des begünstigten Stammes ein uriges Gebrüll, und es tritt eine deutliche Pause im Ablauf ein. Dann geht es erneut los, wenn sich alle wieder beruhigt haben, mit einem neuen Stück Wild. Sie müssen sich schnell beruhigen, dürfen sich nicht allzu sehr dem Freudentaumel hingeben, denn der Gegner wird dieses vorübergehende Nachlassen von Wachsamkeit sofort ausnutzen und so schnell wie möglich das neue Beuteobjekt nach Hause zu bringen versuchen, unterstützt durch besonderen Grimm, der durch die Aussicht auf ein paar weitere Hungertage aufgebaut wird, und den Futterneid gegenüber dem Konkurrenten. Es kann aber auch bei der unterlegenen Mannschaft zu emotionalen Reaktionen wie Mutlosigkeit, Enttäuschung, Resignation und Depression kommen, die sich dann z.B. in Fehlleistungen, Schwäche, Zögerlichkeit und Rückzug bemerkbar machen und der momentan dominierenden Mannschaft ermöglichen, schnell einen weiteren Erfolg zu erzielen, so dass nun sogar ein Vorsprung von zwei Beutestücken besteht. Der größte Feind sind jetzt die Schwachstellen der eigenen Persönlichkeit, die man während des spielerischen Trainings nicht bearbeiten konnte, weil sie nicht aktiviert wurden und verborgen blieben. Trainieren lässt sich nur das technische Können des Jägers, nicht sein Charakter. Der zeigt sich erst, wenn es ernst wird.

Doch die Jagd ist noch nicht vorbei, und auch die scheinbar erfolgreichere Seite muss sich mit ihren Charakterproblemen auseinandersetzen. Im Rausch der Glückshormone kann es zu Unterschätzung realer

Gefahren kommen. Das Bedürfnis, zu feiern und gefeiert zu werden, kann die Aufmerksamkeit einschränken. Der scheinbar schwächere Gegner wird als minderwertig wahrgenommen, bei gleichzeitig wachsender Überzeugung der eigenen Unbesiegbarkeit. Die Manöver werden kühner, aber auch leichtsinniger und riskanter, oder ungenauer. So kann der schon sicher geglaubte Erfolg wieder verloren gehen. Alles hängt jetzt davon ab, wie schnell und wie angemessen die Jäger auf den ungleichen Jagderfolg reagieren. Wichtig ist: Keiner darf sich zu lange gehen lassen, denn daheim sind sozusagen die Kinder vom Hungertod bedroht. Der Jäger muss lernen, seine unter Umständen recht chaotischen emotionalen Impulse dem Willen unterzuordnen. Und der weiß: Es geht nicht darum, mehr zu haben als der Gegner, sondern nur möglichst viel zu haben. Es geht nicht darum, besser zu sein als der Gegner; sondern nur die eigenen Leute zu fördern. Das bringt dann wieder die nötige Ruhe in das Jagdgeschehen, das wieder auf seine strategischen Ziele zurückgeführt werden kann und sich nicht in ständigen Zweikämpfen erschöpft.

Da es hier letztlich um Überleben oder Untergang geht, werden tiefe, alte Triebmechanismen aktiviert. Es würde die Species *Homo sapiens sapiens* nicht wirklich weiterbringen, wenn es bei Jagdunternehmungen jedes Mal zu tödlichen Gewalttaten zwischen den Mannschaften käme. Der wesentliche Unterschied zum Krieg besteht bei der Jagd darin, dass beide Parteien sich einem übergeordneten Reglement unterwerfen, welches beiden eine möglichst faire Überlebenschance ermöglichen soll. Deswegen unterstellen sich beide Parteien der Oberaufsicht eines Unantastbaren, eines Schamanen, Zauberers, Medizinmannes, Priesters, dessen Entscheidungen von beiden Seiten anerkannt werden – im Idealfall.

Weil das Schicksal der Gemeinschaft auf dem Spiel steht, zieht diese Auseinandersetzung zahlreiche Zuschauer an, die aus sicherer Entfernung das Drama verfolgen. Die Anteilnahme ist sehr stark, da allen Zuschauern unbewusst gegenwärtig ist, dass es hier auch um ihr Überleben geht. Entsprechend ist auch die Enttäuschung am größten, wenn keine der beiden Mannschaften einen Jagderfolg erreicht. Man hat sich die ganze Zeit nur über die Beute gestritten, und am Ende sind alle hungrig. Es gibt zwar keinen Neid, aber ein Gefühl der Unzufriedenheit. Der Bestand der ganzen Spezies ist gefährdet! Das war nicht der Sinn der Sache. Wenn hingegen jede der Mannschaften ein paar Beutestücke heimbringen kann, wird eine Tor-Differenz als eher hinnehmbar erlebt. Es war doch eine schöne Jagd, niemand muss verhungern. Und hinterher wird nach altem Brauch gefeiert. Wenn hingegen eine Partei leer auszugehen droht, während die andere bereits einige Beutestücke erkämpft hat, gönnt sogar die gegnerische Sippe ihr zumindest eine Ehren-Beute. Immerhin gehört man derselben Spezies an, und wenn der eigene Hunger gestillt werden kann, darf sogar etwas für den Konkurrenten übrig bleiben. Vielleicht braucht man den Gegner noch – wenn es zum Beispiel darum geht, zusammenzuhalten gegen eine periodisch vorkommende größere Bedrohung der Jagdgründe durch einen mächtigen Super-Gegner, dem es gelungen ist, die Besten aus mehreren Höhlen zusammenzustellen für einen Jagdzug. Allen ist unmittelbar klar, dass ein ständiges Training erforderlich ist. Für die jungen Männer ist es in einem frühen Lebensabschnitt das höchste aller Ziele, eine Meisterschaft bei dieser Jagd zu erreichen. Die Namen erfolgreicher Jäger sind auch nach Generationen unvergessen.

4.2. Vor wessen Tor steht der Torwart?

Kommt uns dieses ehrwürdige Eiszeit-Szenario irgendwie bekannt vor? Vielleicht haben wir uns zunächst davon täuschen lassen, dass es sich beim Fußball irgendwie eingebürgert hat, anzunehmen, dass der Torwart vor dem *eigenen* Tor steht – dass z.B. der bayerische Torwart auch vor dem bayerischen Tor steht. Das ist aber tatsächlich nirgendwo festgelegt und wird nur aus Gedankenlosigkeit so gesehen, oder aus unbewussten Motiven, wie noch ausgeführt wird. Die Instinktmechanik des ganzen Spiels funktioniert erst dann richtig, wenn wir davon ausgehen, dass der eigene Torwart vor dem *gegnerischen* Tor aufpasst! Von der Höhle ist nicht mehr viel übrig außer einer eindeutigen territorialen Abgrenzung – der Torlinie – und einem symbolisch angedeuteten Raum – durch das Netz dargestellt, ohne das es notfalls auch geht. Das Wesentliche ist jedoch geblieben, wenn auch auf symbolischer Ebene. Die starken Affekte und Gefühle, die insbesondere beim Fußball ans Tageslicht kommen, werden nun verständlicher. Man sieht ein Fußballspiel mit anderen Augen, wenn man die verborgenen psychologischen Phänomene anerkennt: Es ist nur vordergründig ein Spiel, im Hintergrund geht es um Leben und Tod, um Ruhm und Schande. Ohne Unparteiischen würde das Spiel schnell hässlich, es gäbe offene Gewalt auf dem Platz. Auch mit

Schiedsrichter häufen sich gegen Ende der Begegnung (ein Euphemismus!) Regelverstöße, selbst wenn das Spiel fair angefangen hat. Die Machtfülle des Schiedsrichters ist bemerkenswert; er kann sich allerdings auch mehr Feindseligkeit einhandeln als jeder andere Beteiligte, wenn er Entscheidungen ohne breiten Konsens trifft. Man erinnere sich an die Empörung in Deutschland, als sich vor einiger Zeit herausstellte, dass es auch korrumpierbare Fußball-Schiedsrichter gibt! Ähnlich wie die populäre Empörung über lasterhafte Geistliche, kriminelle Polizisten, parteiische Richter oder eigennützige Ärzte. Das Individuum wird durch Rollenerwartungen manchmal überfordert. Im Falle des korrupten Schiedsrichters steht aber, wie gesagt, im kollektiven Unbewussten die Existenz des Stammes – und manchmal des Volkes, oder der Rasse, auf dem Spiel!

Deswegen sind Fußballveranstaltungen auch ein besonders attraktiver Nährboden für patriotische, nationalistische und rassistische Manifestationen. Insbesondere in Verbindung mit der Einnahme von berauschenden Getränken wird erkennbar, wie erschreckend dünn die kulturelle Decke auf dem Urgrund der Triebe und Instinkte ist. Eigentlich geht es um Jagd und Nahrung, aber unmerklich schleicht sich der Krieg ein, und statt einer Beute ins eigene wird als Abschluss eines „Angriffs" eine „Bombe" ins gegnerische Tor „geschossen", am besten vom „Bomber der Nation", der natürlich auch ein „Torjäger" ist. In traumartiger Verdichtung werden Jagd- und Kriegsmotive auf Symbolebene spielerisch vereinigt. Das hat etwas! Nebenbei kann man den Eindruck gewinnen, dass der kriegerische Impuls – Kampf gegen den Nahrungskonkurrenten – das jägerische Motiv überwuchert. „Bombe" macht dem Ötzi in uns anscheinend mehr Spaß als „Beute". Dann muss eben doch auf's gegnerische Tor „geschossen" werden, wobei vermittels eines unbewussten Mechanismus gleichzeitig die Nahrungsgrundlage für ein Festmahl geschaffen wird. Was will man mehr? In der Psychoanalyse nennt man das *Verdichtung; so* heißt ein Mechanismus des Unbewussten, durch den mehrere Sachverhalte in einem Symbol vertreten werden (z. B. eine Gestalt im Traum steht für mehrere Personen gleichzeitig, etwa den Vater und den Lehrer).

Und für den Bombenbau muss halt notfalls die Beute geopfert werden. C'est la guerre.

Eine Neigung zu archaischem Stammesdenken erfasst Spieler wie Zuschauer. Mitglieder unterschiedlicher Vereine spielen zwar zusammen, wenn es um überregionale Meisterschaften geht, aber die Instinkte bleiben die gleichen. Ein Null-zu-Null-Spiel hinterlässt allgemeine Unzufriedenheit, einen unbefriedigten Tor-Hunger auf beiden Seiten, und der Gegner lebt immer noch. In einem „schönen" Spiel fallen auf beiden Seiten viele Tore, selbst der Verlierer (mit seinen „Fans") kann mit erhobenem Haupt heimkehren. Wenn überregionale – d.h. die Stammesstruktur überschreitende „National"-Mannschaften losziehen, kommen z.B. 350.000 Menschen freiwillig und unaufgefordert – und einmütig! - auf die Fan-Meile, so geschehen in Berlin bei der Weltmeisterschaft 2010. Nur wenige andere Reizkonstellationen vermögen das

So gesehen, steht „die schönste Nebensache der Welt", wie der Fußballsport manchmal genannt wird, irgendwie gleichzeitig auch für eine manchmal weniger schöne Hauptsache – die Selektion im Dienste der Arterhaltung (übrigens besteht keine Einigkeit darüber, was „die schönste Nebensache der Welt" sei. Außer Fußball gibt es laut *Google* noch ein paar Anwärter auf diesen Titel).

Es ist kein Zufall: Mannschaftsspiele, die mit Bällen, Netzen, Schlägern, Körben, Toren und dergleichen zu tun haben, gibt es auf der ganzen Welt in unterschiedlichen Variationen. Man kann annehmen, dass sie alle den gleichen bio-psychologischen Hintergrund haben. Sie helfen uns, einen bedeutenden Teil unserer prähistorischen Stammesgeschichte zu bewahren, nämlich die Fähigkeit zu erfolgreicher Nahrungskonkurrenz. Man könnte meinen, die umsichtige Natur motiviert uns dazu, einen Kern von ehemals überlebenswichtigen Verhaltensschemata zu pflegen und vor der Vergessenheit zu bewahren, während manche neuzeitlichere Kulturtechniken innerhalb weniger Generationen oder noch schneller in Vergessenheit geraten. Wer weiß, wozu der alte Brauch noch einmal gut sein wird – vielleicht wenn wir dereinst wieder hinter unserem Essen herlaufen und uns gleichzeitig die Nachbarn vom Hals halten (oder vom Hals schaffen) müssen.

5. Rausch und Sucht

"Ein Rausch ist zu ertragen, die Trunksucht aber nicht."
-Martin Luther, Tischreden

Ein Rausch ist keine Krankheit, da sind sich die meisten Menschen einig. Jeder hat Rauscherfahrung – obwohl, wenn man Menschen fragt, wer noch nie einen Rausch erlebt hat, trifft man doch immer wieder einzelne, die das von sich behaupten. Das liegt vermutlich daran, dass sie ausschließlich an den Alkoholrausch denken und vielleicht noch nie betrunken waren. Doch die meisten Menschen wissen, dass es viele Arten von Rausch gibt: Außer Alkohol kennen wir noch einige andere Substanzen, die einen Rausch auslösen können, die sogenannten „Drogen", aber auch gewisse Medikamente. Und dann gibt es zahlreiche nicht-stoffgebundene Räusche: den Geschwindigkeitsrausch, den Kaufrausch, den Liebesrausch usw. Rauschartige Zustände entstehen auch beim Sport. Es gab den Goldrausch, und es soll anscheinend so etwas wie ein Blutrausch vorkommen. Man spricht vom Höhen- und vom Tiefenrausch. Bei Glücksspielen kann es rauschhaft zugehen. Was haben all diese Räusche gemeinsam?

5.1. Drei Phasen

Ein Rausch ist kein Dauerzustand. Er kann einen Moment dauern (wie beim Nikotin) oder sogar einige Monate (wie der Liebesrausch). Wenn er fünf Jahre dauert, spricht man nicht mehr von einem Rausch.

Der Rausch ist ein vorübergehender Glückszustand, bei dem durch einen schnellen Anstieg von „Glückshormonen" oder Substanzen mit ähnlicher Chemie im Belohnungszentrum des Gehirns ein Glücksgefühl ausgelöst wird. Das Gehirn wird gleichsam überrumpelt und macht zunächst mit. Diese Phase eines Rausches nennen wir:

5.1.1. Erregungsphase.

Es geht aufwärts, es wird immer besser! Von einer Art Null-Linie, unserer Normalstimmung, geht es steil nach oben, bis diese Phase ihren Höhepunkt erreicht (in Abbildung 6 von Punkt A bis Punkt B). Diese Phase ist die schöne euphorische Phase des Rausches; sie bedeutet eigentlich das, was wir an einem Rausch mögen.

Die Stimmung steigt, der Himmel kommt näher. Auf Englisch heißt dieser Zustand: *high*. Es ist ein Hochgefühl. Das Gegenteil wäre:

down. Wir können uns vormachen, dass es jetzt so *high* weiter geht. Dabei kommt uns unsere Unfähigkeit, Gefühle zu speichern (siehe Kap. 1.10: Gefühl und Emotion) zugute. Sonst wäre uns in diesem Zustand stärker bewusst, dass diese Phase nicht lange dauert, und was danach kommt. Wir erleben die Euphorie des Rausches „ich-synton", das heißt, wir glauben: *Ich* bin froh, oder wach, oder mutig, oder gelassen, oder geistreich, oder was immer der Rausch uns in der Erregungsphase vermittelt. Sonst würde es auch gar keinen Spaß machen, wenn wir etwa fühlen würden: Ich bin eigentlich traurig (oder müde, oder ängstlich, oder aufgeregt, oder einfallslos usw.), aber ir-gendwelche Hormone oder Drogen machen etwas mit meinem Ge-hirn. Der Rausch muss schon mein Gesicht tragen. Wir müssen das Gefühl haben: *Ich* lache, *ich* bin stark, und nicht: Ich bin traurig und hilflos, aber der Schnaps (oder was immer es ist) in mir lacht und ist stark – obwohl es sich in Wirklichkeit so verhalten mag. Erst, wenn unerwünschte Konsequenzen erkennbar werden, etwa vor Gericht, beanspruchen wir mildernde Umstände wegen eines Rauschzustan-des – das war gar nicht ich, das war der Alkohol...

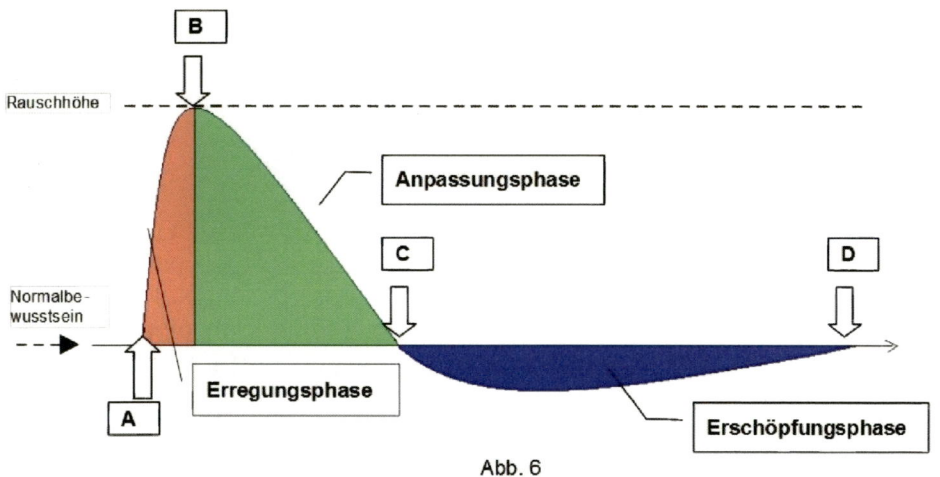

Abb. 6

Die Erregungsphase ist zu Ende, wenn sie sich nicht mehr steigern lässt. Es kommt unweigerlich ein Zeitpunkt, wo es nicht mehr mit je-dem „Prost" besser wird, oder mit jedem Zug am Joint oder an der Zi-garette, oder mit jedem Kuss, oder mit jeder schnell gefahrenen Kur-ve, oder mit jedem Kauf. Wir beenden deswegen nicht unbedingt das auslösende Verhalten, aber dieses Hochgefühl wird nicht mehr ge-steigert, es hat die Grenze der Rauschhöhe (s. Abb. 6: Punkt B) erreicht. Wer Erfahrungen mit Alkohol hat, weiß, dass es beim Trinken einen Zustand gibt, wo es keinen Sinn mehr hat, immer mehr hineinzuschütten. Es wird nicht besser, man wird nur immer betrunkener. Das gilt gleichermaßen für die anderen Drogen, und auch für die nicht-stoffgebundenen Räusche. Der Höhepunkt dieses Rausches ist erreicht und damit eigentlich auch schon überschritten. Dem Rausch sind natürliche Grenzen gesetzt. Der Organismus hat das Überrumpelungsmanöver erkannt und beginnt mit Gegenmaßnahmen. Was jetzt folgt, ist die zweite Phase des Rausches, die

5.1.2. Anpassungsphase. Wenn es sich um einen nicht-stoffgebundenen Rauschzustand handelt, besteht aus der Sicht des Organismus keine Eile, da keine giftigen Substanzen den Organismus bedrohen. Unsere Hormone werden durch Enzyme wieder abgebaut oder blockiert und verlieren ihre Wirkung, wenn sie nicht mehr ausgeschüttet werden. Alles, was wir an Drogen zur Rauscherzeugung einnehmen können, scheint mehr oder weniger giftig zu sein und wird vom Organismus aktiv abgewehrt. Das Molekül der Droge besitzt Strukturen, die auf den dafür empfänglichen Rezeptoren an den Zellwänden ähnlich wie natürliche Hormone wirken. Es sind gleichsam Nachschlüssel, die ebenfalls in das chemische Schloss der Rezeptoren passen und in der Zelle dadurch die gleiche Reaktion auslösen können wie das echte Hormon. Dadurch entsteht die erwünschte Drogenwirkung. Das Drogenmolekül hat aber außerdem noch andere Strukturteile, die nicht in das Schloss passen. Diese Teile des Moleküls bedingen die unerwünschte Wirkung, die Giftwirkung. Die giftigste der gängigen Rauschdrogen ist das Nikotin. Die tödliche Dosis liegt für einen Erwachsenen bei etwa 1 Milligramm pro kg Körpergewicht. Damit ist es giftiger als z.B. Arsen oder Zyankali. In einer Zigarette sind etwa 12 Milligramm enthalten (insgesamt, nicht nur im Rauch). Nach 5 – 6 Zigaretten wäre demnach ein Raucher in großer Gefahr. Der Körper gibt sich deshalb größte Mühe, das Nikotin möglichst schnell abzubauen, noch während die Zigarette brennt. Das, was wir am Nikotin mögen, ist nicht der Vergiftungszustand, sondern nur das schnelle Anfluten des Nikotins im Belohnungszentrum unseres Gehirns. Dieses dauert nur wenige Sekunden, danach setzt bereits die Anpassungsphase ein. Diese lässt sich mit weiteren 2-3 Zügen an der Zigarette noch einmal kurz aufhalten, aber dann überwiegt (Gott sei Dank!) die Entgiftungsreaktion. Die Zigarette brennt noch, aber die Erregungsphase ist bereits vorüber und lässt sich erst 1:1 wiederholen, wenn die Anpassungsphase und eigentlich auch die nachfolgende Erschöpfungsphase vorbei sind.

Bei anderen Drogen oder nicht-stoffgebundenen Räuschen mag die Erregungsphase länger dauern, ist jedoch immer die kürzeste Phase des Rausches. In der folgenden Anpassungsphase stehen wir zwar noch immer unter der Wirkung der rauscherzeugenden Droge oder des Hormons, aber der Spiegel steigt nicht mehr, lässt sich nicht lange auf der gewünschten Höhe halten, sondern sinkt. Die gefühlte Orientierung ändert sich: Wir steigen nicht mehr in den Himmel auf, sondern sehen wieder die Erde auf uns zukommen. Wir beginnen, Vorbereitungen für eine weiche Landung zu treffen. Doch an Punkt C (Abb. 6) gibt es meistens keine sanfte Landung, sondern es beginnt die dritte Phase des Rausches, die

5.1.3. Erschöpfungsphase. Der Körper, der es grundsätzlich gut mit uns meint, muss möglicherweise giftbedingte Schäden reparieren und schaltet einige Funktionen ab, die ihn dabei stören würden. Außerdem verändert er gewisse Stellgrößen so, dass er einem weiteren Überraschungsangriff auf das Nervensystem – denn als solchen wertet er die Erregungsphase des Rausches – besser standhalten kann. Wenn zahlreiche Nachschlüssel der natürlichen „Glückshormone" im Umlauf sind, kann der Organismus z.B. die Zahl der Rezeptoren auf den Zellwänden der Nervenzellen erhöhen, um wieder ein Gleichgewicht herzustellen. Da jedoch die Zufuhr an Nachschlüsseln aussetzt, allein schon wegen ihrer Giftigkeit, haben wir am Schluss der Anpassungsphase nicht nur eine Überzahl an giftigen Abbauprodukten im Körper, sondern auch ein Überangebot an Rezeptoren für Glückshormone, die sich nicht mehr mit der natürlichen Ausschüttung dieser Hormone kompensieren lassen. Wir werden unglücklich und depressiv. Nach einer Weile gleicht der Körper diesen unausgewogenen Zustand wieder aus, und allmählich nähern wir uns – von unten! – an Punkt D (Abb. 6) wieder der Normallinie. Jetzt erst ist der Rausch wirklich vorbei. Und der nächste kann beginnen…

5.2. Das Phasenmodell kann als naturgesetzlich gelten und beschreibt die Dynamik aller Rauschvorgänge. Der Verlauf folgt einem Naturgesetz: Die Fläche unter der Kurve im positiven Bereich (Erregungs- und Anpassungsphase) kann nicht größer sein als die Fläche der Kurve im Negativbereich, in der Erschöpfungsphase. Oder etwas einfacher: Die Strecke AC ist kürzer als die Strecke CD (wesentlich kürzer! Die Buchseite ist viel zu schmal, um die wirklichen Proportionen hier wiederzugeben). Es bedeutet ferner, dass ein guter Rausch (die Güte gemessen an der Rauschhöhe, d.h. der Stärke des Glücksgefühls) erst wieder möglich ist, wenn der Organismus sich vollständig vom vorangegangenen Rausch erholt hat.

„Der Wahn ist kurz, die Reu' ist lang"
-Friedrich v. Schiller, in der „Glocke" (wird bezeichnenderweise oft falsch zitiert: Der Rausch ist kurz...)

Das beschreibt im Grunde ziemlich genau das, was viele Menschen in den Industriegesellschaften versuchen: Es ist Freitagabend, oder wann immer das Wochenende für die betroffene Person beginnt, und der Rausch wird eingeleitet, und zwar so, dass er mit Erregungs- und Anpassungsphase über das Wochenende andauert. Montagmorgen wird, wenn alles klappt, Punkt C (s. Abb. 6) überschritten, die Erschöpfungsphase und eine lange, harte Woche beginnen. Wirklich nüchtern ist der Mensch noch nicht, er weist lediglich keine rauscherzeugenden Substanzen mehr im Serum auf. Ausgeglichen und nüchtern darf er sich erst nennen, wenn der Körper sich wieder von der Intoxikation erholt hat. Zunächst erscheint er depressiv verstimmt, eben in der Erschöpfungsphase des letzten Rausches. Aber es gibt ja Hoffnung: Am Wochenende kann es wieder von vorne losgehen.

In einem derartigen Rhythmus leben viele Menschen vergleichsweise problemlos über mehrere Jahre. Probleme entstehen erst allmählich dadurch, dass während der Werktage die Stimmung depressiv belastet wird. Dies führt zu Antriebs- und Leistungsminderung, sowie zu depressiven Denkstörungen. Ganz so trostlos, wie die Dinge uns in diesem Zustand erscheinen, sind sie nicht wirklich. Soziale Probleme entstehen häufig durch Rückzug und Isolation, wozu wir in depressiver Stimmung neigen. Dies ist vermutlich zunächst ein evolutionär bewährter Schutzmechanismus, der das Kollektiv vor uns schützt, wenn wir schlecht gelaunt sind, und uns gleichzeitig Zeit zur Besinnung gibt. Als periodischer Dauerzustand ist das aber wohl nicht gedacht. Am Ende verstehen wir uns nur noch mit Leuten, die dasselbe Schema praktizieren, und merken nicht, wie wir den Boden (der Realität) unter den Füßen verlieren.

Eine noch gefährlichere Problemquelle entsteht bei einem solchen Lebensrhythmus dadurch, dass wir möglicherweise nicht bereit sind, zu warten, bis die Erschöpfungsphase wirklich vorbei ist. Vielleicht sind wir, wenn wir jung und gesund sind, tatsächlich bis zum nächsten Wochenende so weit wiederhergestellt, dass wir einen „guten" Rausch inszenieren können, d.h. die maximal mögliche Rauschhöhe (nicht die maximal mögliche Vergiftung!) erreichen. Es erscheint jedoch nahe-liegend, wenn die Depression uns niederdrückt und es erst Dienstag ist, nicht auf das Wochenende zu warten, sondern dem quälenden Zustand gleich ein Ende zu machen, wir wissen ja, wie das geht. Wahrscheinlich haben wir alles dazu Notwendige daheim. Und es wirkt ja auch!

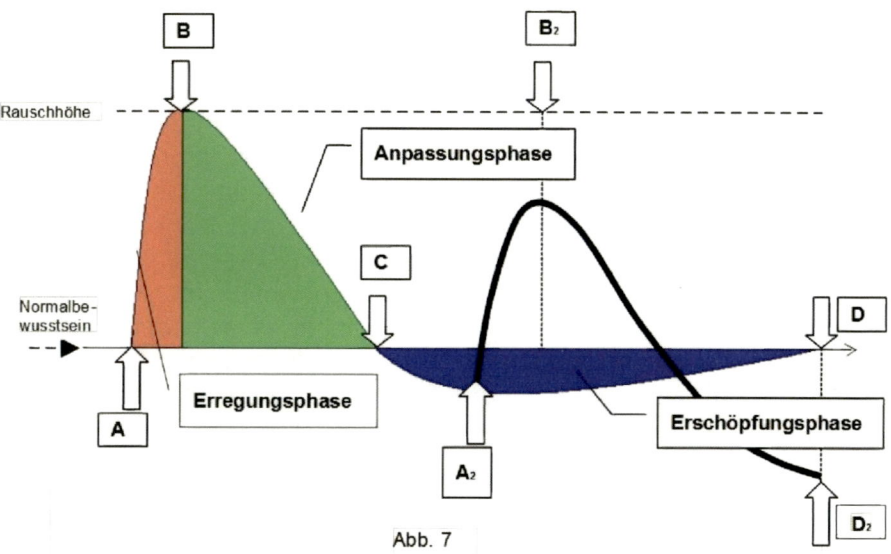

Abb. 7

Was dann passiert, wird vereinfacht in Abb. 7 (dicke Linie) dargestellt. An Punkt A_2 wird der neue Rausch eingeleitet. Da wir noch nicht bereit sind für ihn, sondern mitten in der depressiven Erschöpfungsphase, wird die Stimmung zwar angehoben, aber nicht auf das erwartete Niveau der vorangegangenen Rauscherfahrung, sondern bleibt an Punkt B_2 deutlich und spürbar darunter, lässt sich auch nicht verbes-sern. Die Startposition war nicht günstig, die depressive Stimmung am Auslösezeitpunkt muss von der Rauschhöhe subtrahiert werden. Es ist, als hätte man seinen eigenen Hochsprungrekord brechen wollen, aber Anlauf im Keller genommen.

Hingegen addieren sich die Erschöpfungsphasen beider Räusche und sorgen für eine übernormale Erschöpfungsreaktion. An Punkt D_2, am Beginn des Wochenendes etwa, ist dann das System nicht wieder auf Null, sondern in noch tieferer Depression als zuvor an Punkt A_2. Entsprechend schwerer wird es sein, einen als lohnend empfundenen Rausch zu erzeugen.

5.3. Sucht

Wenn ein solches Verhaltensmuster über längere Zeit beibehalten wird, kann es immer häufiger vorkommen, dass die Neutral-Linie unserer Normal-Befindlichkeit überhaupt nicht mehr nach oben überschritten wird und wir uns somit ständig in einem depressiven Zustand befinden, mal mehr und mal weniger. Weniger dann, wenn wir unser Rauschmittel zu uns nehmen, und mehr dann, wenn dies nicht möglich ist, z.B. weil wir noch Verpflichtungen haben, arbeiten müssen, oder Auto fahren. Wir werden nicht mehr froh; das Gehirn hat sich verändert, so dass es lange dauern kann, bis es wieder eine ausgeglichene Stimmungslage unterstützen kann. Im Extremfall ist eine Wiederherstellung des Originalzustandes nicht mehr möglich. **Dieses Störungsbild nennen wir Sucht**, und damit ist eine der häufigsten Störungen in unserer Gesellschaft benannt. Es wäre nicht so häufig, wenn es leicht zu begreifen wäre. Süchtiges Verhalten erscheint nach außen hin unlogisch und unverständlich, hat aber eine innere Logik.

Wir sind mit der unverzichtbaren Vorgabe geboren, uns wohlzufühlen (siehe Abschnitt 1.4.2. „Baby"). Ob wir uns wohlfühlen, können nur wir selbst wissen. Durch Sozialisierung und Erziehung können wir dazu gebracht werden, Wohlbefinden nicht nur nach außen hin vorzutäuschen – das ginge ja noch –, sondern uns auch selbst einzureden (mit Hilfe des Geistes, der zwar nicht fühlen, aber gut argumentieren kann, siehe Abschnitt 1.10. „Gefühl und Emotion"). Weil ich dies oder jenes erreicht habe oder besitze, geht es mir gut. Es will aber unter Umständen keine Freude aufkommen, oder andere echte Gefühle, wie Dankbarkeit, Begeisterung, Vertrauen, Zufriedenheit, Liebe, Hoffnung. Unserem Geist fällt das nicht besonders auf, da er diese Gefühle sozusagen nur vom Hörensagen kennt. Er leidet nicht darunter. Aber **wir** leiden (wir erinnern uns: Wir sind nicht unser Geist! Dieser ist nur eine Behelfskonstruktion für die Auseinandersetzung mit der Außenwelt! Siehe Abschnitt 1.7. „Geist"). Wir können uns vielleicht lange Zeit einreden, dass wir diese echten Gefühle nicht brauchen und dass uns die Emotionen genügen, die uns die Außenwelt durch Anerkennung, Bestätigung und äußeren Erfolg zugesteht. Aber in Wirklichkeit kann ein Mensch nicht auf Dauer ohne echte positive Gefühle leben. Ein wenig Heuchelei scheint uns nicht viel auszumachen, das lernen wir schon sehr früh im Leben. Wir können lügen, bevor wir lesen und schreiben können. Das dient unserem Überleben in dunkler Zeit und wird von unserer Natur unterstützt oder zumindest geduldet. Wir vertrauen den Einredungen unseres Geistes, der uns ein erfülltes Leben in der Zukunft ankündigt, wenn wir seine virtuellen und imaginären Ziele nur beharrlich genug verfolgen. Wir lernen, unsere eigenen Gefühle gering zu schätzen oder ihnen zu misstrauen. Statt der Erfüllung unseres Daseins – das wäre das augenblickliche Ergebnis, wenn wir unseren eigenen Gefühlen vertrauen und folgen könnten – erleben wir, mit etwas Glück, lediglich die Erfüllung einiger Wünsche, gerade so viel, dass wir nicht am System verzweifeln, sondern weiter hoffen, dass wir auf dem richtigen Weg sind und alles einmal besser wird und alles sich dann gelohnt haben würde. Zweifel an diesem System sind tabu. The show must go on.

Und so wie Hunger und Durst den Tischmanieren nicht gut tun, so macht uns der emotionale Hunger – das Defizit an echten positiven Gefühlen, die wir uns nicht erst selber einreden müssen oder von anderen eingeredet bekommen – labil für Glücks-Ersatzprodukte. Wir können und wollen nicht ohne Glücklichsein leben, selbst wenn es nur Rauschgold-Charakter hat. Sonst brennen wir aus und werden depressiv. Und im Rausch können wir relativ gute Imitationen der Gefühle erleben. Besser, im Rausch gelacht, als gar nicht gelacht. Die immunfördernde Wirkung des Lachens (siehe Abschnitt 3. „Warum wir lachen") ist sogar dann gegeben. Besser Sauf- oder Haschbrüder, als gar keine Brüder (oder Schwestern). Für ein Leben allein mit uns selbst sind wir nicht sozialisiert, davor haben wir größte Angst. Also akzeptieren wir das Rauschglück und nehmen seine Nachteile – insbesondere den mangelnden Gehalt an Realität – in Kauf, es wird schon nicht so schlimm sein, und andere machen es auch. Ein Bettler darf nicht wählerisch sein. Trotzdem weiß ein Teil von uns um diesen Kompromiss und schämt sich. Das ist dann sogar ein echtes Gefühl, aber leider ein negatives. Dieses manchmal sehr intensive Schamgefühl wird unterdrückt, da man es nicht ausschalten kann. Es wird zum persönlichsten und intimsten Geheimnis der Person, die es am liebsten sogar noch vor sich selbst verbergen würde. Und es ist gleichzeitig der sicherste Indikator für eine Sucht. **Ein Rausch ist eine befristete Veränderung des Bewusstseins, eine Sucht ist eine Veränderung der Persönlichkeit.**

In unserer Gesellschaft sind folgerichtig in besonderem Maße diejenigen suchtgefährdet, die nach außen hin lächeln müssen, obwohl sie innerlich weinen; die gute Laune und Hoffnung verbreiten müssen, obwohl sie innerlich gegen Verzweiflung ankämpfen; die helfen und verstehen müssen, obwohl sie eigentlich selber Hilfe und Verständnis brauchen; die ermutigen müssen, obwohl sie nicht wissen wohin mit ihrer eigenen Angst; die Zuneigung zeigen müssen, obwohl im Inneren bestenfalls Gleichgültigkeit herrscht; die Stärke demonstrieren müssen, obwohl sie sich schwach fühlen; die sich nach Freiheit sehnen, aber unter Zwängen leben. Diese Diskrepanz zwischen äußerer Darstellung und innerer Wahrnehmung macht uns labil, wenn keine Aussicht auf Besserung der Umstände besteht. Gesundheit ist dann kein Argument mehr, so dass uns die augenscheinliche Schädlichkeit von Substanzen nicht mehr allzu sehr beeindruckt. Im Rausch können wir trotz allem eine kleine Weile glücklich sein, dafür riskieren wir ... notfalls alles!

Ich will hier keine bestimmte Berufs- oder Personengruppe hervorheben. Die genannten Merkmale, die im Wesentlichen ein Sich-selbst-Fremdwerden beinhalten, sind eher innerlicher Natur und können auf jeden Menschen zutreffen. Es kann auch geschehen, dass allein durch den häufigen Kontakt mit einem Suchtmittel insbesondere in einer labilen Entwicklungsphase eine Sucht begründet wird, ohne besondere auffällige Persönlichkeitsmerkmale. Und es scheint Persönlichkeiten zu geben, die nicht zur Sucht neigen und selbst unter ungünstigen Bedingungen davon frei bleiben. Es gibt Anzeichen für eine genetische Disposition, welche eine Suchtentwicklung begünstigt.

Was kann helfen? Der Rausch ist ein viel zu natürlicher Erlebnismodus, als dass man ihn verbieten könnte. Aber einige Kenntnisse über die Natur des Rausches könnten schützen. Vor allem das Wissen um die Erschöpfungsphase ist wichtig. Die Depression in der Erschöpfungsphase wird, genau wie die Euphorie der Erregungsphase, ebenfalls ich-synton erlebt, das heißt, wir haben die perfekte Illusion, dass die Dinge wirklich so sind, wie sie uns erscheinen, wir unterliegen aber einer emotionalen Täuschung. Die Dinge sind weder so toll, wie sie uns in der Erregungsphase anmuten, noch so schlimm wie in der Erschöpfungsphase.

5.4. Noch eine natürliche Gesetzmäßigkeit besagt, dass die Wahrnehmungsverzerrung oder Erlebnisweise in der Erregungsphase in der folgenden Erschöpfungsphase ziemlich genau umgekehrt werden. Wenn ich weiß, was der Rausch mir in der Anfangsphase gibt, kann ich ausrechnen, wie die Erschöpfungsphase sein wird, und dies kann helfen, den Zeitpunkt zu erkennen, an dem die Erschöpfungsphase ausklingt. Das könnte helfen, die abwärtsweisende Tendenz des Rauschgeschehens, wie sie in Abb. 7 erkennbar ist, zu kompensieren.

5.4.1. Alkohol

Ein Rausch, der in der Erregungsphase sehr lustig ist, wie etwa der Alkoholrausch, wird in der Erschöpfungsphase das Gegenteil produzieren. Für Alkohol ist bekanntlich eine gesteigerte Heiterkeit typisch, man sagt: angeheitert. Wenn man irgendwo am Vormittag in einem Touristikgebiet, wie hier am Mittelrhein, eine Gruppe von Menschen antrifft, die unangemessen laut und ohne erkennbaren Grund lachen, assoziiert man dies vermutlich mit einer Alkoholisierung. Viele Menschen reagieren auf einen steigenden Alkoholspiegel mit spontanem Gelächter oder Kichern. Das ist schließlich eine der erwünschten Wirkungen des Alkohols. Wenn Alkoholiker sagen: Ich kann auch ohne Alkohol fröhlich sein, beruht dies oft auf Selbsttäuschung. In der Erschöpfungsphase des Alkoholrausches wird der scheinbare Humor bitter und schwarz, oder er verwandelt sich in sein Gegenteil. Das Gegenteil von Heiterkeit ist nicht Traurigkeit, sondern eine gewisse Humorlosigkeit oder Muffeligkeit. Eine wissenschaftliche Untersuchung zeigt, dass Alkoholiker eine besonders humorlose Bevölkerungsgruppe sind (ganz besonders humorlos können Alkoholiker reagieren, wenn man Bemerkungen über ihren Alkoholkonsum macht. Vorsicht!). In der Erregungsphase kann er zwar über alles lachen, sogar über sich selbst. Doch in der Erschöpfungsphase wird er einen sogar wirklich guten Witz möglicherweise nicht lustig finden. Er/sie ist ständig beleidigt.

Alkohol macht nicht nur lustig, sondern auch sorglos. Entsprechend ist die Erschöpfungsphase mit Besorgnis geradezu imprägniert.

Alkohol unterdrückt Angst. Er macht nicht mutig, sondern hemmt Angst, das ist nicht dasselbe. Wenn wir uns „Mut antrinken", trinken wir uns in Wirklichkeit nur die Angst weg. Manche Verbrechen, oder sagen wir: Schandtaten, werden hauptsächlich aus Angst unterlassen. Diese können dann in Ruhe geschehen. Aber die komplementären Schuldgefühle und -ängste in der Erschöpfungsphase sind uns sicher, egal was tatsächlich geschehen ist. Das macht einfach der Zustand des Nervensystems. So ist echte Reue eher selten (echte Reue bedauert die Motive, nicht die Ergebnisse des Handelns) und setzt ein überdurchschnittliches Maß an Selbst-Exploration voraus. Wie klar und bewusst sind mir meine Motive? Das bewirkt die hohe Quote an nicht-bestandenen MPUs beim TÜV (**M**edizinisch-**P**sychologische **U**ntersuchung). Die dort tätigen Psychologen brauchen eigentlich nur auf das Leitsymptom Reue zu achten, dessen Klang man nur schwer vortäuschen kann. Ohne echte Reue ist die Prognose eher zweifelhaft.

Entsprechend wird die Erschöpfungsphase des Alkoholrausches von Ängsten und Hemmungen gekennzeichnet sein.

Alkohol macht großzügig. Champagner für alle! Dafür ist die Erschöpfungsphase von einer gewissen Knauserigkeit gekennzeichnet.

Alkohol macht versöhnlich und schafft Verbrüderungen. Man sagt nicht ohne Grund: Saufbrüder. In der Erschöpfung fühlt man sich jedoch extrem einsam und von allen verlassen, sowie mitunter ausgesprochen nachtragend.

Alkohol macht sangesfroh wie keine andere Droge. Auf einmal singen auch die, die sonst nie singen. In der Erschöpfungsphase wird man Gesang weder von sich geben noch hören wollen.

Alkohol macht schön – jedenfalls kann man sich den Partner/die Partnerin „schönsaufen". So hässlich und gemein, wie diese Person uns dann in der Erschöpfungsphase zwangsläufig vorkommt, ist sie Gott sei Dank nicht wirklich.

Alkohol betäubt die Sinne, wir hören und sehen vermindert. In der Erschöpfungsphase schmerzt uns dann das Tageslicht in den Augen, und alles ist zu laut, der Kopf dröhnt.

(- Mach das Radio aus!

- Aber es ist doch gar nicht an…)

Alkohol wirkt schmerzstillend (altes Piratenrezept: direkt vor der Amputation eine Flasche Rum). In der Erschöpfungsphase tut alles weh.

Und so weiter. Was immer uns der Alkohol in der Erregungsphase schenkt, gehört nicht wirklich uns, wir können es nicht behalten. Hingegen wird es uns in der Erschöpfungsphase umgehend wieder weggenommen, mit Zinsen. Diese Gesetzmäßigkeit gilt auch für alle anderen Räusche. Wenn ich wissen will, wie die Erschöpfungsphase sein wird, brauche ich nur auf die Erregungsphase zu achten. Davon das Gegenteil, nur länger – so wird die Erschöpfungsphase sein. Im Grunde brauchten wir nur zu warten, bis es vorbei ist. Aber wir erleben nicht nur die schöne Erregungsphase ich-synton (das heißt, wir halten die emotionalen Veränderungen für unser eigenes Gefühl), sondern halten auch die emotionalen Veränderungen der Erschöpfungsphase für ganz real. Wir nämlich erleben nicht: Ich bin in einer Rausch-Erschöpfungsphase, deswegen erscheint mir alles so negativ, sondern: Es ist alles ganz furchtbar. Deswegen fällt es uns schwer, das Ausklingen dieser Phase bewusst zu registrieren.

„Alkohol konserviert alles, ausgenommen Würde und Geheimnisse."
  -Robert Lembke

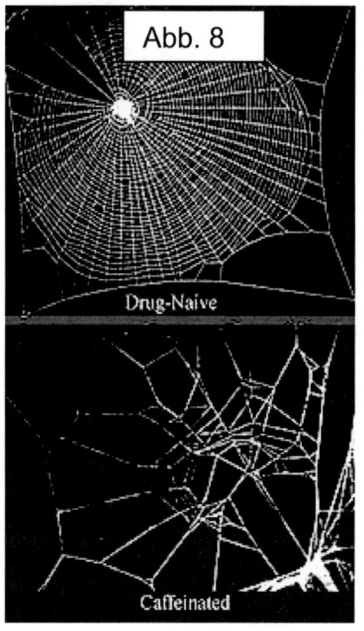
Abb. 8
Drug-Naive
Caffeinated

5.4.2. Koffein (Coffein) kommt in einigen Pflanzen vor, wie in den Früchten bzw. Knospen der Kaffeepflanze, der Teepflanze, der Guaranapflanze, des Kakaobaumes und des Colastrauchs, als natürliches Insektizid. Es ist die weltweit beliebteste psychoaktive Droge. In einer Tasse Kaffee sind 50-100 mg davon enthalten, die etwa 20-30 Minuten nach Einnahme zu wirken beginnen und nach 1 - 1½ Stunden ihre maximale Anreicherung im Blut erreichen. Die Wirkungsdauer beträgt etwa 5 Stunden, bei schnellem Stoffwechsel (z.B. bei Rauchern) auch deutlich weniger.

Koffein wirkt auf das zentrale Nervensystem, regt die Herztätigkeit an, steigert

117

die Körpertemperatur und den Blutdruck, erweitert die Blutgefäße. Es stimuliert Verdauung sowie Muskeltätigkeit. Es wirkt (meistens) dem Schlaf entgegen. Aufmerksamkeit und Konzentrationsfähigkeit nehmen zu. Das psychomotorische Tempo wird erhöht, allerdings tendenziell auf Kosten der Genauigkeit und Koordination (das nennt man Hektik. Schön anschaulich sind die Bilder von Spinnennetzen, die von Spinnen unter Koffeineinfluss hergestellt wurden, im Vergleich zu „nüchternen" Spinnen, Abb. 8). Die Stimmung wird leicht euphorisiert, d.h. angehoben. Der Antrieb steigt, wir bekommen Lust, etwas zu tun – insbesondere zu reden. Gedächtniskapazität und Merkfähigkeit werden verbessert. Die Wandspannung der Hirngefäße wird erhöht. Koffein wirkt leicht schmerzlindernd. Es handelt sich also um ein Stimulans mit breiter Wirkung, das überall leicht eingenommen werden kann und dabei relativ sicher ist: Die tödliche Dosis für Menschen wird mit 10 g angegeben, das entspricht etwa 100 Tassen starkem Kaffee. Wirksam ist aber schon eine Tasse. So etwas nennt man: große therapeutische Breite.

„Trink Kaffee! Tue dumme Dinge schneller und mit mehr Energie!"
-unbekannte Quelle

Macht Koffein süchtig? Diese Frage wird in der wissenschaftlichen Literatur unterschiedlich beantwortet, mit der Tendenz zu einer kritischeren Einschätzung in den letzten Jahren. Es bewirkt auf jeden Fall einen Rausch, mit allen drei Phasen:

Die erwünschte, überwiegend positive Wirkung tritt in der Erregungsphase ein und dauert bis zum Erreichen der maximalen Wirkung etwa 1 - 1½ Stunden. Dann, in der Anpassungsphase, überwiegt der Abbau durch den Stoffwechsel. Die organischen Wirkungen sind noch spürbar, aber rückläufig. Die Stimmung lässt wieder nach. Nach 2-5 Stunden ist der Wirkstoff abgebaut, und die Erschöpfungsphase setzt ein, mit dem Gegenteil all der angenehmen Wirkungen, die oben beschrieben wurden. Wir brauchen nur einzusetzen: Statt angeregter Herztätigkeit hängt die Pumpe eher durch. Blutdruck und Körpertemperatur sinken ab. Wir sind schlapp und frieren. Statt wach und aufmerksam sind wir müde und wenig aufnahmebereit. Statt beschleunigter Darmperistaltik tut sich im Bauch nicht viel. Die Stimmung wechselt von leicht euphorisch in Richtung Depression. Von Hektik keine Spur mehr, eher eine Energiekrise. Statt Arbeitsfreude erleben wir Arbeitslast. Statt redselig werden wir eher schweigsam, es fällt uns auch nicht mehr so viel ein, da der Gedächtnisspeicher weniger Energie erhält. Und im Kopf entsteht ein unangenehmes Gefühl, zunächst diffus, jedoch manchmal ein richtiger Kopfschmerz. Dieser Zustand tritt spätestens 24 Stunden nach der letzten Koffeinzufuhr ein, ist ein bis zwei Tage stark und klingt dann allmählich ab, geht nach einer Woche meistens vorbei. Dann ist der Koffeinrausch wirklich vorüber.

Nach unserem Modell dürften wir, wenn wir eine Abhängigkeit vermeiden wollen, theoretisch erst dann wieder Kaffee trinken! Das ist offensichtlich unrealistisch, Kaffeetrinker trinken jeden Tag Kaffee. Besonders die erste Tasse am Morgen wird von vielen Menschen als geradezu rettend erlebt, nach der schlafbedingten Koffeinabstinenz der vorangegangenen Nacht. Sonst droht eine tagelang anhaltende Erschöpfungsphase. Gegen morgendliche Kopfschmerzen halten die Apotheken Schmerztabletten bereit, von denen viele 50 mg Koffein enthalten, so ein Glück. Wenn der Kaffeevorrat verbraucht ist, bekommt man vielleicht dort etwas. Kaffeetrinker versuchen häufig, ihren Koffeinspiegel möglichst konstant zu halten. Zu Überdosierungen kommt es selten, da ein zu hoher Koffeinspiegel eher unangenehm erlebt wird. Dann treten Unruhezustände, Schlafstörungen und emotionale Reizbarkeit auf, unangenehme Körperempfindungen machen sich breit. Jeder Kaffeetrinker kennt seine Dosis und meidet Über- sowie Unterdosierung. Kontrollverluste mit Neigung zu übermäßiger Einnahme, wie man sie bei Alkohol und einigen illegalen Drogen beobachten kann, kommen selten vor, am ehesten bei noch unerfahrenen Benutzern. Da Koffein leicht verfügbar, relativ billig und einigermaßen ungefährlich ist, keine dauerhaften Persönlichkeitsveränderungen hinterlässt und die Produktivität der Industriegesellschaft nicht einschränkt, wird die Koffeinabhängigkeit, obwohl sie offenkundig häufig vorkommt, nicht öffentlich problematisiert. Aber angenommen, es gäbe über Nacht keinen Kaffee mehr, würde sich der Krankenstand in den Betrieben schlagartig für einige Tage erhöhen.

Wie stark der Suchtdruck einer Droge ist, erkennt man daran, zu welchen Taten der Benutzer gegebenenfalls bereit ist, um den Erschöpfungs- bzw. Entzugszustand der Droge zu beenden. Wegen Kaffee wird man vermutlich kein Verbrechen oder Selbstmord begehen, oder soziale Deklassierung hinnehmen. Wenn es die Gesundheit erfordert, können wir notfalls auf Koffein verzichten. Wir werden dann allenfalls vorübergehend etwas schwierig im Umgang. Aber insbesondere das gemeinschaftliche Kaffeetrinken ist hoch ritualisiert und erfüllt ein wichtiges soziales Bedürfnis. Wir erzählen uns etwas und arbeiten dann weiter.

Der Öffentlichkeit ist die Besteuerung von Kaffee nicht sonderlich bewusst, obwohl die Steuer relativ hoch ist: 2,19 Euro je Kilogramm Röstkaffe und für löslichen Kaffee 4,78 Euro je Kilogramm. Diese Steuer kann auch nicht, wie bei stärkeren Süchten, etwa Nikotin oder Alkohol, nahezu beliebig erhöht werden, weil die Verbraucher dann den Konsum reduzieren würden. So wurde 1953 die bis dahin sehr hohe Kaffeesteuer (10 DM/kg) auf 3 DM/kg reduziert, vor allem, um dem Schmuggel an den Grenzen entgegenzuwirken. Diese Steuersenkung führte zu einer so starken Verbrauchssteigerung, dass bereits ein Jahr später die Steuereinnahmen aus der Kaffeesteuer höher waren als zuvor. Dies demonstriert das relativ mäßige Suchtpotenzial des Koffeins.

Die Jungen Liberalen beschlossen auf ihrem 12. Bundeskongress am 1. März 1996, die Abschaffung der Kaffeesteuer anzustreben. Bestimmt wurde auf diesem Kongress viel Kaffee getrunken!

5.4.3. Kokain, die wilde Schwester des Koffeins.

„Die psychische Wirkung des Kokains in Dosen von 0,05 bis 0,10 Gramm besteht in einer Aufheiterung und anhaltenden Euphorie, die sich von der normalen Euphorie des gesunden Menschen in gar nichts unterscheidet. Es fehlt gänzlich das Alterationsgefühl, das die Aufheiterung durch Alkohol begleitet, es fehlt auch der für die Alkoholwirkung charakteristische Drang zur sofortigen Betätigung. Man fühlt eine Zunahme der Selbstbeherrschung, fühlt sich lebenskräftiger und arbeitsfähiger; aber wenn man arbeitet, vermisst man auch die durch Alkohol, Tee oder Kaffee hervorgerufene edle Excitation und Steigerung der geistigen Kräfte. Man ist eben einfach normal und hat bald Mühe, sich zu glauben, dass man unter irgendwelcher Einwirkung steht.“
-Sigmund Freud (1856-1939), im Jahr 1884

„Man ist eben einfach normal". Na also! Geht doch! Warum nicht gleich!

Was dem für sein analytisches Denken und seine Beobachtungsgabe berühmten *Sigmund Freud* da passierte (er war noch unter 30), hat er später sicher anders gesehen. Ein Rauschmittel, das auf den ersten Blick gar keinen Rausch erzeugt! Man fühlt sich einfach nur besser, aber alles erscheint total normal. Scheinbar keine Nebenwirkungen! Er erwähnt nicht eine für die Erregungsphase des Kokains typische

Steigerung des Selbstbewusstseins (Überlegenheitsgefühle), des Mutes, der Risikobereitschaft, der sexuellen Aktivität. Möglicherweise hat er es verdrängt oder für die „normale Euphorie des gesunden Menschen" (köstliche Formulierung!) gehalten.

Weniger analytisch als Freud, aber anschaulicher führt Charly Chaplin in seinem Film „Moderne Zeiten" (1936) das Kokain vor. Die Hauptfigur sitzt wieder einmal im Gefängnis, wegen Landstreicherei. Im Gefängnis wird Kokain geschmuggelt, und zwar in einem unscheinbaren Salzstreuer. Charly Chaplin weiß nichts davon. Er sitzt beim Mittagessen, dabei gerät natürlich genau dieser Salzstreuer in seine Hände, und er streut vom vermeintlichen Salz reichlich auf sein Essen und nimmt einige so gewürzte Bissen zu sich. Sofort gerät er sehr ausdrucksvoll in einen überwachen, überaktiven Zustand. Es fügt sich, dass gleichzeitig eine Bande von richtig schweren Jungs einem Wärter die Pistole abgenommen hat und einen Ausbruchsversuch startet. Chaplin reagiert sofort und vereitelt auf grandiose Weise diesen Ausbruch, unbewaffnet und körperlich weit unterlegen, allein durch enormen Mut und Einfallsreichtum, scheinbar ohne sich sonderlich anzustrengen – man muss es sehen. Er weicht sogar Revolverkugeln aus! Dafür wird er dann vorzeitig wegen guter Führung entlassen.

Das Suchtpotential von Rauschmitteln wird und wurde häufig krass unterschätzt. Beim Kokain hat es lange gedauert. Es ist unter seinem Namen seit 1860 als aktives Alkaloid des Coca-Strauchs bekannt. Die erste Rezeptur von Coca-Cola enthielt bis 1906 einen Extrakt aus Cocablättern (und erhielt so seinen Namen). In einem Liter Coca-Cola steckten rund 250 Milligramm Kokain (man beachte: In dem Freud-Zitat oben ist von bereits 50-100 mg als wirksame Dosis die Rede!). Da brauchte man kaum Werbung. Inzwischen sind zwar noch immer Inhaltsstoffe des Coca-Strauchs im Coca-Cola, aber keine Alkaloide mehr. Schade, war alles so schön normal. Dafür ist die Werbung aufwändiger geworden.

Unsere Wahrnehmung von Suchtgefahren hat sich allgemein in den letzten Jahren und Jahrzehnten stark verändert. Man erinnere sich, wie lange es gedauert hat, das enorme Suchtpotential des Nikotins anzuerkennen! Jetzt sieht es jeder. Auch hinsichtlich Alkohol und gewisser Medikamente hat sich das „allgemeine Bewusstsein", wenn man es einmal so nennen möchte, weiterentwickelt. Ein eindrucksvoller Fall war z.B. die Einführung des Heroins, das von Bayer/Leverkusen 1898 als Husten- und Schmerzmittel zur oralen Einnahme auf den Markt gebracht und bis 1931 produziert wurde. Das Verbot kam in Deutschland erst 1971, nachdem sein extremes Suchtpotential schon sehr lange bekannt war. Dazu später mehr. Und was das Suchtpotential von Psychopharmaka betrifft, ist die Diskussion noch nicht abgeschlossen. Die herstellende Industrie und ihre Agenturen haben eine ehrwürdige Tradition von Problemverleugnung.

Es folgen einige Angaben zu den für unser Modell wichtigen Eigenschaften des Kokains, insbesondere der Pharmakodynamik:

Geraucht wirkt es innerhalb von 8-10 Sekunden, für 5-10 Minuten. Durch die Nase gezogen (die beliebteste Einnahmeform) wirkt es nach 2-3 Minuten, die Wirkung hält 30-45 Minuten an. Intravenös wirkt es nach 30-45 Sekunden, für 10-20 Minuten. Oral eingenommen, tritt die Wirkung nach 10-30 Minuten ein und dauert 30-45 Minuten. Charly Chaplin hat also ein wenig übertrieben, was die Schnelligkeit der Wirkung bei oraler Einnahme betrifft. Aber seine Charakterisierung der Erregungsphase war korrekt.

Die Dosierung hat schon Freud oben angegeben. Lebensbedrohlich sind Dosierungen von 1,2 bis 1,4 Gramm, geschnupft, oder 0,75 bis 0,8 Gramm gespritzt – also ungefähr das 20fache der wirksamen Dosis. Das ist gefährlicher als beim Koffein, aber immerhin noch ein besserer Sicherheitsspielraum, als ihn manche rezeptfreien Medikamente haben. Allerdings entsteht eine zusätzliche Gefahr beim Kokain durch seine Tendenz, Kontrollverluste auszulösen. Es gibt kein automatisches Gefühl für „genug", wie etwa beim Kaffee, sondern einen starken Drang, mehr und mehr einzunehmen. Schluss ist, wenn nichts mehr da ist. So können relativ hohe Dosierungen entstehen. Kokainbedingte Todesfälle sind jedoch vergleichsweise selten.

Wie die Kokain-Erregungsphase erlebt wird, wurde bereits angedeutet. Eine durchschnittliche Dosis von 20 bis 50 Milligramm führt schnell zu einem gesteigertem Rededrang, größerer allgemeiner Leistungsfähigkeit, erhöhtem Selbstwertgefühl, Euphorie, Bewegungsdrang, verbesserter Konzentration und Wachheit sowie einer Absenkung der sexuellen und sozialen Hemmungen, bei einem verminderten Hungergefühl. Jetzt wissen wir auch, wie sich mit Notwendigkeit die Erschöpfungsphase anfühlen wird, die schon nach einer ¾ Stunde beginnen kann, nämlich: Statt Euphorie herrscht Depression. Statt unbesiegbar und stark kommen wir uns verletzbar und schwach vor. Statt lauter guter Ideen fällt uns überhaupt nichts mehr ein. Statt geborgen in der Mitte einer wunderbaren „Normalität" fühlen wir uns allein und schutzlos. Statt Tatkraft und Kreativität herrschen Ratlosigkeit und erdrückende Gewöhnlichkeit. Da Kokain nur bei lokaler Betäubung eine schmerzstillende Wirkung hat, stehen Schmerzen auch nicht im Vordergrund der Erschöpfungsphase. Aber statt Heldenmut herrscht panische Angst, oft verbunden mit paranoiden Wahnideen. Es kann zu einer Psychose kommen, typischerweise mit extremer Angst. Der Betroffene glaubt dann häufig, dass unter seiner Haut Insekten krabbeln. Diese Störung kann chronisch werden. Die Phantasie reicht nicht aus, sich das Ausmaß an derartigen Ängsten vorzustellen, genauso wenig wie man sich den übersteigerten Mut der Erregungsphase vorstellen kann.

Statt sexueller Ansprechbarkeit tritt das Gegenteil davon ein, wie immer man es nennen möchte. Und, und, und. Insgesamt ein sehr erbärmlicher Zustand, den man vorerst mühelos mit erneuter Einnahme von Kokain beenden könnte. Irgendwie kommt man nicht auf die Idee, das Abklingen der Erschöpfungsphase abzuwarten, sondern eher auf Ideen, wie man Nachschub bekommt. Kokain macht süchtig. Besonders gefährdet sind Menschen im Show-Business, aber auch solche, die ihr Leben der Gesundheit und Normalität verschrieben haben (Freud!), Menschen in Stressberufen, die nach außen hin meist gut integriert sind. Niemand mehr hält heute Kokain für harmlos, dennoch nimmt der Konsum zu.

Zu behaupten, es handle sich vorrangig „nur" um eine „psychische Abhängigkeit" ist irreführend. Die emotionalen Störungen, die solche Drogen hervorrufen, sind oft schwerer zu ertragen als rein körperliche Schmerzen oder Missempfindungen, welche erst durch die Angst unerträglich werden. Jede körperliche Abhängigkeit betrifft auch die Psyche, jede psychische Abhängigkeit hat Auswirkungen auf den Körper. Das „nur psychisch" stammt noch aus der traditionellen Geringschätzung psychischer Vorgänge in der Medizin unserer Kultur. Außerdem wird man, wenn man genauer hinschaut, bei „nur psychischen" Vorgängen auch beschreibbare körperliche Korrelate (Begleiterscheinungen, nicht gleich Ursachen!) finden. Die Psychoneurologie macht große Fortschritte darin, solche Dinge zu beschreiben.

5.4.4. Nikotin ist, wie Koffein und Kokain, ebenfalls ein pflanzliches Alkaloid, das die Tabakpflanze *(Tabacum nicotiana)* herstellt, um sich vor Insekten zu schützen. Benachbarte Tabakpflanzen kommunizieren miteinander über Duftstoffe. Wenn eine Pflanze von Insekten befallen wird, erhöhen die benachbarten Pflanzen ihre Bereitschaft, Nikotin herzustellen. Die Insekten haben Respekt vor dem extrem giftigen Nikotin und lassen die Pflanze dann in Ruhe – aber der größte „Fressfeind" der Pflanze ist genau hinter diesem Gift her: der Mensch. Die Pflanze wurde mit der Entdeckung Amerikas in Europa bekannt. Wenn man von

5.4.4.1. „Montezumas Rache" spricht, meint man heute meistens eine gutartige Form von Durchfall, wie er manchmal auf Reisen auftritt. Sie wird nach dem Aztekenherrscher Montezuma II. benannt, dessen Fehleinschätzung des Charakters der spanischen Eroberer unter Hernán Cortés sein ganzes Volk ins Verderben stürzte – dabei wäre es theoretisch so leicht vermeidbar gewesen! Die dramatische Bezeichnung Montezumas Rache hätte eigentlich eher die Tabakpflanze verdient, deren Nutzung bis heute sicher ein Vielfaches von Todesopfern gefordert hat als damals die grausame Conquista in Amerika. Und es ist noch lange nicht zu Ende! Die Rache wäre äußerst erfolgreich. Die Zahl der Indianer, die direkt durch die Konquistadoren oder indirekt durch Hungersnöte oder aus Europa eingeschleppte Krankheiten umkamen, wird auf ca. 50 Millionen geschätzt. Da musste schon eine sehr wirksame Rache her!

Von allen Suchtmitteln ist das Nikotin das weltweit tödlichste. Genauso, wie Montezuma sich in der Gefährlichkeit der Konquistadoren täuschte, so täuscht sich jeder einzelne Raucher im Charakter des Nikotins. Bis er merkt, was er getan hat, nämlich eine der stärksten bekannten Süchte ohne Not herauszufordern, ist es im Allgemeinen zu spät, und er kann nicht mehr aufhören, muss jahrzehntelang rauchen, versucht immer wieder aufzuhören, bis er es endlich schafft – oder auch nicht. Starke Raucher verkürzen ihr Leben durchschnittlich ungefähr um 10 Jahre.

Wie macht das Nikotin das? Was kann es, was so toll ist, dass wir davon nicht mehr loskommen? Auf den ersten Blick ist das nicht leicht erkennbar. Aber wenden wir unser Phasen-Modell an!

Die Wirkung des Nikotins in der Erregungsphase tritt extrem schnell ein, wenn der Tabakrauch inhaliert wird, in weniger als 10 Sekunden. Es wirkt auf einen Rezeptortyp im Nervensystem, der für die Steuerung vieler Vorgänge zuständig ist, dadurch geschehen mehrere Dinge gleichzeitig. Hormone werden ausgeschüttet; der Puls wird beschleunigt, der Blutdruck erhöht. Die Magensaftproduktion und Darmmotorik werden erhöht, die Wasserausscheidung gefördert. Für uns ist aber die psychische Wirkung entscheidend: Eine Steigerung der psychomotorischen Leistungsfähigkeit sowie der Aufmerksamkeits- und Gedächtnisleistung. Der Appetit wird geringer.

5.4.4.2. Cheeta

Das Wichtigste aber ist die schnelle Aktivierung des Belohnungszentrums, ausgelöst anscheinend hauptsächlich durch Ausschüttung des Neurotransmitters Dopamin. Das kennzeichnet den Nikotin-Rauschzustand. In der Folge entsteht ein schwer zu beschreibendes Belohnungsgefühl. Es ist, als würde man sich selbst auf die Schulter klopfen: gut gemacht, jetzt bekommst du etwas. So etwas fühlen wir normalerweise nur, wenn wir etwas „richtig" getan haben. Das Belohnungszentrum spielt eine entscheidende Rolle für unsere Entwicklung, weil es Lernvorgänge verstärkt, nämlich dadurch, dass es uns auf einer Gefühlsebene signalisiert: das war richtig, das war falsch. Wir lieben das Gefühl: das war richtig. Es hat nichts mit Moral zu tun. Tiere lernen genauso. Deswegen gibt es auch Tiere, die Nikotin mögen: Vom ältesten Affen der Welt, Cheeta (bekannt durch die Tarzan-Filme), der 2008 seinen 76sten Geburtstag feierte, weiß man, dass er (Cheeta ist trotz weiblichem Namen ein Männchen!) gerne geraucht hat. In den letzten Jahren hat er sich das abgewöhnen müssen, wegen Diabetes. Cheeta lebt mit seinem Betreuer in Palm Springs, Kalifornien, wo viele alternde Hollywood-Stars ihren Lebensabend verbringen. Cheeta hat richtig cool geraucht, das war einmal in einem Fernsehbericht zu sehen. Er hat keineswegs nur rauchende Menschen „nachgeäfft", sondern hatte erkennbar ein befriedigendes Erlebnis – nämlich dieses Belohnungsgefühl. Man muss dafür noch nicht einmal ein Mensch sein! So tief ist dieser Mechanismus in uns angelegt, viel älter als unser Verstand. Vielleicht hat Cheeta am Anfang seiner Raucherkarriere seine menschlichen Bezugspersonen als Vorbild genommen, aber rauchen konnte er dann allein. Nur beim Abgewöhnen musste er vermutlich Hilfe durch seinen Betreuer/Pfleger in

Anspruch nehmen. Der Nikotin-Entzug ist schon für intelligenzbegabte Menschen schwer zu ertragen!

Was Cheetas Alter betrifft, gab es übrigens 2008 Presseberichte, nach welchen es sich um unseriöse Machenschaften handeln soll; in Wirklichkeit werden Schimpansen nicht annähernd so alt (schon gar nicht, wenn sie rauchen).

Dadurch, dass Nikotin so extrem giftig ist, gibt der Körper sich größte Mühe, es schnell abzubauen. Es kommt deswegen meistens zu keiner Kumulation des Wirkstoffes durch Rauchen (eher durch versehentliches Verschlucken von Tabak, wie es bei kleinen Kindern vorkommen kann). Die Abbauprodukte, insbesondere das Cotinin, können aber noch tagelang nachgewiesen werden. Im Tierexperiment mit Cotinin zeigten Mäuse bei oraler Gabe Schläfrigkeit und gedämpftes Verhalten, bei höheren Dosen starke Aufgeregtheit und Atemnot. Raucher geraten in die Anpassungsphase, während die Zigarette noch brennt! Man kann das Absinken des Belohnungsgefühls noch 2-3 mal aufhalten, durch weitere Züge an der Zigarette, aber eigentlich ist es schon vorbei. Alkohol kann übrigens die für Nikotin empfänglichen Rezeptoren blockieren. Deswegen wird unter Alkoholeinfluss häufig mehr und in kürzeren Abständen geraucht, um das gleiche Maß an „Entspannung" zu erreichen, d.h. das Gefühl, es ist alles in Ordnung. Raucher sind nicht wirklich entspannter als Nichtraucher, oder ruhiger, obwohl sie häufig sagen, dass das Rauchen sie beruhigt. Aber Nikotin ist kein Beruhigungsmittel.

Die Anpassungsphase, in der nicht mehr das Belohnungsgefühl ausgelöst wird, jedoch noch keine Negativ-Symptome auftreten, ist relativ kurz und variiert mit dem Ausmaß der Abhängigkeit. Erfahrungsgemäß kann man von einem Raucher eine Stunde Rauchverzicht verlangen, ehe er beginnt, emotional zu dekompensieren. Dann kommt er nämlich

5.4.4.3. in die Raucherhölle, mit zunächst wenigen äußeren Symptomen. Dass sich die Darmtätigkeit vermindert, bemerkt die betroffene Person vielleicht zunächst gar nicht. Dem Beobachter wird eher eine zunehmende Ruhelosigkeit auffallen, gepaart mit verminderter emotionaler Belastbarkeit. Alles ist auf einmal langweilig, nichts macht mehr richtig Spaß. Wenn der Raucher sich gut im Griff hat, kann er dies vielleicht verbergen. Oder wenn die Situation, in der er sich befindet, das Rauchen einfach nicht zulässt. Dazu genügt nicht, dass kein Aschenbecher da ist. Es muss schon klare Übereinkunft herrschen, wie etwa in der Kirche, beim Elternabend, oder bei intensivem Gasgeruch... Aber es wird höchstens vorübergehend vergessen und dem Raucher wieder einfallen, sobald sich der Schimmer einer Gelegenheit bietet. Sonst organisiert er eine Pause. Das Gegenteil eines Belohnungsgefühls ist sozusagen ein Bestrafungsgefühl. Das Gehirn hat sich auf den Überschuss an belohnenden Impulsen eingestellt - jetzt genügen das natürliche Dopamin und die anderen Neurotransmitter nicht mehr, um im Gleichgewicht zu bleiben. Wir haben dann das Gefühl, dass sich nichts im Grunde wirklich lohnt, dass nur andere von unseren Anstrengungen profitieren, dass alles sinnlos ist oder zumindest keinen Spaß macht. Wir fühlen uns, als hätten wir total versagt, obwohl wir gar nichts falsch gemacht haben (außer mit dem Rauchen zu beginnen). Ängste, Kopfschmerzen (wegen schlaffer Gefäßwände im Kopf), eine gesteigerte Reizbarkeit mit häufigen Ärger- und Wutanzeichen, aber auch Depressionen bestimmen zunehmend das Bild in den nächsten 72 Stunden. Eine neuere psychologische Untersuchung zeigt, dass die Selbstmordbereitschaft bei regelmäßigen Rauchern etwa vervierfacht ist! Kreislauf und Blutdruck sowie Gedächtnis und Konzentrationsfähigkeit lassen nach. Die körperlichen Entzugserscheinungen klingen nach 1-2 Wochen langsam ab, mental kann es länger dauern. Zudem muss sich die nervliche Steuerung des Magen-Darm-Trakts restaurieren. Wir haben mehr Hunger, es schmeckt besser und die Speisen bleiben auch noch länger im Darm. Wo das hinführt, weiß jeder Raucher. Und das kann viele Monate dauern.

5.4.4.4. ...und wieder hinaus.

Unser Denken spielt noch immer eine große Rolle. Wenn ich denke, ich könnte den beschriebenen Zustand schnell, leicht und sicher durch eine Zigarette beenden, an die ich leicht herankommen kann, dann wird mein Handeln in diese Richtung gehen und mein Geist wird sich etwas dazu einfallen lassen, schlau wie er ist. Alles andere macht sowieso keinen Spaß mehr. Die wesentlichen Nikotin-Negativsymptome oder Entzugserscheinungen finden emotional statt, und wir wissen, dass unser Geist einen starken Einfluss auf unsere Emotionen hat. Wenn wir geistig akzeptiert haben, dass wir uns nicht von den Entzugserscheinungen leiten lassen, sondern das Rauchen aufgeben und eine Weile den Entzug aushalten wollen, dann ist das möglich.

Menschen sind oft überrascht, wie leicht es geht, wenn der richtige Zeitpunkt dafür gekommen ist. Der Geist muss uns helfen! Der Körper kann das nicht allein. Aber der Geist ist ein ziemlich abgebrühter Halunke. Er muss erst lernen, seine eigenen Tricks zu durchschauen, das kann Jahre und Jahrzehnte dauern, ist aber grundsätzlich möglich. Der Geist ist stolz; er mag nicht zugeben, dass ein kleines Insektengift-Molekül eine derartige Macht über ihn ausübt. Er kann sich auch nicht vorstellen, wie es ist, wieder frei von dieser Abhängigkeit zu sein – wir erinnern uns, Gefühle lassen sich nicht vollständig speichern, und Freiheit ist ein Gefühl.

Wir fühlen uns frei, wenn wir unseren Gefühlen folgen können und nicht von der Außenwelt dirigiert werden, deswegen suchen wir solche Situationen z.B. im Urlaub, wo wir den Zwängen der Arbeitswelt und der Gemeinschaft entrinnen können. Die Tabakwerbung, wo sie noch erlaubt ist, spielt mit diesem Gefühl. Wir lieben die Freiheit, sie ist wichtig, weil wir uns „instinktiv" immer wieder nach unseren Gefühlen richten müssen, um nicht verloren zu gehen. Wir müssen an die „Richtigkeit" unserer Gefühle glauben. Jeder weiß irgendwie: höre auf dein Gefühl, lass' dir nichts einreden. Doch für einen Raucher kehrt sich das Ganze auf einmal gegen ihn: Er fühlt das Verlangen nach Nikotin, und die wohlmeinende Außenwelt will ihn davon trennen! Das ist das Perfide an der Sucht, dass sie unseren wichtigsten Orientierungsmechanismus, die Fähigkeit zu fühlen, benutzt, um uns Verderben zu bringen. Das will uns lange nicht in den Kopf. Wenn es verstanden wurde, kann sich ein Mensch befreien. Bis das Gehirn die Sucht wirklich überwunden hat, können noch lange nach Abklingen der akuten Nikotin-Entzugserscheinungen immer wieder wie aus heiterem Himmel Sucht-Impulse auftreten – besonders dann, wenn man sich davor sicher fühlt. Manchmal unter dem Deckmantel von Liebe zu Freiheit und Abenteuer! Es muss also wirklich etwas verstanden werden, mit Gefühl. Es ist akzeptabel, die Freiheit zu lieben, und es ist ehrenhaft, für die Freiheit zu kämpfen und sich notfalls zu opfern – aber doch nicht für eine Sucht!

Immerhin, es ist zu schaffen, wenngleich nicht leicht. Ein Erfolg gelingt häufig erst nach mehreren Fehlschlägen, von denen jeder einen manchmal um Jahre zurückwirft. Viele Raucher wollen aufhören zu rauchen, aber jeder muss sich der eigenen Sucht stellen und die Herausforderung ganz allein und persönlich annehmen. Dann kann man ihm helfen. Wer aufhört zu rauchen, ist ein Held, weil er aus freien Stücken mit geistigen Mitteln, mit Mut und Erfahrung, durch eine sehr schwierige emotionale Turbulenzzone fährt. Hinterher ist man sehr, sehr stolz und froh, und dies zu Recht. Man lässt sich endlich nicht mehr von einem schäbigen Insektenvernichtungsmittel Gefühle machen.

5.4.5. Heroin ist das gefährlichste Rauschmittel, wenn man nicht auf die Statistik der großen Zahlen schaut. Da ist das Nikotin die tödlichste Droge, allein durch seine enorme Verbreitung auf der ganzen Welt, und es ist legal, im Gegensatz zum Heroin. Aber in seiner individuellen Vernichtungskraft ist das Heroin noch immer ungeschlagen. Hinsichtlich des Suchtpotenzials wird Heroin zwar von Crack (einer inhalierbaren Form von Kokain) übertroffen und ist mit dem Nikotin vergleichbar, doch dadurch, dass es üblicherweise in die Vene injiziert wird, ist das gesundheitliche Risiko höher (wegen Infektionsgefahr, Dosierungsunsicherheit und/oder problematischen Beimengungen).

Heroin ist ein Betäubungsmittel, das aus dem Morphin des Schlafmohns hergestellt wird. Es wurde zu Beginn des 20. Jahrhunderts als oral einzunehmendes Husten- und Schmerzmittel vermarktet, sowie für eine Reihe von anderen Indikationen, als „nicht süchtigmachendes Medikament". Insbesondere glaubte man, ein Mittel gegen die Opium- und Morphinsucht gefunden zu haben. Dann stellte sich heraus, dass die rauscherzeugende Wirkung durch Injektion in die Blutbahn vervielfacht werden konnte. Dies etablierte sich schnell als häufigste Form des Missbrauchs. Bei oraler Einnahme treten keine vergleichbaren Rausch- und Abhängigkeitszustände auf.

Was kann denn das Heroin? Es ist schmerzlindernd, euphorisierend und schlaffördernd. Nach einem anfänglichen intensiv-angenehmen „Flash"-Erlebnis (Erregungsphase), das nur einige Sekunden dauert und von manchen Benutzern mit einem Orgasmus verglichen wird, tritt ein Gefühl von Wärme, Zufriedenheit und Geborgenheit ein. Alltägliche Sorgen weichen zurück, körperlicher und seelischer Schmerz verschwinden. Diese Wirkungen (Anpassungsphase) dauern nicht länger als etwa 6-8 Stunden an, dann setzt die Erschöpfungsphase ein, und 24 Stunden nach der letzten Einnahme kommt es zu massiven Entzugserscheinungen. Wie diese sein werden, können wir uns nach unserem Phasen-Modell ausrechnen: Da Heroin ein extrem starkes Schmerzmittel ist, stehen uns Schmerzen bevor. Heroin lähmt, wie alle Opiate, den Darm – dieser wird sich dafür jetzt im Übermaß unangenehm bemerkbar machen (Durchfälle; Darmkrämpfe). An Schlaf ist nicht zu denken. Gegen die innere Kälte ist kaum anzukommen. Das Bewusstsein wird von Gefühlen extremer Unzufriedenheit, Schutzlosigkeit und Verletzbarkeit dominiert. Statt Gelassenheit und Hochstimmung herrscht schwarze Depression und Weinerlichkeit. Die Alltagssorgen treten überwältigend hervor – zumal der Benutzer möglicherweise tatsächlich durch Vernachlässigung seiner alltäglichen Verpflichtungen, es ging ihm ja so gut, ein real unübersichtliches Maß an Alltagsproblemen vor sich herschiebt. Körperlicher und seelischer Schmerz können eine schwer vorstellbare Intensität erreichen, und nichts hilft – außer Heroin. Aber sogar dieses muss nun bereits höher (1½ - 2fach) dosiert werden, um die gleiche Wirkung zu wiederholen. Es wird richtig teuer! Mit dem normalen Einkommen ist diese Sucht (im Gegensatz zum Nikotin) schwer zu finanzieren, der Süchtige wird sich etwas einfallen lassen müssen. Der Preis ist zwar durch Steigerung der Produktion in den Ursprungsländern in den letzten Jahren gesunken, der Süchtige erreicht aber trotzdem schnell den Punkt, an dem die Kosten der Sucht ihn sozial destabilisieren.

Der Entzug dauert 1-2 Wochen, dann ist das Schlimmste vorbei. Die emotionalen Nachwirkungen können jedoch sehr viel länger dauern und auch nach Abklingen der körperlichen Entzugserscheinungen zu Rückfällen führen, ähnlich wie beim Nikotin.

5.4.6. Cannabis ist der lateinische Name für Hanf. Der Indische Hanf *(cannabis sativa)* enthält die Droge Tetrahydrocannabinol (THC). Hanf wird meistens in Form von Marihuana (getrocknete weibliche Blütenstände) oder Haschisch (das gepresste Harz der Pflanze) konsumiert. Es wird bevorzugt geraucht, kann aber auch gegessen werden. Cannabisprodukte sind die am häufigsten verwendeten illegalen Drogen in Deutschland. 2004 hatten laut Bundeszentrale für gesundheitliche Aufklärung 31% der 12- bis 25-Jährigen Erfahrungen mit Cannabis. Von den Erwachsenen (18-59) hatten 2003 immerhin 25% Erfahrungen (30% der Männer, 18% der Frauen). In der Schweiz liegen die Zahlen noch etwas höher. Die Höchstwerte im Verbrauch, die in den 1970er-Jahren verzeichnet wurden, als der Cannabiskonsum in der amerikanischen und europäischen Jugendkultur noch mehr rituelle und kultische Charakteristika aufwies (die „Hippie-Zeit"), werden deutlich übertroffen. Der Konsum wirkt heute weniger ritualisiert, sondern eher beiläufig, als eine Art Anti-Stress-Programm, beispielsweise um eine gewisse Perspektivlosigkeit und Trostlosigkeit der sozialen Umstände zu kompensieren.

> *„Wenn man von einem unerträglichen Druck loskommen will, so hat man Haschisch nötig"*
> -Friedrich Nietzsche (1844-1900), deutscher Philosoph, Essayist, Lyriker und Schriftsteller

Die Wissenschaft hat Probleme mit verlässlichen Aussagen über die Folgen von Cannabis-Konsum. THC ist kaum giftig, man kann sich damit anscheinend nicht umbringen. Dauerhafte Hirnschäden sind nicht gesichert; Cannabis scheint sogar eine gewisse Schutzfunktion vor degenerativen Störungen auf das Nervengewebe auszuüben. Darüber, ob Cannabis süchtig macht, wird immer wieder gestritten. Aber selbst überzeugte Cannabis-Benutzer fühlen Unbehagen bei der Vorstellung, dass ihre minderjährigen Kinder Haschisch rauchen. Das ist wohl einer der Gründe, warum Cannabis überall auf der Welt als illegale Droge gilt, mit gewissen Einschränkungen in den Niederlanden. Eine Initiative zur Freigabe von Cannabis in der Schweiz ist 2008 gescheitert.

Hanf gilt als anspruchslose Pflanze und wächst in weiten Teilen der Welt wild. Die Herstellung der Droge ist relativ einfach, man braucht kein Labor. Ein Verbot ist daher schwer durchzusetzen. Die Auseinandersetzung zwischen Befürwortern und Gegnern einer Cannabis-Legalisierung wird stark polarisiert und mit großem emotionalem Aufwand geführt.

Und was ist so toll an Cannabis? Worin bestehen die Gefahren?

Es wirkt nicht so unbedingt euphorisierend wie Heroin, schafft auch keine attraktiven Überlegenheitsgefühle und furchtlosen Tatendrang wie Kokain. Es verschiebt das Bewusstsein, das Denken wird sprunghafter, zerfahrener und assoziativer, d.h. weniger an Denkgewohnheiten gebunden. Die Wahrnehmungs- und Denkgewohnheiten werden gelockert. Beziehungen und Zusammenhänge zwischen Dingen und Ereignissen erscheinen, wo sie nüchtern nicht zu sehen waren. Sinneseindrücke, insbesondere Musik, werden intensiver erlebt. Es kann über die gesteigerte Sinnlichkeit aphrodisisch wirken. Die motorische Koordination und der Antrieb werden allerdings eher gehemmt („stoned"), was sexueller Aktivität letztlich entgegenwirkt. Der Puls ist erhöht, der Blutdruck gesenkt. Das Kommunikationsbedürfnis kann gesteigert oder vermindert sein. Cannabis kann euphorisieren, kann aber auch negative Affekte und paranoide Ängste verstärken. Kurzzeitgedächtnis und Konzentrationsfähigkeit sind vermindert.

Unter Cannabis erscheinen vertraute alltägliche Dinge neu oder ungewöhnlich, durch Lockerung der Assoziationen. Der Konsument hat den Eindruck, aus den Zwängen des Alltags herausgelöst zu sein. Dies kann ein Gefühl von Freiheit stimulieren, genausogut aber auch Unsicherheit und Angst auslösen.

In Kapitel 3 („Warum wir lachen...") wurde die Freude am Denken als etwas ursprünglich Lustvolles erwähnt. Ein ähnlicher Vorgang geschieht unter Cannabis. Allein die Lockerung der Denkgewohnheiten, durch die unser Denken tendenziell langweilig und entfremdet empfunden werden kann, kann ein Gefühl der Befreiung erzeugen und wird manchmal als Bewusstseinserweiterung empfunden. Alles hat auf einmal Bedeutung. Plötzlich ist sogar das Fernsehprogramm wieder richtig interessant. Auf einmal scheinen Ereignisse eine Tiefe und einen Sinn zu haben, der uns vorher wohl entgangen ist. Die Schrauben werden gelockert. Das kann natürlich für einen Menschen, der unter der mentalen Einöde unserer Industrie- und Mediengesellschaft leidet, eine große Versuchung bedeuten.

Dahinter steckt die bei Cannabis wie bei allen Halluzinogenen typische Wirkung auf das Gehirn. Neue Entdeckungen der Neuro-Psychologie zeigen, dass Halluzinogene die Integration des Erfahrungsspeichers in unsere Wahrnehmungsvorgänge stören. Mit anderen Worten: Von Geburt an versuchen wir, alles, was wir wahrnehmen, in ein möglichst stimmiges Bild der Wirklichkeit einzuordnen. Alles bekommt einen Namen und eine Bedeutung, das vereinfacht und beschleunigt unsere Orientierung. Es geschieht unbewusst, wir greifen ständig auf unseren Erfahrungsspeicher zurück. Wahrnehmung unter Umgehung dieses Erfahrungsspeichers ist schwer. Doch genau dies machen die Halluzinogene: Sie koppeln den Erfahrungsspeicher mehr oder weniger von den primären Wahrnehmungsvorgängen ab, so dass es auf einmal wieder möglich ist, Dinge zu sehen (oder zu hören usw., auch zu denken), als hätte man sie noch nicht gespeichert und archiviert. So nimmt ein Kleinkind wahr. Das hat natürlich seinen Reiz! Eine Vielfalt an Möglichkeiten entsteht, wie etwas zu verstehen sei. Beim kleinen Kind ist das natürlich. Es macht die sinnliche Erfahrung interessant und wichtig.

Wir Großen haben es dagegen manchmal schwer, mit den eigenen Augen zu sehen, mit den eigenen Ohren zu hören und mit dem eigenen Verstand zu denken. Alles ist durch Erfahrung in hohem Maße vorstrukturiert. Wenn man ein Sternbild kennt, ist es schwer, es NICHT so zu sehen, als wären die Hilfslinien wie im Schulatlas mit am Himmel eingezeichnet! Das kann unsere Wahrnehmung langweiliger machen, als sie in früheren Entwicklungsstadien war, aber es gibt uns gleichzeitig Stabilität, Schutz und Anpassungsfähigkeit. Das erklärt die Neigung zu paranoiden Ängsten unter Halluzinogen-Wirkung. Es ist nicht nur, dass der Konsum sozial geächtet ist, sondern wir sind tatsächlich in diesem Zustand in Gefahr und ein wenig hilflos. Das ist uns auch bewusst. Wenn jetzt jemand an der Tür klingelt oder etwas Unvorhergesehenes passiert, oder ein Polizeiwagen im Rückspiegel auftaucht, wären wir lieber ganz nüchtern. Noch wesentlich stärker als bei Cannabis wirkt dieser Effekt sich bei potenteren Halluzinogenen wie gewissen Pilzgiften und LSD (auch eigentlich ein Pilzgift!) aus.

Bis jetzt wurde die Cannabis-Wirkung in der Erregungsphase des Rausches beschrieben. Sie tritt bei Aufnahme über die Lunge (Rauchen; Inhalation) innerhalb weniger Minuten zu maximaler Blutkonzentration von THC. Die psychische Wirkung beginnt nach wenigen Sekunden, erreicht ein Maximum nach 15-30 Minuten und klingt über 1-2 Stunden ab (Anpassungsphase). Bei oraler Einnahme tritt die Wirkung verzögert nach 30-90 Minuten ein, erreicht das Maximum nach 2-3 Stunden und dauert 4-8 Stunden.

5.4.6.1. Amotivationssyndrom

Nach dem Abklingen der erwünschten Wirkung beginnt die Erschöpfungsphase, deren Charakteristik wir nun vorhersagen können:

Das eigene Denken und die Wahrnehmung der Außenwelt erscheinen langweiliger, zwangsläufiger, unattraktiver und uninteressanter als sonst. Die Zwänge und Anforderungen des Alltags kommen noch auswegloser als gewöhnlich daher. Musik wirkt flach, die Kommunikation wenig lohnend. Auch das, was sonst interessant sein könnte, etwa Unterhaltung im Fernsehen, wird den Cannabisbenutzer vor allem daran erinnern, dass es mit seiner Droge viel interessanter wäre. Es ist alles entsetzlich bedeutungslos. Statt einer Bewusstseinserweiterung wird eine Bewusstseinseinengung erlebt. Der Konsument erscheint reizbar, stimmungslabil und vermindert belastbar.

Zwar kann Cannabis auch unangenehme Gefühle auslösen, aber ein gewohnheitlicher häufigerer Konsum wird sich nur entwickeln, wenn der Benutzer zuverlässig euphorisiert wird. So entsteht in der Erschöpfungsphase ein durchgehendes Gefühl von Langeweile und geistig-sinnlicher Öde, das die Möglichkeiten unseres Belohnungssystems, welches als Regulans hinter unserer Motivation steht, einschränkt. Es herrscht eine depressive Stimmungslage vor. Da der Droge zudem schmerzlindernde Eigenschaften nachgesagt werden, kann der Konsument bei Entzug auch schmerzempfindlich und wehleidig werden. Die Abbauprodukte von Cannabis bleiben noch viele Tage im Körper, sind zwar nicht psychoaktiv, unterstützen aber diesen Erschöpfungszustand. Der Konsument wird möglicherweise nicht warten wollen, bis dieser Zustand, der zwar nicht wehtut und durchaus ertragen werden, jedoch tagelang dauern kann, vollständig ausklingt. Wenn er vorher erneut Cannabis konsumiert, kommt es leicht zu einer Spiegelbildung. Das Ergebnis wird von manchen Fachleuten „Amotivationssyndrom" genannt, welches z.B. von der deutschen Hauptstelle für Suchtgefahren treffend so beschrieben wird: *„Zwar hat der Konsument selbst ein Gefühl erhöhter Leistungsfähigkeit, die jedoch objektiv betrachtet immer mehr abnimmt. An die Stelle geordneten Denkens und logischer Schlussfolgerungen tritt häufig eine Art Scheintiefsinn, wovon vor allem Sorgfaltsleistungen betroffen sind. [...] Im Zusammenhang mit dem genannten Amotivationssyndrom zeigt sich ein zunehmendes allgemeines Desinteresse, gepaart mit verminderter Belastbarkeit. Der Konsument zieht sich immer mehr in sich zurück und wird sich selbst und den Aufgaben des Alltags immer gleichgültiger. Er fühlt sich den Anforderungen der Leistungsgesellschaft allmählich immer weniger verpflichtet, aber auch immer weniger gewachsen, und schert mehr und mehr aus seinem bisherigen sozialen Gefüge aus".*

Wenn der Konsument diesen Zustand ohne weiteren Drogenkonsum ausgleichen will, braucht er eine tragfähige Motivationsgrundlage – und genau diese ist geschwächt. So kann ein Zustandsbild entstehen, das manchmal verharmlosend „psychische Abhängigkeit" genannt wird, das aber einem Menschen, der noch nicht gefestigt ist oder sich in einer Lebenskrise befindet, z.B. in der Pubertät oder in der Ablösung vom Elternhaus, sehr gefährlich werden kann. Wenn der Cannabis-Konsument *mehr und mehr aus seinem bisherigen sozialen Gefüge ausschert,* bedeutet dies konkret häufig den Abbruch von Beziehungen, von Schullaufbahnen oder Ausbildungsgängen. Die daraus folgenden sozialen Schäden sind häufig gar nicht mehr oder erst nach vielen Jahren wieder auszugleichen.

5.4.7. Nicht-stoffgebundene Räusche unterliegen den gleichen Gesetzmäßigkeiten wie die Drogenräusche. Da aber nicht-stoffgebundene Rauschzustände durch natürliche Hormone und Neurotransmitter im Gehirn bewirkt werden, entfällt die Giftwirkung, die bei den Drogen hauptsächlich dadurch zustande kommt, dass nur ein Teil des Drogenmoleküls in den Rezeptor passt und damit die Nervenzelle reizt bzw. blockiert. Der Teil, der nicht in den Rezeptor passt, wirkt wie ein Fremdkörper, behindert die Entsorgung und macht die unerwünschte Giftwirkung aus. Es ist, als hatte man einen Nachschlüssel, der zwar wie der Originalschlüssel in das Schloss passt, aber nicht bündig abschließt, sondern ein Teil des Griffes steht heraus und stört. Natürliche Hormone wirken nicht giftig, sie sind sozusagen die Originalschlüssel. Dadurch entfällt bei natürlichen, nicht-stoffgebundenen Räuschen ein Teil der Nebenwirkungen, welche die Drogen charakterisieren. Doch die Rauschdynamik ist dieselbe wie bei den Drogen, nämlich hinsichtlich der drei Phasen. Auch hier liefert die Erregungsphase die erwünschte Bewusstseinsveränderung, bis sie sich nicht mehr steigern lässt. Dann klingt der Rausch ab, zumeist langsamer als er begonnen hat, und mündet schließlich in eine längere Erschöpfungsphase, in der die Wirkungen der Erregungsphase auf den Kopf gestellt sind. Dies sei hier an zwei Beispielen dargestellt: dem kurzen Geschwindigkeitsrausch, der nur Minuten dauert, und dem Liebesrausch, der hoffentlich länger anhält.

5.4.7.1. Geschwindigkeit

Ein natürlicher Rausch kann auch schlagartig enden, bzw. direkt in die Erschöpfungsphase übergehen; man denke an den Geschwindigkeitsrausch! Man fährt freudig und souverän mit hoher Geschwindigkeit, fühlt sich euphorisch als König (oder Königin) der Straße – dann dieser rötliche Blitz, ganz kurz, noch nicht einmal mit Geräusch. Danach macht es irgendwie keinen Spaß mehr, und wir empfinden hauptsächlich Ärger. Wir bremsen ab, der positive Zustand ist vorbei, der Ärger wird eine Weile bleiben. (Auf den Blitzfotos sieht man häufig einen etwas geistesabwesenden Gesichtsausdruck – Zeichen des Rausches...)

5.4.7.2. Liebe

Anders der Liebesrausch! So heißt die schöne, rosarote Phase einer Liebesbeziehung, die ihren Anfang kennzeichnet. Alles ist schön, das Herz lacht, alle Ampeln schalten auf grün, das Glück ist da. Der einzige noch unerfüllte Wunsch besteht darin, dieser wunderbare Zustand möge den Rest des Lebens andauern, warum auch nicht. Nun wird alles gut. Man hat endlich den einen Menschen gefunden, der eigens für einen auf die Welt geschickt wurde, wo war er/sie nur die ganze Zeit. Er/sie ist nicht nur schön, sondern auch richtig klug, man kann ihn/sie nicht nur gerne anschauen, sondern ihm/ihr auch stundenlang zuhören. Man möchte immer zusammen sein, am besten mit Hautkontakt. Der Körper des/der Geliebten ist der endlich gefundene heilige Gral, aus dem zu trinken Gesundheit und ewiges Leben verleiht. Getrennt sein tut weh, es ist ein süßer Schmerz, der Sehnsucht heißt. Man möchte Gedichte schreiben oder Lieder singen, oder Bilder des geliebten Objekts malen (Fotos tun es meistens auch). Sogar die Mängel, Schwächen und Fehler des geliebten Menschen sind gar nicht schlimm! Ach, wie süß er schnarcht. Oder: Wie schön du bist, wenn du schimpfst. Wir werden wie Götter sein und eine neue Rasse gründen...

Dieser Zustand kann nicht lange dauern, sonst wäre er nichts Besonderes mehr. Immerhin, ein paar Monate sind drin, vielleicht sogar über ein Jahr. Bis dahin sollte die neue Rasse möglichst im Anrollen sein. Dass die Erregungsphase dieses Rausches vorbei ist, wird man daran merken, dass wir den Anderen mehr und mehr doch als normalen Menschen sehen, nicht mehr als Engel oder Übermensch. Wir befinden uns immer noch in einem positiven Zustand, wir sind zwar nicht mehr so schön gaga, aber wir sind zufrieden. Wir sind in der Anpassungsphase des Liebesrausches. Aber, da er ein Rausch ist, hat er auch eine Erschöpfungsphase: Wir schauen den Anderen an und bemerken Fehler, Schwächen und Mängel. Zunehmend bemerken wir sie nicht nur, sondern sie springen uns direkt ins Auge und bestimmen mehr und mehr sein/ihr Erscheinungsbild. Und ständig müssen wir verbessern, was er/sie sagt, weil es gar nicht klug ist. Es gibt auch noch andere nette Männer/Frauen. Warum musste man ausgerechnet an dieser Person hängen bleiben. Und so toll sieht er/sie auch gar nicht aus, er/sie hat sich verändert, lässt sich gehen. Man braucht ein bisschen Abstand voneinander. Allein schon wegen des Schnarchens... Aber auch die zahllosen seltsamen Gewohnheiten des Anderen gehen einem unerträglich auf die Nerven, und so weiter. Der Andere ist doch nicht mein Glück, sondern die Ursache meines Unglücks. Ein diffuses Gefühl von Enttäuschung macht sich breit. Wir sind in der Erschöpfungsphase des Liebesrausches angelangt! Wir tun jetzt dem Anderen Unrecht, denn so hässlich / dumm / charakterlos / gemein / minderwertig, wie er uns dann zuweilen vorkommen kann, ist der Mensch auch wieder nicht.

Wenn die Beziehung noch durch andere Faktoren als nur den Rausch zusammengehalten wird, sollte diese Phase vorbeigehen (kann manchmal dauern!) und schließlich in eine realistische, belastbare, konstruktive und sturmerprobte Partnerschaft münden, die allerdings nicht mehr so ekstatisch verläuft wie in der süßen, rosaroten Erregungsphase. Das ist auch nicht mehr nötig, wir kennen uns inzwischen gut und sind miteinander vertraut, vielleicht sogar getraut. Wir lernen, diesen Zustand zu schätzen und brauchen den anderen nicht mehr zu idealisieren. Wir haben die schwierigste Eigenschaft des/der Anderen akzeptieren gelernt: seine/ihre Präsenz. Das Andere war nur Gaukelei, wenn auch von der süßesten Sorte. Der Rausch ist vorbei, die Liebe hat eine Chance.

„Die große Liebe erkennt man nicht an ihrer Intensität, sondern an ihrer Dauer"
-Robert Poulet (1893-1989) , belgischer Schriftsteller

Der typische mögliche Fehler nach unserem Schema bestünde darin, aus der Enttäuschung und der übermäßigen Kritikbereitschaft der Erschöpfungsphase heraus eine neue Beziehung zu beginnen, ohne der alten Beziehung Zeit zur Stabilisierung zu geben. Dies wird nicht nur wahrscheinlich das Ende der alten Beziehung abrupt herbeiführen, sondern auch die neue Beziehung von vornherein damit belasten, dass sie aus dem dunklen Tal der Enttäuschung heraus begonnen wurde und somit schwer die Steighöhe der vorangegangenen Beziehung erreichen kann. Es ist schade um diese neue Beziehung, dass sie nicht zu einem günstigeren Zeitpunkt begonnen wurde, es hätte dann vielleicht wirklich etwas werden können. Aber größer ist die

Wahrscheinlichkeit, dass die Erschöpfungsphase dieser neuen Beziehung sich mit der unverarbeiteten Enttäuschung aus der alten Beziehung addiert und in eine bisher nicht gekannte Tiefe der Frustration führt. Dann wieder eine neue Beziehung anfangen – das führt vielleicht noch nicht einmal aus dem Negativzustand heraus. Die Ruhelosigkeit und Unerfülltheit der Sucht tritt immer mehr hervor. Der Endzustand wäre Bindungsunfähigkeit.

Vor einem solchen Schicksal kann uns das intuitive Gefühl bewahren, das uns sagt, dass wir für eine neue Beziehung noch nicht bereit sind, dass wir noch Zeit brauchen oder dass wir der alten Beziehung, die jetzt in einer Krise ist, eine Chance geben möchten, sich weiter zu entwickeln. Diesem Gefühl könnten wir vielleicht öfter trauen als der traditionellen Moral.

„Das eigentlich Wertvolle ist im Grunde die Intuition."
-Albert Einstein (1879-1955), Physiker, Nobelpreisträger

Intuition nennen wir die Fähigkeit, in Sachverhalte ohne bewussten Gebrauch des Denkens Einsicht zu haben. Dadurch kann anscheinend die Tendenz des Denkens zu Fehlerhaftigkeit umgangen werden. Jeder Mensch besitzt diese Fähigkeit. In der Intuition nutzen wir alle unsere Möglichkeiten zur Erkenntnis, über unsere zahllosen geistigen Programme und Konzepte hinaus. In der Sucht ist das Denken zutiefst korrumpiert und dient nicht mehr der Person, sondern der Sucht. Die Intuition, die ihre Wurzeln in der primären Fähigkeit der Seele, dem Fühlen, hat, bietet dem Verstand eine innere Orientierungsmöglichkeit. So kommt es, dass wir nicht alle süchtig werden, obwohl wir Räusche mögen. Wir behalten uns meistens ein gesundes intuitives Misstrauen nicht nur gegenüber allem rauschhaften Erleben, sondern auch der uninspirierten Bürokratie des Denkens. Ein Unbehagen mag unserem Bewusstsein signalisieren, dass wir gegen die Bedürfnisse der Seele verstoßen, selbst wenn das Denken keinen Grund zum Alarm erkennen kann. In diesem permanenten inneren Spannungsfeld müssen wir unseren Weg finden.

„Ein guter Mensch in seinem dunklen Drange ist sich des rechten Weges wohl bewusst"
- Johann Wolfgang von Goethe, Faust

5.5. Der Suchtwinkel

Was wir am Rausch mögen, ist also weniger der Vergiftungszustand, als der schnelle Anstieg der rauscherzeugenden Substanzen im Gehirn, seien es natürliche Hormone oder Rauschdrogen. Es ist nicht schön, betrunken zu sein, aber angenehm, es zu werden, den schnell steigenden Alkoholspiegel zu erleben. Eine hohe Nikotinkonzentration im Blut ist eigentlich nicht das Ziel des Rauchers, sondern der schnelle Anstieg des Nikotinpegels im Gehirn hat etwas. Sonst würden wir, um sich nicht den Risiken der Verbrennungsprodukte auszusetzen, lieber ein oder mehrere Nikotinpflaster auf unsere Haut kleben, wodurch ein gleichmäßig hoher Nikotinspiegel entstünde. Das erleben wir nicht als angenehm! Deswegen macht das auch niemand. Das Nikotinpflaster kann das Erlebnis von inhaliertem Nikotin nicht ersetzen, darum sind viele Raucher, die sich mit Hilfe des Nikotinpflasters das Rauchen abgewöhnen möchten, enttäuscht. Es besteht keine Gefahr, dass jemand vom Nikotinpflaster süchtig wird. Es dauert Stunden, bis das Nikotin aus dem Pflaster im Gehirn ankommt, und auch dann nur sehr allmählich – im Gegensatz zu Sekunden beim Inhalieren in die Lunge. Es entsteht keine nennenswerte Erregungsphase, und ohne diese macht Nikotin keinen Spaß. Erst durch die Erfindung der schnellen Zigarette ist die Nikotinabhängigkeit so ein großes Problem geworden. Entscheidend für die Entstehung und die Stärke einer Sucht ist die Steilheit des Anstiegs der rauscherzeugenden Substanz im Blut bzw. im Gehirn, der „Suchtwinkel". Je mehr sich dieser (an Punkt A in Abb. 7) einem möglichst senkrechten 90°- Winkel nähert, desto attraktiver ist das Rauscherlebnis, desto schneller erreichen wir die maximale Rauschhöhe, nach welcher die Anpassungsphase einsetzt. Abhängig werden kann man auch bei flachem Anstieg, durch allmähliche Gewöhnung an ein Rauschmittel.

Wer z.B. im Rahmen einer Schmerztherapie mit einem betäubungsmittelhaltigen Pflaster behandelt wird, kann im Laufe der Behandlung durchaus schmerzempfindlicher werden, was zu Absetzproblemen führen kann. Die gleiche Menge Betäubungsmittel auf einen Schlag in die Vene injiziert, statt über drei Tage verteilt durch die Haut zugeführt, erzeugt jedoch umgehend in Sekunden den „Flash" und die Euphorie, und folglich eine wesentlich tiefere Erschöpfungsphase als beim Pflaster, oder auch bei Tabletten. Tabletten wirken schneller als ein Pflaster, machen daher gegebenenfalls eher süchtig, wenn der

Wirkstoff ein Suchtpotential besitzt. Am schnellsten jedoch wirken die intravenöse Injektion und die Inhalation über die Lunge, dicht gefolgt vom „Sniefen" durch die Nase. Deswegen führen diese Einnahmeformen am ehesten zur Sucht. Einem Süchtigen erscheint jede langsame Form der Einnahme als Verschwendung; es lassen sich damit zwar Entzugserscheinungen mildern, aber man kann keinen befriedigenden Rausch erzeugen. Es muss „knallen", je schneller, desto besser. Demzufolge neigen Alkoholiker zu einem typischen Trinkstil, nämlich die ersten Gläser sehr schnell zu trinken, am besten eingeleitet mit einem Schnaps. Die Alkoholmenge in einem Schnaps mag die gleiche sein, wie in einem Glas Bier, wirkt aber schneller, weil die Konzentration im Getränk höher ist und damit schneller ins Gehirn gebracht werden kann. Deswegen empfinden wir das gewohnheitliche Trinken von Spirituosen als gefährlicher und problematischer als den Konsum von Bier oder Wein. Die maximale Rauschhöhe wird schneller erreicht, der Winkel ist steiler. Auf diese Weise besteht eher die Gefahr einer Überdosierung, weil man Spirituosen schneller trinken kann, als man betrunken wird. Mit Bier oder Wein hat man durch die meistens langsamere Einnahme außerdem mehr Kontrolle über den Vergiftungsgrad.

Beim Rauchen von Cannabis ist die problematischste, d.h. gefährlichste Form das „Bong"-Rauchen, bei dem mit einem einzigen Atemzug aus einer entsprechend konstruierten Wasserpfeife der maximale Rauschzustand in Sekundenschnelle eintreten kann. Ein normaler „Joint" hingegen braucht eine Weile, bis er geraucht ist, er wird sogar vielleicht noch herumgereicht, und es bedarf mehrerer Züge, um maximal „high" zu werden.

Die Schnelligkeit des Wirkungseintritts wird also hauptsächlich durch die Art der Einnahme gesteuert. Im gleichen Sinne spielen die Wirkstoffkonzentration und die chemische Beschaffenheit eine wichtige Rolle. So kann eine Alkalisierung des Rauschmittels dessen Fettlöslichkeit steigern, wodurch es schneller durch die Lungenschleimhaut wandert und schneller an den entsprechenden Rezeptoren im Gehirn ankommt. Allein dies macht beispielsweise den Unterschied zwischen Kokain aus, welches wasserlöslich ist und geschnupft („gesnieft") werden kann, und Crack, welches die gleichen Rezeptoren im Gehirn bedient, aber basisch und fettlöslich ist, die Zellwände leichter durchquert und viel effektiver geraucht werden kann. Es wirkt dadurch ähnlich wie, aber stärker als Kokain und besitzt ein wesentlich höheres Suchtpotenzial.

Seit den 60er-Jahren hat die Tabakindustrie, allen voran der Konzern Philip Morris, durch Verwendung von Ammoniak oder Harnstoff eine Alkalisierung des Rauchs erzielt. Damit wurde der Anteil von freibasischem Nikotin im Rauch erhöht. Das Nikotinmolekül wird aus seinen Salzen befreit und gelangt in gasförmigem Zustand mühelos durch den Filter (sowie durch die Messgeräte der Gesundheitsbehörden) und durch die Lunge ins Blut und ins Hirn. Der „Suchtwinkel" ist sehr steil, entsprechend tritt die Sucht schneller und gründlicher ein. Der weltweite Erfolg der „Marlboro" wird von manchen Experten dem Umstand zugeschrieben, dass im Rauch der Marlboro etwa 10% des Nikotins in dieser alkalischen Form enthalten ist, wesentlich mehr als bei anderen vergleichbaren Marken (z.B. Camel: 3%). Vielleicht war es also gar nicht der Cowboy aus der Werbung, der diese Marke zum Erfolg geführt hat, sondern lediglich ihr höheres Suchtpotenzial. Wir mögen so etwas eben.

Außerdem werden inzwischen von allen Herstellern dem Tabak Substanzen zugesetzt, die den Rauch angenehmer zum Einatmen machen, wie z.B. Lakritz, Menthol oder Schokolade. Menthol ist auch in Zigaretten enthalten, die keine eigentlichen Menthol-Zigaretten sind. Es lindert den Reiz, den der Rauch sonst auf unsere Atemwege ausüben würde. In Lakritz sind Substanzen enthalten, welche die Bronchien erweitern, die sich sonst unter dem Reiz des Rauches eher eng stellen würden. Eine Zigarette ist heute anders als vor 40-50 Jahren. Sie löst weniger Hustenreiz oder sonstige Abwehrmanöver des Körpers aus, so dass sogar ein Kind schon rauchen kann, ohne dass es zu Abwehrreaktionen, etwa Husten, kommt. Eine Zigarette hat heute nicht mehr viel mit dem gemütlichem Tabakgenuss zu tun, sondern ist ein hoch entwickeltes Nikotin-Zuführungssystem mit Abhängigkeitsgarantie.

Das gleiche Prinzip – je schneller die Wirkung eintritt, desto attraktiver der Rausch, desto unangenehmer die Erschöpfungsphase und desto höher die Suchtgefährdung - scheint auch für die nichtstoffgebundenen Räusche zu gelten. In unserem Beispiel des Geschwindigkeitsrausches bedeutet das: In der Beschleunigung liegt der Reiz eher als in der absoluten Geschwindigkeit, weil darin die Kraft besser zu spüren ist. Wir bewegen uns mit hoher Geschwindigkeit mit der Erde, die sich um sich selbst und um die Sonne dreht, aber wir spüren keinerlei Beschleunigung. Hingegen beim Gasgeben in den Sitz gedrückt werden, das lässt uns lachen. Es unterstützt unsere neurotischen Allmachtsphantasien, mit denen wir manchmal unsere Minderwertigkeitsgefühle kompensieren können. Deswegen treten wir fester auf's Gaspedal, wenn wir verärgert sind – Ärger ist häufig die Kehrseite von erlebter Macht- und Hilflosigkeit. Wir beschleunigen dann nicht nur stärker, sondern bremsen auch härter und lenken heftiger. Es vermittelt uns ein Gefühl der Macht. Das braucht man anscheinend gelegentlich. Wenn wir zufrieden und ausgeglichen sind, verbrauchen wir weniger Benzin und Reifen.

5.5.1. Amor

Bei dem anderen Beispiel für nicht-stoffgebundene Räusche, dem Liebesrausch, gibt es den bekannten Effekt des „Verknallt"-seins. Sich verknallen bedeutet, dass sehr schnell und plötzlich, ohne Vorwarnung, der besagte Rauschzustand eintritt, sozusagen von einem Moment auf den anderen, wie ein Knall. Solche Zustände stehen in dem Ruf, häufig instabil zu sein und schon nach relativ kurzer Zeit in ihr Gegenteil umzuschlagen. Damit bilden sie leicht den Ausgangspunkt für ein vorwiegend unbekömmliches Geschehen. Es gibt natürlich auch die große festliche Freude, unsere Hoch-Zeit, die uns erfasst, wenn wir der Liebe unseres Lebens begegnen, die ja immer etwas Unerwartetes an sich hat. Wenn wir diese beiden Zustände schlecht auseinanderhalten können, mag das daran liegen, dass unsere Natur dies vielleicht für nicht so wichtig hält...wir „ver"lieben uns gerne. Die Vorsilbe „ver" deutet in sich schon eine Problematik an, wie in verlaufen, verfahren, verlegen, verspielen, verspekulieren. Es treibt die Handlung voran, damit die Dinge nicht langweilig und berechenbar werden. Die alten Griechen hatten für diesen Zweck den Gott Eros, der bei den Römern Amor hieß und als kleiner geflügelter Knabe dargestellt wurde, nackt, aber mit Pfeil und Bogen bewaffnet. Er war der Sohn aus der spannungsreichen Verbindung zwischen der Liebesgöttin Venus und dem Kriegsgott Mars, was seinen ambivalenten Charakter erklärt. Wenn er auftauchte, gerieten die Dinge in Bewegung, niemand konnte ihm widerstehen, niemand war vor ihm sicher. Er galt als leichtfertiger Schütze. Er schoss sogar versehentlich seiner Mutter einen seiner Pfeile ins Herz, worauf sie sich in den schönen Jüngling

Adonis verliebte, der daraufhin von ihrem Gemahl, eben dem Kriegsgott Mars, umgebracht wurde.

„Die alten vielen Götter, entzaubert und daher in Gestalt unpersönlicher Mächte, entsteigen ihren Gräbern, streben nach Gewalt über unser Leben und beginnen untereinander wieder ihren ewigen Kampf."
-Max Weber, deutscher Soziologe (1864-1920). Kein Esoteriker!

5.6. Schlussfolgerungen

Die Dynamik des Rauschmechanismus ist bei künstlich erzeugten Räuschen – das heißt durch Zufuhr von Rauschmitteln – dieselbe, wie bei natürlichen, welche durch schnelle Schwankungen der Konzentrationen gewisser psychisch wirksamer Hormone ausgelöst werden. Das bedeutet, dass süchtiges Verhalten unter bestimmten Bedingungen auch durch natürliche Hormone entstehen kann, dann möglicherweise aber nicht unter natürlichen Gegebenheiten. Erst, wenn wir selbst unsere Reizumgebung so manipulieren, dass wir den Organismus nach Belieben dazu bringen können, die erwünschten Hormone auszuschütten, entsteht die Möglichkeit einer Suchtentwicklung. Es spielt also unser intelligenter und lernfähiger Geist (s. Abschnitt 1.7. „Geist") eine Rolle, der sich gerne etwas einfallen lässt, um dem Problem der scheinbar natürlichen Kargheit von Lustgefühlen entgegenzutreten. Schlau, wie er ist, lernt er schnell, dass bestimmte Reizbedingungen eine (möglichst schnelle!) Konzentrationserhöhung entsprechender psychisch wirksamer Hormone relativ zuverlässig herbeiführen, auch wenn die psychoaktive Wirkung des Hormons nur eine von mehreren Wirkungen des Hormons ist. Die anderen, möglicherweise unerwünschten Wirkungen der Substanz werden mehr oder weniger bewusst in Kauf genommen, schätzungsweise häufiger unbewusst. Es sind letztlich Konditionierungsvorgänge. Wir werden für bestimmte emotionale Zustände belohnt. Am besten werden wir für Liebes- und verwandte Gefühle belohnt. Diese lassen sich jedoch in vielen Alltagssituationen nicht zuverlässig auslösen, und unsere inneren Auslösemöglichkeiten, in Gestalt unseres Vorstellungsvermögens, sind begrenzt. Das ist die Stunde der Pornographie!

6.6.1. Depression

Aber ganz ohne Lustgefühle geht es nicht, sonst entsteht das Zustandsbild der Depression. Wir sterben nicht daran, aber der Zustand ist unserer Natur direkt entgegengesetzt. Wir können ihn nicht akzeptieren – selbst, wenn wir uns das mental ständig einreden. Wir werden krank. Manchmal bekommen wir dann eher, was wir brauchen. Wir brauchen für unser Gesamtgleichgewicht Lustgefühle. Wir sind bereit, praktisch alles zu tun, um unsere positiven Gefühle vor der Auslöschung zu bewahren. Wenn dazugehört, dass wir uns aufregen, dann bitte. Wenn sexuelle Erregung dazugehört, dann bitte. Wenn Schmerz dazugehört, dann bitte. Manchmal ist der Hunger nach „Liebe" so stark, dass man die eigentlich eher unangenehmen Eigenschaften des Schmerzes resignierend in Kauf nimmt. Einen Schmerz kann man immer auslösen, das ist wohl die Droge des ganz kleinen Mannes. Das ist normal, es kann aber auch süchtige Entwicklungen geben, wie etwa im sogenannten „Borderline"-Syndrom, mit selbstverletzendem Verhalten. Typisch für solche Patient/innen ist ihre hohe Sensibilität und Verwundbarkeit, wenn es um Beziehungen geht. Es ist ihnen fast alles recht, wenn es ihnen wenigstens ein Minimum an positivem Gefühl ermöglicht. Es wird in solch einem Fall nicht nur die psychotrope Nebenwirkung des Schmerzes und seiner ihn begleitenden Hormone gesucht, sondern auch die affektmobilisierenden Wirkungen von sexueller Erregung, Feindseligkeit, Kampf, Extremsport, Gefahr, Einkaufen. Deswegen besteht zudem dabei häufig die Gefahr der Delinquenz. Die Betroffenen brauchen ein echtes Risiko. Ebenfalls typisch ist die Neigung zu kritiklosem Drogenkonsum. Die Suchtgefahr besteht dann nicht nur hinsichtlich der Drogen, sondern zunehmend hinsichtlich der verhaltensbedingten Hormonausschüttung, was ziemlich schnell Probleme im Zusammenleben bewirkt. Drogen lassen sich länger heimlich nehmen! Eine Sucht nach psychischen Rauschauslösern hingegen wird schnell bemerkt, meistens sehr negativ bewertet (außer etwa im Krieg), weil sie meistens zu sozialen Konflikten führt, wenn sie nicht ritualisiert werden kann, wie etwa im Sport (siehe Kapitel 4., „Warum das Runde ins Eckige muss").

5.6.2. Seligkeiten

Auch Feindseligkeit (eine unserer „Seligkeiten", wie Wein-, Bier-, Leut-, Glück-, Rühr-, Saum-, Habseligkeit) kann auf einer niedrigen Funktionsebene ein wenig glücklich machen. Besser als gar keine Seligkeit, aus der Sicht des Organismus, wenn die insbesondere frühe persönliche Lernerfahrung darauf hinausläuft: Eine andere Seligkeit wirst du nicht finden. *„Seligkeit ist der völlig leid- und schuldlose Zustand immerwährender, vollendeter Glückserfüllung, von vielen Reli-*

144

gionen als Sinn der Weltgeschichte erwartet" (Wikipedia). Die Bedingung für Seligkeit ist laut katholischer Tradition die *visio beatifica*, auf deutsch: das glücklich machende Sehen. Der Seele kann man nichts einreden, sie weiß, ob dieser Bewusstseinszustand echt oder nur durch giftige oder hormonelle Überrumpelung des Nervensystems zustandegekommen ist, während unser bestechlicher Geist Kompromisse machen kann.

Wir sehen durch diese Betrachtungsweise, warum Suchterkrankungen genau wie bestimmte Persönlichkeitsstörungen nicht mit Sozialmoral zu beheben sind, sondern als Folge einer ungünstigen frühen Konditionierung verstanden werden können und nur zu heilen sind, wenn es gelingt, der betroffenen Person alternative Möglichkeiten einer *visio beatifica* zu erschließen. Um überhaupt Zugang zu dieser gut gesicherten psychischen Funktionsebene zu bekommen, müssen zunächst positive Gefühle wie Sicherheit, Hoffnung und Vertrauen in der betroffenen Person gestärkt werden. Wer sich dazu imstande fühlt, der mag sich Menschen mit solchen Störungen therapeutisch zuwenden. Betroffene werden viel Mut brauchen und eine tiefe Hoffnung, um eine Chance zu haben, gegen diese Art von Störung anzugehen. Dann spielt die Wahl der Therapiemethode eine untergeordnete Rolle, es kommt mehr auf die persönlichen Eigenschaften der therapeutischen Person an. Deswegen sind ehemalige Süchtige, die es geschafft haben, sich zu befreien, die besten Therapeuten für diese Störung. Ähnliches gilt für Persönlichkeitsprobleme. Auch auf diesem therapeutisch schwierigem Gebiet gibt es Erfolge. Es scheint aber noch schwieriger zu sein, sich früh und lang erworbener, „intoxizierender" Denkgewohnheiten zu enthalten, als die Finger von Drogen zu lassen. Was im Kopf vorgeht, sieht keiner. Jeder aber sieht die Auswirkungen.

6. Das Prinzip der Nachfolge

"Erziehung ist Vorbild und Liebe"
-Johann Heinrich Pestalozzi (1746–1827), Schweizer Pädagoge

Trotz perfekter angeborenen Ausstattung müssen wir im Leben lernen, uns zurechtzufinden und Entscheidungen zu treffen. Sogar die Tiere müssen lernen, obwohl bei ihnen die Mode nicht so schnell und gründlich wechselt wie bei uns. Mit Mode sei hier nicht nur die Art uns zu kleiden und zu frisieren gemeint, auch wenn da der Wechsel am augenfälligsten ist. Ein kurzer Blick in eine Filmszene lässt uns ziemlich genau vermuten, welche Epoche und Region dargestellt werden soll, und ferner, mindestens auf ein Jahrzehnt genau, wann der Film gedreht wurde. Ähnliches gilt nicht nur für Musik und Sprache, sondern auch für den Denkstil und die Umgangsformen, sowie die behandelte Thematik. Alles, was sich wandeln kann, ist nicht vorprogrammiert und muss gelernt werden. Dies gibt unserer Spezies *homo sapiens sapiens* einen enormen Selektionsvorteil und hat uns ermöglicht, unter den Säugetieren auf diesem Planeten zur dominierenden Art zu werden. Biologisch gehören wir in die Ordnung der Primaten, genauer zur Unterordnung der Trockennasenaffen (deswegen müssen wir popeln) und dort zur Familie der Menschenaffen. Unsere Anpassungs- und Lernfähigkeit ermöglicht uns, praktisch überall auf der Erde zu leben. Der Nachteil besteht darin, dass wir auch jeden Blödsinn mitmachen können, den wir antreffen. Wir sind hochgradig imitativ, das heißt, wir haben ausgezeichnete Beobachtungs- und Nachahmungsfähigkeiten. Wir lernen den größten Teil unseres Wissens durch Nachahmung – die Eltern machen es vor, wir machen es nach; der Lehrer macht es vor, wir machen es nach. Ältere Geschwister machen vor, wir machen nach. Später macht die Gruppe der Gleichaltrigen vor, wir machen nach. Wir verstehen einfach besser, wenn man uns etwas vormacht, als wenn man es uns erklärt.

Damit wir uns dabei nicht allzu sehr verzetteln, gibt es ein weiteres Prinzip: das Prinzip der Nachfolge. Dies bedeutet, wir machen nicht unterschiedslos einfach jedem alles nach, sondern wir wählen Vorbilder aus, an denen wir über längere Zeit festhalten können und denen wir dann so ziemlich alles nachmachen. Wenn wir noch sehr klein sind, gibt es keine große Auswahl an Vorbildern, da lernen wir von denen, die da sind und die sich uns zuwenden. Das sind meistens die Eltern, sowie sonstige nahe Angehörige. Sie müssen noch keine besonderen Qualitäten haben, damit wir von ihnen lernen. Wir beobachten sie sehr genau. Wir übernehmen ihre Sprache, ihre Religion, ihre Musik, ihre Traditionen etc. weitgehend ungeprüft. Wir werden nie wieder in unserem Leben so schnell und konzentriert lernen.

6.1. Vorbilder

In der weiteren Entwicklung wird es jedoch wichtig, dass wir mehr Eigenständigkeit aufbauen. Da Beobachtung und Imitation die einfachste und schnellst Art zu lernen darstellen (im Gegensatz zu Versuch & Irrtum), suchen wir uns Vorbilder. Vorbilder sind Personen, denen wir folgen möchten. Folgen bedeutet: Wenn ich dieser Person folge, komme ich dort hin, wo sie jetzt ist. Von meiner Seite muss ein Grund vorliegen, jemandem zu folgen. Das kann sehr unterschiedlich sein. Vielleicht gibt es einen Zwang: Wenn du nicht folgst, wirst du bestraft. Ein solcher Mechanismus wird nur so lange funktionieren, wie eine äußere Kontrolle besteht. Ohne Kontrolle sollte eine Nachfolge durch Zwang nicht erwartet werden, da sie nicht den eigenen Bedürfnissen des Angeleiteten entspricht. Es ist auch in heutiger Zeit immer noch interessant, zu sehen, was Menschen tun, wenn sie sich unbeobachtet glauben. Im Fernsehen wurden schon Sendungen gezeigt mit Aufnahmen von verborgenen Überwachungskameras. Man konnte z.B. sehen, wie ein Mitarbeiter in die Kaffeekanne der Kollegen urinierte, oder wie jemand sich mit dem nackten Gesäß auf einen Fotokopierer setzte, um dasselbe abzubilden (das Vorlagenglas des Kopierers brach unter dieser Last zusammen). Wie wenig wir uns doch kennen! Sonst dürften uns solche Szenen eigentlich nicht überraschen. Nach all den endlosen Bemühungen, den Menschen von klein auf zu indoktrinieren, ihm Moral und Anstand beizubringen, bleibt erstaunlich wenig an uns haften, als hätten wir eine Teflon-Schicht, die das verhindert. Dieses Phänomen ist so alltäglich und verbreitet, dass man nicht davon ausgehen sollte, es handle sich dabei um eine Störung. Vielmehr sollten wir annehmen, dass es sich um einen gesunden, sinnvollen Mechanismus handelt, wie so viele, mit denen unser Organismus ausgestattet ist (ich erinnere an das Kapitel 3.1. „Warum wir weinen"), und die wir aus Parteilichkeit nicht zu erkennen vermögen. Wir sind nicht beliebig indoktrinierbar! Selbst Konrad Lorenz' berühmte Graugänse konnten nur innerhalb eines kurzen Zeitfensters auf ihn „geprägt" werden, so dass sie ihm überall hin folgten. Prägung nennen wir Einstellungsvorgänge, die nicht mehr auszulöschen sind –

Prägung sitzt im Material, im Gegensatz zur Färbung, die geändert oder ausgelöscht werden kann (siehe: Abschnitt 1.11. „Die Entstehung psychosomatischer Krankheiten"). Wenn es darum geht, die hilflose und abhängige Zeit der frühesten Kindheit zu überleben, lässt uns die Natur keine Wahl, dann lernen wir von den vorhandenen Bezugspersonen. Wir akzeptieren im Grundschulalter noch relativ kritiklos die vorhandenen Bezugspersonen, wie Eltern, ältere Geschwister, Verwandte und Lehrer, selbst wenn deren Einwirkung auf uns nicht mehr ganz so nachhaltig ist wie in der frühen Kindheit. Spätestens aber, wenn sich die Geschlechtsreife ankündigt, entwickelt sich bei uns eine bis dahin ungeahnte Verhaltensänderung: Wir können unseren Eltern/Lehrern/ Verwandten usw. nicht mehr einfach folgen! Stattdessen haben wir auf einmal ganz neue Helden bzw. Vorbilder, denen unsere bisherigen Bezugspersonen möglicherweise ratlos bis ablehnend gegenüberstehen. Was ist geschehen?

Es gibt in uns anscheinend einen angeborenen natürlichen Mechanismus, der dafür sorgt, dass wir bevorzugt „folgen", wenn es dafür ein ausreichend starkes Motiv gibt. Wenn wir jemandem folgen, bedeutet das, dass wir als nächstes an der Stelle sein werden, wo diese Person jetzt ist. Wir müssen irgendeinen Vorteil darin erkennen können, zu folgen. Ohne eigenes Motiv können wir schlecht folgen. Wenn es den Anschein hat, dass es der Person, die von uns Nachfolge verlangt oder erwartet, schlechter geht als uns, gibt es dagegen ein Motiv, dieser Person nicht oder verkehrt zu folgen.

Das heißt: Angenommen, wir begegnen einem Menschen, der in abgerissener und ungepflegter Kleidung daherkommt, mit einem Sprung in der Brille, defekten Schuhe, desolatem Gebiss - kurz, der den Anschein erweckt, als habe er schon wirtschaftlich bessere Zeiten gesehen – und dieser Mensch würde uns nun eine Anlage- und Vermögensberatung anbieten. Niemand würde ernsthaft erwarten, dass wir diese Person um einen Rat in finanziellen Angelegenheiten bitten würden oder einen ungebetenen Rat von ihr allzu ernst nähmen. Allenfalls würden wir versuchen zu verstehen, was der Mensch sagt, um dann möglichst genau das Gegenteil dessen zu tun, was da empfohlen wurde. Der Grund ist klar: Wenn ich diesem Menschen „folge", werde ich mit erhöhter Wahrscheinlichkeit ebenfalls bald verelenden. Das heißt nicht, dass ich ihn nicht leiden kann oder ablehne. Ich kann sogar Sympathie oder Zuneigung für ihn empfinden. Aber ich werde ihm nicht „folgen", jedenfalls nicht in finanziellen Dingen.

In der Welt der Werbung ist das klar: Wer Reklame für z.B. Kosmetika macht, muss gut aussehen – besser als die angesprochenen Kunden. Es würde den Absatz eines Kosmetikums mindern, wenn der angeworbene Kunde den Eindruck hätte, er sehe auch ohne das beworbene Produkt bereits besser aus als das „Modell". Es geht dabei nicht nur um optische oder kosmetische Qualitäten! Wenn bekannt wird, dass ein Werbeträger ein Missgeschick erlitten hat oder einen Misserfolg hinnehmen musste, sinkt seine Werbewirksamkeit, und es besteht die Gefahr, dass sogar ein negativer Effekt entsteht.

Als beispielsweise bekannt wurde, dass die australische Sängerin *Kylie Minogue* an Brustkrebs erkrankt war, gingen die Umsätze einer Damenunterwäsche-Produktlinie zurück, für welche die Sängerin mit ihrem Namen warb. Man mochte ihr dorthin nicht folgen. Ein Star, der krank ist, bekommt vielleicht unser Mitleid, aber nicht unsere Gefolgschaft. Der Star darf nicht klagen oder gar jammern. Er muss negative Gefühle verbergen. Er darf nicht schwach und hilflos erscheinen. Dann würde man ihm nicht mehr folgen. Er soll möglichst von der Liebe singen können, dorthin folgen wir ihm gerne. Das empfinden wir als stark. Wir möchten wissen, wem wir folgen können. Davon lebt ein großer Teil der Medien. Wegen des damit zusammenhängenden finanziellen Erfolges entsteht im Show-Business ein starker Zwang zur Darstellung von Stärke und Gesundheit, insbesondere zu einer positiven Emotionalität. Da es sich aber um reale Menschen handelt, mit den gleichen emotionalen Problemen wie alle anderen, ist es in dieser Branche notorisch verbreitet, mit Drogen oder Medikamenten der Realität nachzuhelfen. Dies gehört – nicht nur bei den Stars! – zu den am besten gehüteten Geheimnissen der Menschen. Über die in den 60er Jahren des 20. Jahrhunderts erfolgreiche Sängerin *Alexandra* (1942-1969) war zu erfahren, dass sie ziemlich kritiklos mit Valium (Diazepam) umging und darin von ihrem Management kräftig unterstützt wurde. Das durfte das Publikum nicht wissen, es hätte sich vielleicht sonst irgendwie irregeleitet gefühlt. Die Sängerin starb jung bei einem schwer verständlichen Autounfall (schwer verständlich, wenn man die Wirkung von Diazepam nicht kennt!), war auf einer weithin einsehbaren Kreuzung ungebremst mit einem vorfahrtsberechtigten

Lkw kollidiert. Ihre Leiche wurde so schnell eingeäschert, dass eine Obduktion nicht möglich war. Nach ihrem Tod verkauften sich angeblich ihre Schallplatten besser als zu ihren Lebzeiten, und es gab allerlei Verschwörungstheorien. Da hätte es sicher gestört, von ihren psychischen Problemen zu wissen. Insbesondere Sänger und Sängerinnen scheinen sich als Vorbilder oder Idole sehr gut zu eignen, deswegen werden sie genauer beobachtet als andere Menschen, das ist gewissermaßen legitim, denn sie beanspruchen Nachfolge, das tut man anscheinend irgendwie, wenn man singt. Wir hassen es, betrogen zu werden!

Ähnliche Mechanismen spielen vermutlich auch in der Politik eine Rolle, wie z.B. im Wahlkampf, insbesondere in den show-orientierten USA. Wer führen will, muss Stärke zeigen – was immer auch gerade darunter verstanden wird. Er/sie sollte nicht krank, sondern emotional ausgeglichen sein, nur verzeihbare Schwächen haben, sollte einer/eine von uns sein – nur eben irgendwie stärker. Dann fällt es uns leicht, zu folgen. Wenn sich herausstellt, dass die Person mit dem Führungsanspruch dieselben Schwächen hat wie wir, nennen wir das einen Skandal (aus dem griech. *skandalon*, bedeutet: Fallstrick, Anstoß, Ärgernis). Nur weniges ist für uns noch interessanter. Es erfüllt uns mit Genugtuung, dass die skandalisierte Person doch ein normaler Mensch ist, einer von uns. Aber es ängstigt und bedrückt uns, dass wir ein Vorbild verlieren. Und es ärgert uns, dass wir uns so lange etwas vormachen ließen. Deswegen kann die kritiklose Nachfolge leicht umschlagen in eine gleichermaßen übertriebene aggressive Ablehnung oder sogar in Verfolgung.

Besonders empfindlich und verletzbar sind wir in der Lebensphase, in der wir uns von den Eltern ablösen müssen, um unsere eigenen Ziele und Wege zu suchen. In dieser Zeit ist es geradezu lebenswichtig, dass es uns gelingt, funktionierende Vorbilder zu finden. Wegen der noch geringen Lebenserfahrung können wir leichter getäuscht werden als in irgendeinem anderen Stadium unserer Entwicklung. Um diese Gefahr wenigstens ein bisschen auszugleichen, haben wir jedoch in dieser Zeit extrem scharfe Sinne für die Qualitäten anderer Menschen: Bist du stark oder schwach? Wie machst du es? Geht es mir gut, wenn ich dir folge? Wenn du mich überzeugst, folge ich dir in Allem. Wenn du mich enttäuschst, ist mein ganzes Leben infrage gestellt.

6.2. „Stärke"

Auch wenn wir nicht wissen, wie Stärke genau aussieht, sind wir uns darin einig: Psychopharmaka und Suchtmittel gehören nicht dazu. Das negative Stigma einer Sucht kann vielleicht dadurch aufgewogen werden, dass man sie mit Unabhängigkeit (ausgerechnet!) und Freiheit von einem Elternhaus in Verbindung bringt, nachdem man daheim niemanden mehr als nachfolgenswert empfindet, und außerhalb noch niemanden gefunden hat, von dem zu lernen sich lohnen könnte. Diese Assoziation ist deutlich erkennbar beim Nikotin. Das Rauchen hat lange Zeit als Ritual für den Übergang ins Erwachsenenleben gedient und erst in jüngster Zeit und nach anhaltender Aufklärungsarbeit an Attraktivität verloren. Wenn wir ältere Spielfilme sehen, in denen die Helden ständig rauchen, kommen heute sogar Rauchern Bedenken. Damals war es uns nicht aufgefallen! *Steve McQueen* spielt meisterhaft Billard mit einer Zigarette im Mund, deren Rauch ihm direkt in die Augen steigt. *Jerry Lewis* spielt in „Der verrückte Professor" die Rolle des attraktiven, dominanten und coolen Buddy Love, indem er z.B. auf der Tanzfläche noch raucht. Ach ja, die 60er Jahre!

Heutige Medienhelden dürfen nicht mehr rauchen; sie dürfen allerdings exzessiv gewalttätig sein, so lange es für eine „gute Sache" ist, und das ist es scheinbar immer, es wären sonst keine Helden. Mit dem Rauchen haben sie sich wenigstens hauptsächlich nur selbst geschadet. Ich kann mir vorstellen, dass wir, wenn wir mit etwas zeitlichem Abstand auf die derzeitige Kultur zurückblicken, dies ebenso krass empfinden (und als falsch!), wie wir heute die alten Schlote aus dem Hollywood der Sixties wahrnehmen. Hollywood pflegt die Kunst, derartige Pathologien hübsch zu verpacken. Ein fast beliebiges Beispiel: Im Hollywood-Film „Mr. & Mrs. Smith" mit den Superstars *Angelina Jolie* und *Brad Pitt* fällt auf, dass man kaum die Anzahl der Toten (von dem Heldenpaar getöteten!) zählen konnte, und dass mit größter Leichtigkeit und Nonchalance getötet wurde. Die Spielhandlung musste lediglich eine Rechtfertigung dafür konstruieren. Der Film wurde als „romantische Action-Komödie" klassifiziert. Auf den Punkt bringt dieses Phänomen die amerikanische Satireserie „Die Simpsons", innerhalb welcher nahezu regelmäßig die „Itchy & Scratchy Show" vorkommt, eine Kinderserie, die extreme und bizarre Grausamkeiten darstellt und bei der alle Kinder immer herzlich lachen müssen, sogar die brave Lisa.

Hier soll nicht geurteilt, sondern lediglich gezeigt werden, dass „Stärke" in verschiedenen Epochen etwas sehr Unterschiedliches bedeuten kann. Niemand kann sagen, wie sie wirklich aussieht. Wer ist „cool"? Eltern jedenfalls nicht. Unsere Kinder kennen uns genauer, als wir sie kennen. Sie haben ihr ganzes bisheriges Leben damit verbracht, uns zu beobachten – nicht, um uns zu beurteilen, sondern um Vorbilder zu haben. Wenn die Pubertät naht, wird ihre Wahrnehmung für Signale von Wohlbefinden oder Belastung hormonell enorm gesteigert. Wir können ihnen nichts mehr vormachen, sie kaum beeindrucken. Sie haben in diesem Alter (wie wir damals) ein überlegenes Gespür für solche Dinge. Sie finden Wege, uns zielsicher zu provozieren, so dass wir ohne lange Umwege an die Grenzen unserer Beherrschung gelangen und uns unverstellt zeigen müssen. Was wir als Beherrschung ansehen, ist in ihren Augen Vortäuschung eines unechten Wohlbefindens mit dem Ziel, ihre Nachfolge zu erschleichen. Sie wollen nicht Beherrschung lernen, sondern einen Weg zu echtem Wohlgefühl finden. Das ist natürlich bedingt und nicht verhandelbar. Diese Phase kann einige Jahre dauern und mit starken Konflikten einhergehen. Die Konzepte – als Ergebnisse langjähriger Erfahrung, wie Erwachsene sie haben – sind noch nicht verfestigt und können jederzeit revidiert werden. Sicherheit wird hauptsächlich aus der Gruppe der Gleichaltrigen bezogen, weil bei ihnen eine ähnliche Bedürfnislage besteht. Wir suchen nach Modellen und Vorbildern, wir riskieren dafür notfalls Leben und Gesundheit. Maßgeblich ist für uns dabei die wahrgenommene emotionale Ausgeglichenheit des Vorbild-Kandidaten. Die Eltern und Geschwister kennen wir zu gut, die können uns möglicherweise nicht überzeugen. Der Star auf der Bühne, der nie klagt, der immer toll gelaunt ist, der keine erkennbaren Probleme hat, der die Dinge zu besitzen scheint, die wir auch gerne hätten (vor allem: Aufmerksamkeit, Bewunderung, Talent, Belastbarkeit, ein unerschöpfliches Angebot an attraktiven Fortpflanzungspartnern, sorglose Finanzen usw.), ist erkennbar besser gestimmt als der Vater oder die Mutter, die erschöpft und deprimiert nach Hause kommen und dort ihren Kindern noch als nachfolgenswertes Lebens-Modell dienen sollen.

So kann es geschehen, dass wir einem Idol „folgen", indem wir es imitieren: auf eine bestimmte Art sprechen und uns bewegen; genau festgelegte Musik oder Kleidung bevorzugen, wie es vom Idol vorgemacht wird. Wenn wir Glück haben, kostet das nicht viel: die Mütze in einem bisher ungewohnten Winkel aufsetzen; die Schuhe nicht zubinden; den Hosenbund rutschen lassen, das Hemd ganz oder nach einem streng ritualisierten Schema teilweise raushängen lassen; zwei unterschiedliche Socken tragen. Wir signalisieren damit unseren bisherigen Vorbildern, etwa Eltern und Lehrern, dass wir nicht mehr bereit sind, ihnen kritiklos zu folgen. Gleichzeitig zeigen wir der Gruppe der Gleichaltrigen, in welche Richtung wir gerade experimentieren. Wir treten damit auch in einen Wettbewerb ein, der zwischen rivalisierenden Fraktionen in der Gruppe der Gleichaltrigen herrscht: Wer ist besser drauf? Welcher Star hat die größere Attraktivität? In dieser Zeit tauschen sich Jugendliche darüber aus, welche Musik sie bevorzugen, welche Filme, welche Bücher, und warum. Was ist „in", was ist „out". Wichtig ist, auf der Höhe der Zeit zu bleiben, wobei die Eltern für gewöhnlich nicht helfen können. Die Eltern werden unter Umständen übertrieben als festgefahren, unglücklich und hoffnungslos gescheitert wahrgenommen. Sie werden im günstigeren Fall immer noch geliebt und beschützt, aber man kann ihnen nicht mehr folgen. Die Lehrer in der Schule werden gnadenlos beobachtet und thematisiert, nicht im Hinblick auf den Lernstoff, sondern auf ihre persönlichen Eigenschaften, insbesondere auf ihre emotionale Ausgeglichenheit. Diese wird natürlich hart geprüft, durch Experimente und Provokationen, in denen sich jede vordergründige Attitüde auflöst und nur die echte Substanz bestehen bleibt. Es geht weniger darum, ob der Inhalt des Unterrichts brauchbar ist, sondern ob der Pädagoge als Verhaltensmodell taugt. Das bringt für das pädagogische Personal eine extreme Stressbelastung mit sich, das ja vor allem Unterricht geben möchte und nicht dafür ausgebildet ist, sich permanent persönlich infrage stellen zu lassen – etwas, das Eltern dadurch erträglicher wird, dass es voraussichtlich nach wenigen Jahren vorübergeht, während es in der Schule das ganze Arbeitsleben durchziehen kann. Dies ist vermutlich eine der Bedingungen für die notorische Häufigkeit des „Burn-out"-Syndroms bei Lehrern.

Hinter diesem gesellschaftlichen Problem steht also ein durchaus legitimes und natürliches Bedürfnis der Jugendlichen nach Führung und Anleitung, das biologisch verankert ist. Wir sind in diesem Alter besonders unsicher und verletzbar. Je weniger nachfolgenswerte Modelle zu Verfügung in der Familie stehen, desto höher der Druck auf alternative Vorbilder. Die Enttäuschung und Verzweiflung der Jugendlichen über das Fehlen attraktiver Vorbilder kann ein so hohes Maß erreichen, dass eine erhebliche Lebensangst entsteht und sogar der

Suizid als Alternative in Betracht kommen kann. Leistungsprobleme in der Schule beschäftigen die Eltern mehr als die Schüler. Die haben andere Sorgen. Wenn sie einen Weg finden, diese emotional extrem stürmische Zeit zu überstehen, werden auch die Schulleistungen wieder besser.

„Der erste Schritt beim Lernen ist die Liebe zum Lehrer, und im Verlauf der Zeit wird es gewiss geschehen, dass der Knabe, welcher die Wissenschaften um des Meisters willen zu lieben begonnen hatte, später an dem Meister um der Wissenschaft willen hängt. Denn so wie uns Geschenke meistens und gerade darum sehr lieb sind, weil sie von denjenigen herkommen, die uns besonders teuer sind, empfehlen sich auch die Wissenschaften denjenigen, welchen sie nach ihrem eigenen Urteile noch gar nicht gefallen können, durch die Zuneigung zum Lehrer. Ganz richtig hat darum Isokrates gesagt: "Am meisten lernt der, der gerne lernt"; man lernt aber gerne von denjenigen, die man lieb hat. Es gibt aber einige (Lehrer) von so unliebenswürdigem Wesen, das nicht einmal ihre Frauen sie gerne zu haben vermögen: sie zeigen ein grimmiges Gesicht, ein finsteres Gebaren; sie scheinen voll Zorn, selbst wenn sie gnädig aufgelegt sind; sie können nicht gefällig sprechen, nicht den Lachenden freundlich begegnen. Man könnte wohl meinen, dass sie unter einem unfreundlichen Sterne geboren worden seien."
-Erasmus v. Rotterdam (1469-1536)

6.3. „Tyrannen"

Was können Eltern tun, um ihren Kindern in dieser kritischen Lebensphase zu helfen? Das ist nicht leicht. Sie sollen als Vorbild taugen – und dies nicht erst in der Pubertät. Der Kinderpsychiater *Michael Winterhoff*, bekannt geworden durch sein erfolgreiches Buch *Warum unsere Kinder Tyrannen werden, oder: Die Abschaffung der Kindheit*, hat sicher Recht mit seiner Beobachtung, dass eine partnerschaftlich ausgelegte Beziehung zwischen Eltern und Kindern den Kindern schadet, weil sie keine wirkliche Führung ermöglicht. Wir folgen dann denen, die wir führen sollten, und überfordern sie damit einerseits, lassen sie andererseits ohne Orientierung, die sie dringender brauchen als wir. Es ist weniger eine Verwöhnung als ein Mangel. So ähnlich gehen wir häufig mit unseren Haustieren um. Die Kommunikation in manchen Familien läuft hauptsächlich über das Haustier, und das Tier bekommt eine soziale Position, die ihm nicht gut tut und gegen die es sich wehrt, indem es neurotische Symptome bildet. Dann muss die Hunde-Nanny her, die Herrchen und Frauchen die Bedürfnisse ihres Tiers erklärt.

Winterhoff betont die Unersetzlichkeit der Intuition. Recht hat aber ebenfalls der Kinderpsychologe *Wolfgang Bergmann*, wenn er in seinem Buch *Warum unsere Kinder ein Glück sind* davor warnt, durch äußerliche Disziplinierungsmaßnahmen und Einübung von Gehorsam (= „folgen") den Mangel an wirklicher Führungsfähigkeit zu verdecken.

> *„Erziehung ist im Wesentlichen das Mittel, die Ausnahme zu ruinieren zugunsten der Regel"*
> -Friedrich Nietzsche (1844-1900), dt. Philosoph

Kinder würden Eltern mit der gleichen Selbstverständlichkeit und Mühelosigkeit folgen, wie es die Nachkommen der anderen Säugetiere gleichermaßen tun, wenn sie bei ihren Bezugspersonen Kraft wahrnehmen könnten – wir müssen verstehen lernen, was damit gemeint ist. Stärke bedeutet nicht, dass wir die Mittel haben, unsere Forderungen durchzusetzen. Das wissen unsere Kinder schon sehr früh (siehe Abschnitt 1.6. „Die Mutter aller Konflikte"), aber das respektieren sie nicht. Sie werden mit ihrem Verstand mehr oder weniger erfolgreich nach Wegen suchen, sich der kontrollierenden Gewalt zu entziehen. Wirkliche Kraft hat kein festgelegtes Erscheinungsbild, das man emulieren könnte. Das ist das Wunderbare an Kraft! Niemand weiß, wie sie aussieht, deswegen kann man sie schwer vortäuschen. Was gestern stark war, kann heute schwach sein, und umgekehrt. Was bei dem einen stark war, kann bei dem anderen schwach sein, und umgekehrt. Das ist wohl das, was *Winterhoff* mit Intuition meint. Nicht mit Denken, sondern nur mit Intuition können wir uns jederzeit situationsgerecht verhalten, selbst wenn dadurch logische Widersprüche oder „Inkonsequenzen" entstehen. Stures Beharren auf „Struktur" und „Konsequenz" ist meistens kein Kennzeichen von Stärke, sondern von Schwäche, und erzeugt damit in der Erziehungssituation unweigerlich Widerstand. So will man nicht werden.

Die bloße Auflösung von Struktur und Konsequenz ist jedoch ebenso wenig ein Merkmal von Stärke, sondern wird als Schwäche wahrgenommen und löst mit Notwendigkeit Provokation und Aggression aus.

6.4. Soft-Power

Struktur und Konsequenz sind hilfreich bei der Führung und Erziehung von Kindern (und Untergebenen jeden Alters), doch sie sind kein Ersatz für die Attraktivität der Bezugsperson, ihre „Soft-Power". Es bedarf weder Zwang noch Nötigung, noch Bestechung oder Bezahlung.

Allein durch die Anziehungskraft der Persönlichkeit legitimiert sich die Nachfolge.

Und was macht einen Menschen so anziehend, dass wir ihm folgen möchten? Dass er nicht nur in unser übliches Feind/Beute-Schema passt (Was kann er mir antun/Was kann ich ihm antun)? Die Antwort ist überraschend einfach: Es muss ihm gut gehen. Er muss Zufriedenheit, Ausgeglichenheit, Freude, Frieden, Vertrauen, Humor, Klarheit, Inspiration und Begeisterung „ausstrahlen". Unter Ausstrahlung ist die Gesamtheit der weitgehend unbewussten Signale zu verstehen, mit denen wir zwangsläufig unseren Bewusstseinszustand nach außen mitteilen, sei es durch Gesichtsausdruck, Körperhaltung, die Art, wie wir uns bewegen, den Klang der Stimme – alles Dinge, über die wir keine vollständige geistige Kontrolle haben. Es ist schwer, mit der Körpersprache zu lügen. Der Körper wird einen Weg finden, die Wahrheit zu offenbaren, ohne dass es uns selbst bewusst ist, z.B. durch Krankheitssymptome. Auch unsere Stimme verrät uns. Wenn wir z.B. depressiv gestimmt sind, haben unsere Stimmbänder eine schwächere Vorspannung, als wenn wir fröhlich sind. Darauf haben wir keinen bewussten Einfluss! Ein trauriger Tenor produziert weniger Obertöne in seiner Stimme als ein fröhlicher Bass. Wir hören am Telefon, wie der andere gelaunt ist. Den Depressiven verstehen wir schlecht, der Stimme fehlen die Obertöne. Es klingt, als wären bei der Stereo-Anlage die Höhen weggeregelt.

Der Augenausdruck kann Bände sprechen. Die Augen gelten als sprichwörtliche „Spiegel der Seele". Unser Gehirn wurde gut rundum verkapselt, tritt aber an zwei Stellen gleichsam offen zutage: Das sind unsere Augen! Sie sind nicht nur mit dem Gehirn verbunden (das sind alle Körperteile), sondern sie können gleichsam als Teil davon gelten, sitzen wie Schneckenhörner vorne am Gehirn. Wenn wir beunruhigt sind, zeigt sich das am Augenausdruck, am Blick. Wenn wir glücklich sind, teilt sich dies ebenfalls über den Augenausdruck mit. Es steht uns ins Gesicht geschrieben, ziemlich fälschungssicher. Man muss kein Psychologe sein, um die Ausstrahlung eines Menschen zu empfangen und richtig zu deuten. Die damit verbundenen Bewusstseinsvorgänge geschehen so schnell und subtil, dass unser rationales Begriffssystem sie nicht ausreichend beschreiben kann, aber wir erfassen solche Signale intuitiv. Das können auch schon Kinder (und sogar Tiere!). Kinder erscheinen sogar besonders empfänglich für diese

Kommunikationsebene, weil ihre Überzeugungen noch nicht verfestigt sind und sie immer wieder Führung brauchen. Besonders empfindlich werden unsere Sinne aber in der Vorpubertät, wenn das Suchen nach Vorbildern und Helden zum zentralen Lebensinhalt wird.

„Jesus war zwölfjährig, als er im Tempel die Gelehrten beschämte. Wir alle haben mit zwölf Jahren unsere Gelehrten und Lehrer beschämt, waren klüger als sie, genialer als sie, tapferer als sie."
-Hermann Hesse, Literaturnobelpreisträger

Unsere Kinder befinden sich in diesem Alter in einer schwierigen Situation. Sie konnten sich noch nicht festigen, haben noch zu wenig Lebenserfahrung, um allein weiter zu kommen, und suchen dringend nach Vorbildern. Was sie wahrnehmen, sind häufig erschöpfte Eltern, überforderte Lehrer, eine hauptsächlich mit sich selbst beschäftigte Kirche, eine blinde oder einseitig orientierte Wissenschaft, eine starre Bürokratie (die ihnen als „Struktur" verkauft werden soll). Sie reagieren - je nach Mentalität und Konstitution - mit Enttäuschung, Verweigerung, Respektlosigkeit, passivem Widerstand, Schein-Dummheit, Aggressivität, Resignation, Depression, Vernachlässigung, Rückzug, Selbstverletzung, antisozialem Verhalten (z.B. Steine von Autobahnbrücken werfen), suchen Geborgenheit in der Gruppe der Gleichaltrigen, werden anfällig für Rausch- und Suchtmittel oder neigen zu Kritiklosigkeit bei der Wahl ihrer Vorbilder.

6.5. Nutzanwendung

Das Beste, was einem Kind passieren kann: glückliche Eltern. Diesen kann es leicht folgen. Und Kinder wissen, ob ihre Eltern glücklich sind, oder wie es ihnen geht. Sie hören es, sie sehen es, sie fühlen es. Sie fühlen es auch bei anderen Menschen, etwa bei Lehrern und Erziehern, aber am genauesten kennen sie für gewöhnlich ihre Eltern. Diese kennen ihre Kinder auch, aber Kinder kennen ihre Bezugspersonen besser. Sie tun schließlich jahrelang kaum etwas anderes, als diese zu beobachten, und auch mit den Geschwistern sprechen sie oft über sie. Kinder erkennen geringfügige Veränderungen in deren Ausdrucksverhalten und wissen, was sie bedeuten. Wir können ihnen nichts vormachen! Zwar fehlt ihnen die Erfahrung, um ihre Beobachtungen zuverlässig einzuordnen, zu verstehen oder gar in Worte zu fassen, aber dafür haben sie extrem feine Sinne (und oft nichts Vernünftiges zu tun).

Sie folgen uns, weil sie zunächst keine andere Wahl haben und mit starker Angst reagieren, wenn sie von uns getrennt werden. Im weiteren Verlauf ihrer Entwicklung kommt jedoch das Stadium, in welchem es für sie immer bedeutsamer wird, WOHIN sie uns folgen. Eltern kennen das: In der Grundschule hat auf einmal die Lehrerin (bzw. der Lehrer) recht, wenn sie/er eine von der elterlichen Meinung abweichende Ansicht vertritt. Das Kind hat nun eine Möglichkeit, sich ein wenig von den Eltern abzulösen, und nutzt diese. Es kommt natürlich darauf an, wie attraktiv das Verhaltensmodell Lehrer/in ist. Von einem Lehrer mit der Wesensart wie sie oben (nach meiner Erfahrung keineswegs übertrieben) von *Erasmus* beschrieben wurde, wird das Kind eher wenig annehmen, dies betrifft leider auch den Lehrstoff. Es wird sogar bei gutem Willen Mühe haben, zu „folgen". Das Kind folgt nicht dem Unterricht, wie vielleicht der Lehrer glaubt, sondern es folgt der Lehrperson. Sonst brauchte man gar keine Schulen, im Schulfernsehen ist alles didaktisch zumeist perfekter aufbereitet, aber es fehlt eben die Lehrperson. Unterricht ohne Lehrer geht erst mit entsprechend motivierten Erwachsenen. Ob das aktuelle japanische Schulexperiment mit Lehr-Robotern für Grundschulkinder funktioniert, bleibt zunächst zu beobachten.

Das „Folgen" geschieht also nicht, weil die anleitende Person das wünscht, sondern weil es einem Bedürfnis des Kindes entspricht. Entsprechendes gilt auch für das Nicht-Folgen. Wenn z.B. die Mutter erschöpft, genervt und voller Sorgen heimkommt und aus diesem negativen emotionalen Zustand heraus ihre halbwüchsige Tochter zu Hilfeleistungen auffordert, wird diese Schwierigkeiten haben, dem nachzukommen („Bring mal den Müll runter" – „Ja, gleich"). Kinder und Jugendliche äußern sich manchmal direkt zu dieser Problematik, sie sagen (sinngemäß): Ich könnte problemlos tun, wozu du mich aufgefordert hast, aber wegen der Art, wie du es getan hast, geht es jetzt nicht. „Ja, gleich" ist eine Kurzform davon. „Mach' deine Hausaufgaben", „Räum' dein Zimmer auf" – „Ja, gleich". Es ist ihnen zumeist selbst nicht bewusst, warum das Folgen so schwer ist. Der unbewusst im Hintergrund wirksame Gedanke lautet etwa: Wenn ich das tue, was dieser Mensch von mir verlangt, wenn ich ihm also folge, dann werde ich demnächst dort sein, wo er jetzt ist – und dieses emotionale Elend möchte ich gerne vermeiden. Das heißt nicht, dass unsere Kinder uns nicht lieben! Sie können uns nur nicht einfach folgen. Und wir können uns die seelische Größe leider oft nicht leisten, (sinngemäß) einzugestehen: Ich kann verstehen, dass du mir nicht folgen möchtest, und es tut mir weh, dass ich dir kein attraktiveres Modell sein kann. Ich kann mich im Moment selber nicht besonders leiden. Aber ich brauche jetzt deine Hilfe...

„Es gibt keine andere vernünftige Erziehung, als Vorbild sein - wenn es nicht anders geht, ein abschreckendes."
-Albert Einstein (1879-1955), Physiker

Allein ein derartig ungewöhnliches Maß an Aufrichtigkeit könnte die Situation total verändern. Ich möchte klarstellen: Es soll hier nicht für eine partnerschaftlich geartete Beziehung zwischen Eltern und Kind argumentiert werden, eine solche kann es kaum geben. Aber es ist vollkommen unbedenklich, der Person des Kindes Respekt zu erweisen, indem man diese Problematik anerkennt und dies dem Kind auch signalisiert! Respekt braucht nicht viele Worte. Es wäre ein Zeichen von Stärke und würde damit sogar eine Nachfolge-Reaktion begünstigen. Dass wir stattdessen dazu neigen, uns herausgefordert zu fühlen und glauben, einen Machtkampf inszenieren zu müssen, wird als eher schwach erlebt, selbst wenn wir uns bei dem aktuellen Konflikt durchsetzen können. Dann haben wir zwar „gewonnen", in Wirklichkeit aber verloren, nämlich unsere „Soft-Power". Wie gesagt: Wir müssen uns nicht unseren Kindern erklären (das könnten sie sowieso nicht verstehen), wie es dazu gekommen ist, dass wir in einem so erbärmlichen Bewusstseinszustand sind. Das ist eine lange Geschichte und dürfte uns ohnehin selber kaum klar sein. Aber die Anerkennung einer Herz-zu-Herz-Beziehung, die nichts mit äußerlicher Macht zu tun hat oder mit den Rollen, die wir in der Welt spielen müssen, könnte uns als nachfolgenswertes Modell qualifizieren. Vielleicht ist es das, was Pestalozzi mit seinem Satz meinte: Erziehung ist Vorbild **und** Liebe. Wir müssen nicht so tun als wären wir obenauf, als hätten wir alles unter Kontrolle, das glaubt uns sowieso keiner, und unsere Kinder kommen auch ziemlich schnell dahinter. Dafür sind sie klug genug. Wer über Respektlosigkeit seitens der Jugend klagt, sollte sich darüber im Klaren sein, dass wir in dieser Beziehung häufig selbst kein ausreichendes Vorbild bieten. Mit Respekt sind hier nicht Manieren und Umgangsformen gemeint – diese können missbraucht werden – sondern die Fähigkeit, die andere Person in ihrer Tiefe wahrzunehmen und anzusprechen. In Indien gibt es die Grußformel „Namasté", die mit vor dem Körper aneinandergelegten Händen und einer leichten Verbeugung ausgeführt wird. Albert Einstein soll Mahatma Gandhi gefragt haben, was dies bedeute. Dieser habe geantwortet: „Ich ehre den Platz in dir, in dem das gesamte Universum residiert. Ich ehre den Platz des Lichts, der Liebe, der Wahrheit, des Friedens und der Weisheit in dir. Ich ehre den Platz in dir, wo, wenn du dort bist und auch ich dort bin, wir beide nur noch eins sind." Das ist Respekt (wenn es ernst gemeint ist). Wenn wir diesen unseren Kindern entgegenbringen, dürfen wir auch Nachfolge von ihnen erwarten. Das hat nichts mit der Unterrichtsmethode oder dem beobachtbaren Erziehungsstil zu tun, sondern ist eine Eigenschaft der Persönlichkeit des erfolgreichen Pädagogen. Erfolgreich soll nicht notwendigerweise heißen, dass so einer es zum Schulleiter oder leitenden Kultusbeamten bringt – obwohl dies äußerst wünschenswert wäre. Aber das hängt von den politischen Umständen ab. Erfolgreich heißt, dass ein natürlicher Energiefluss („Flow") zwischen Lehrer und Schüler entsteht, der von Freude begleitet wird und auf beiden Seiten einem Burn-out entgegenwirkt. Wenn Nachfolge durch institutionell begründete Macht erzwungen werden soll statt durch echte Autorität, muss mit endlosem verdecktem oder offenem Widerstand gerechnet werden. Die Schüler haben dabei noch den Trost, dass sie in absehbarer Zeit die Institution verlassen können; der Lehrer muss zur Strafe bleiben.

Vermutlich hat jeder schon die Beobachtung gemacht, dass andere uns mühelos folgen können, wenn wir ausgeglichen, glücklich und begeistert sind. Wenn wir uns freuen, weil wir etwas Schönes erlebt haben oder uns etwas Schönes bewusst geworden ist, können wir möglicherweise auf äußere Machtentfaltung verzichten. „Bring mal den Müll runter" klingt dann ganz anders. Statt einer Zurückweisung könnten wir dann vielleicht Nachfolge erleben. Wir sollten uns darüber im Klaren sein, dass wir diese „Soft-Power" Kindern und Jugendlichen nicht vortäuschen können. Sie würden es intuitiv durchschauen und sich verweigern, und hätten sogar Recht damit.

„Ich erziehe meine Tochter antiautoritär, aber sie macht trotzdem nicht, was ich will."
-Nina Hagen, Rocksängerin

6.6. Autorität

Autorität kommt von dem griechischen Wort *autos,* das heißt: selbst! Autorität dürfen wir dann beanspruchen, wenn wir <u>wir selbst</u> sind, und nicht jemand anderer oder der Vertreter einer Institution. Und wir selbst sind nicht das, was wir glauben und denken, denn das kommt nicht von uns, sondern ist erworben und kann sich ändern. Autorität kann nicht „verliehen" werden. **Wenn wir unsere Tiefe unverstellt kommunizieren, üben wir Autorität aus.** Das „wahre Selbst" unserer Tiefe ist die Seele, der Ursprung unseres Fühlens (siehe Abschnitt: 1.4. „Fühlen").

Meistens gebrauchen wir den Begriff Autorität anders. Jemand, der viel weiß, gilt als „Autorität" auf einem bestimmten Gebiet. Von ihm kann man lernen oder sich sein Wissen sonst irgendwie zunutze machen. Diese Art von Autorität spricht den Geist an (siehe Abschnitt 1.7. „Geist"). Es gibt aber auch eine Autorität, die aus tieferen, seelischen Bereichen der Person kommt, und die sich nicht auf gelerntes Wissen stützt. Diese Autorität wirkt sich aus, wenn die Person spricht, aber auch, wenn sie schweigt. Sie kann sich im Handeln zeigen, aber auch in Ruhe. Dies ist die Autorität, die aus dem eigentlichen Selbst entsteht, wenn die Bedingungen es erlauben.

> *„Dsï Hia fragte den Meister Kung und sprach:»Was ist von Yän Hui als Menschen zu halten?« Der Meister sprach:»In der Liebe ist er mir überlegen.« Er sprach:»Was ist von Dsï Gung als Menschen zu halten?« Der Meister sprach: »An Scharfsinn ist er mir überlegen.« Er sprach:»Was ist von Dsï Lu als Menschen zu halten?« Der Meister sprach:»An Kühnheit ist er mir überlegen.« Er sprach:»Was ist von Dsï Dschang als Menschen zu halten?« Der Meister sprach: »An Würde ist er mir überlegen.«*
>
> *Dsï Hia stand von seinem Platze auf und sprach:»Ja, wie kommt es denn, dass die vier dem Meister dienen?« Der Meister sprach:»Setz' dich, ich will es dir erklären. Yän Hui kann wohl lieben, aber er kann nicht widersprechen. Sï (Dsï Gung) kann wohl scharfsinnig sein, aber er kann nicht andern zustimmen. Yu (Dsï Lu) kann wohl kühn sein, aber er kann sich nicht vorsichtig zurückhalten. Schï (Dsï Dschang) kann wohl würdevoll auftreten, aber er kann sich nicht andern gesellen. Nimm die Eigenschaften der vier zusammen, um mit mir zu tauschen: ich tue nicht mit. Das ist der Grund, warum sie mir dienen und keinem andern."*
>
> Aus: Liä Dsi - Das wahre Buch vom quellenden Urgrund, 5. Jhd. v. Chr.

Entscheidend ist die Ausgeglichenheit der Persönlichkeit. Wie gut harmoniert die Person mit sich selbst – und nicht, wie gut harmoniert die Person mit ihrer sozialen Umwelt. Unsere Erziehung richtet sich hauptsächlich darauf, mit anderen Menschen so gut wie möglich zu harmonieren. Darüber wird oft versäumt, dass wir uns vor allem mit uns selbst vertragen müssen, um uns wohl zu fühlen. Unsere Entwicklung steht unausgesprochen unter der sozialen Vorgabe, uns zu brauchbaren Mitgliedern der Gesellschaft zu machen. Dafür lernen wir Lesen und Schreiben, Mathematik und Fremdsprachen, immer im

Hinblick auf unseren Wert im sozialen Zusammenhang. Ob wir dabei von unser tatsächlichen inneren Eignung und Bestimmung weggeführt werden, ist für die politischen oder kulturellen Institutionen von untergeordneter Bedeutung. So kann es geschehen, dass wir zwar viel lernen, aber wenig von uns selbst verstehen.

Der Weg zu innerer Ausgeglichenheit muss sich danach richten, wie gut wir uns selbst verstehen. Es kann jemand ein hohes Maß an öffentlicher Anerkennung erhalten, sich selbst aber nicht wohlfühlen. Wir können in der Außenwelt erfolgreich sein, aber wenn wir nach Hause kommen, wo unsere Partner und Kinder wohnen, haben wir bei ihnen vielleicht weniger Erfolg. Und wenn wir allein sind, spielen unsere äußeren Erfolge keine Rolle mehr. Dann zählt nur, wie gut wir uns selbst leiden können. Dafür haben wir möglicherweise nicht genug getan, und wir wurden darin auch nicht gefördert. Niemand scheint ein besonderes Interesse daran zu haben. Bei Erziehung und Bildung geht es vorrangig um Orientierung an der sozialen Erwünschtheit. Wie wir in der Welt beurteilt werden, ist das wichtigste Kriterium. Wenn sich dabei die Person noch wohlfühlen kann, um so besser, Glück gehabt. Wenn nicht, hat sie ein Problem. Man wird sie dazu drängen, sich in der Selbstbewertung mehr nach den äußeren Vorgaben auszurichten. Es ist die Fortsetzung des Urkonflikts (s. Abschnitt 1.6. „Die Mutter aller Konflikte"). Du hast deine Gefühle, doch die bedeuten nur dir etwas. Die Macht liegt aber auf der anderen Seite und darf nicht angezweifelt werden. Sie herrscht durch Gewalt und Angst, und sie überzeugt dich, dass du von ihr abhängig bist. Deine Gefühle können dich in Schwierigkeiten bringen, also pass auf sie auf. So wird die Seele in Ketten gelegt. Aber wir können ohne sie nicht glücklich werden, selbst wenn wir äußerlich erfolgreich sind. Die Seele muss befreit werden, gegen eine vielgestaltige hoffnungslose Übermacht.

6.7. Drachen und Prinzessinnen

Diese Konstellation bildet das archetypische Grundmuster für die meisten Märchen und Mythen. Es ist immer die selbe alte Geschichte in zahllosen Varianten. Die unterdrückte Seele zeigt sich im Urbild aller in hohen Türmen eingesperrten Prinzessinnen, die einem mächtigen Drachen geopfert werden sollen. Selbst ihre Eltern können ihr nicht helfen, obwohl sie sympathisieren. Gegen den Drachen kommen sie nicht an. Alle haben Angst vor ihm, er ist ein Monster. Er ist böse.

Häufig sitzt er außerdem noch auf einem Schatz, dessen Wert nicht im Bereich unseres Vorstellungsvermögens liegt, weil er z.B. magische Gegenstände enthält. So etwas macht auch ein wenig Angst (symbolisiert durch den Drachen. Der hat manchmal mehrere Köpfe, aber nur einen Willen, was eine innere Beziehung zum Kollektiv andeutet. Man braucht oft einen Trick oder eine magische Waffe, die Köpfe wachsen sonst nach).

Wenn die richtige Zeit gekommen ist, taucht der Held auf, der den Drachen besiegt und die Prinzessin rettet, die dann ihm gehört, sowie das halbe (und später ganze) Reich. Der Schatz gehört wieder den Menschen, allen geht es gut. Aber der Drache hat Nachkommen hinterlassen… Auch in modernen Märchen lässt sich das Böse nie ganz ausrotten. Als in der Hollywood-Verfilmung des Godzilla-Mythos das Monster und seine gefräßige Brut mit sehr viel Mühe endlich erlegt werden konnten, sieht man am Schluss des Filmes, dass doch ein Ei unbemerkt übriggeblieben ist. Das sollte nicht nur als Anknüpfungspunkt für eine mögliche Fortsetzung, Godzilla 2, verstanden werden, sondern entspricht völlig dem archetypischen Mythos, nach welchem sich das Böse nicht endgültig vernichten lässt.

6.8. Der Held ist auf sich gestellt und muss gegen viele Hemmnisse ankämpfen, er hat nur wenige Freunde. Immer wieder spielt sich die Geschichte von David und Goliath ab. Das Böse hat nur eine Schwachstelle, aber der Held hat Mut und intuitive Sicherheit, oder eine magische Waffe, so dass er diese Schwachstelle genau trifft. Der Held wird zunächst unterschätzt und wird oft verraten. Das Rettungswerk ist extrem schwer. Wenn man dem Drachen einen seiner häufig mehrfachen Köpfe abschlägt, wachsen sie doppelt nach. Man braucht besondere Kenntnisse, um ihn zu besiegen. Er hat schon viele tapfere Ritter gefressen. Der Held bekommt übernatürliche Hilfe, außerdem liebt er die Prinzessin wegen ihrer Schönheit. Und so kann die Befreiung nach schweren Kämpfen am Ende gelingen. Die Prinzessin liebt auch den Helden, und sie werden glücklich, im günstigen Fall bis an ihr Ende. Aber die nächste Generation hat wieder ihre eigenen Kämpfe; spätestens, wenn es um das Erbe geht.

Das symbolisiert die Geschichte, die sich im Leben eines jeden Einzelnen abspielt. Deswegen ist sie so zeitlos faszinierend. Die eingekerkerte, unschuldige, jungfräuliche Prinzessin stellt ein Symbol unserer Seele dar, die sich scheinbar wehrlos und zart als Opfer eignet, und sie wird von dem Drachen gefordert. Er wird sehr böse und nachtragend, wenn man ihm etwas anderes unterschiebt! Aber sie ist wunderschön und sie gehört niemandem, das ist die Symbolbedeutung der Jungfräulichkeit. Dies erweckt Liebe im Helden, der sich dadurch aufgerufen fühlt, sie zu retten. Die Aussicht auf das halbe Königreich bedeutet eine zusätzliche Belohnung, aber nicht das Hauptmotiv. Das einzige erlaubte Motiv ist reine Liebe. *Amor vincit omnia*, die Liebe besiegt Alles, haben wir in Abschnitt 5.5.1. erfahren. Die Liebe, die Liebe ist eine Himmelsmacht, wie in der Operette „Der Zigeunerbaron" (Johann Strauß, 1885) gesungen wird. Sie bekommt ihre Energie vom Himmel, das heißt, sie stimmt mit den Naturgesetzen überein und kann somit für den menschlichen Geist, der aufgrund seiner Unreinheit die Naturgesetze nicht wirklich durchschauen kann, kaum berechnet werden. Das erklärt ihre Erfolge auch in unwegsamem Gelände. Sie steht unter dem besonderen Schutz der Gottheit. Damit ist nicht nur die erotische Variante der Liebe gemeint, sondern vor allem das Gefühl, zu dem wir vom ersten bis zum letzten Atemzug fähig sind und das uns zu Helden machen kann. Wir empfinden Sehnsucht nach Schönheit, können dieses Gefühl zwar ignorieren, aber nicht ausschalten. Die Schönheit der materiellen Welt fasziniert uns und lockt uns hinaus, aber sie bleibt wie das Ende eines Regenbogens immer nur ein Versprechen. Unsere Sinne ziehen uns unwiderstehlich nach außen.

Mit Glück oder aufgrund geheimer Beziehungen begegnen wir jedoch einer guten Fee oder einem freundlichen Zauberer, der uns den magischen Spiegel vorhält, in dem wir sehen können, dass in uns selbst, in unserem Innersten, die wahre Schönheit schlummert, und werden von Liebe zu ihr ergriffen. Dann werden wir die Helden in unserem eigenen Leben und kämpfen für die Freiheit der Seele. Und der Mythos sagt, dass wir durchaus eine realistische Chance haben! So wie der Held im Märchen, der drei unlösbare Aufgaben vollbringen muss, drei Rätsel lösen muss, Drachen und Riesen besiegen muss und dabei alle Hilfe des Himmels gebrauchen kann. Am Ende dieses Prozesses steht der befreite Mensch, der sich selbst nun vollständig kennt und auch weiß, womit er es in der Außenwelt zu tun hat. Dann sind wir wieder wir selbst, und dann verfügen wir über Autorität von der besten Sorte.

Mit dem Herzen verstehen wir diesen Archetyp unmittelbar, er wird uns in all seinen ständig neuen Variationen nie langweilig. Eher hat der Geist Schwierigkeiten. Er spürt, dass es gegen ihn geht. Er kennt keine ewige Liebe. Der geistreiche *Oscar Wilde* lässt in seinem Roman „Das Bildnis des Dorian Gray" die zynische Hauptperson Lord Henry sagen: "Der einzige Unterschied zwischen einer Laune und der ewigen Liebe besteht darin, dass die Laune etwas länger dauert." Er kann nicht wissen, wovon er spricht. An seiner statt leidet und altert nur sein Portrait, das verborgen auf seinem Dachboden liegt. Normalerweise ist es umgekehrt: Uns sieht man an, was wir durchgemacht haben, während unsere Seele schön und unberührt bleibt und auf uns wartet.

Es sei hier klargestellt, dass im Kontext dieses Buches mit Liebe nicht unsere Liebesbeziehungen gemeint sind, sondern **das Gefühl namens Liebe**, welches beim Menschen durch die Wahrnehmung von Schönheit ausgelöst wird und durch welches wir überhaupt wissen, was schön ist. In diesem Sinne können wir lieben vom ersten bis zum letzten Atemzug. Das Gefühl Liebe ist nicht an Erotik gebunden. Wir lieben alles, was schön ist – und wir hassen, was hässlich ist, deswegen heißt das Wort so. Wir können gar nicht anders, das ist unser Schicksal als Menschen. Wenn wir den Beziehungspartner nicht mehr als schön wahrnehmen können, nichts Schönes mehr in ihm sehen können, fällt es uns schwer, ihn zu lieben. Wenn wir Hässliches an ihm wahrnehmen, fällt es uns schwer, ihn nicht zu hassen. Natürlich sehen wir ihn auch ganz anders, wenn wir ihn lieben – die Liebe zeigt uns die Schönheit, und die Schönheit lässt uns lieben. Der Hass zeigt uns die Hässlichkeit, und die Hässlichkeit lässt uns hassen. Das Gefühl überdauert die Wahrnehmung. Trotzdem – wenn ich an der geliebten Person immer mehr Hässliches entdecke, ist die Liebe in Gefahr. Wenn ich am Anderen immer mehr Schönes finde, bekomme ich es vermutlich mit der Liebe zu tun – was immer neurophysiologisch dahinter stecken mag. Und die Liebe entfaltet umgehend ihr Charisma, macht uns nicht nur gesünder, sondern attraktiver, liebenswerter, vertrauenswürdiger – sie gibt uns eine natürliche Autorität.

6.9. Möge die Macht mit uns sein!

Auch der Hass kann Autorität verleihen, er ist der dunkle Schatten der Liebe und gleicht ihr in vielen Eigenschaften. Auch er kann Kraft geben und Zielstrebigkeit, Ausrichtung und Tatkraft, ähnlich wie die Liebe. Jedoch im Gegensatz zu ihr fehlt ihm die Aura von Schönheit, Sanftheit und Heilsamkeit. Immerhin, in einer Welt ohne Liebe kann der Hass den Thron hijacken, das heißt: unrechtmäßig besetzen. Doch da er der unrechtmäßige Herrscher ist, kommt er nie zur Ruhe. Er muss ständig vor dem Wiedererscheinen der Liebe auf der Hut sein, die ihm jedoch, da er nur ein Schatten ist, immer voraus ist. Das Imperium schlägt zurück, aber die Rebellion siegt am Ende, weil die „Macht" mit ihr ist. Sie hat irgendwie mehr Glück. Luke Skywalker schaltet in der entscheidenden Schlacht seine Zielautomatik aus, es geht nur noch um eine Sekunde, und alles wäre verloren - doch er vernichtet den schier unbesiegbaren, übermächtigen Todesstern mit einem einzigen, intuitiv manuell abgefeuerten Schuss.

Das Publikum hat nichts anderes erwartet. Ein tiefes, inneres Wissen wird dadurch bestätigt, selbst wenn es nur eine erfundene Geschichte ist. Luke Skywalker hat die Eigenschaften des Helden. Er braucht nicht einmal real zu existieren, und doch möchte man ihm folgen, man fühlt sich sicher in seiner Nähe. „Lord" Darth Vader ist auch ein Meister der „Macht", aber, wie Obiwan Kenobi ihn belehrt, nur ein Meister im Bösen. Er wird in der kosmischen und filmischen Dramaturgie nur gebraucht, um den zwar unwahrscheinlich erscheinenden, aber bereits feststehenden Endsieg des Guten um so strahlender erscheinen zu lassen. Immerhin, er hat große Macht, und es tut nicht gut, ihm zu widersprechen. Die Rebellen mit ihren Jedis müssen im Verborgenen arbeiten und sind schlechter ausgerüstet, sie werden immer gejagt und erleiden große Verluste, aber die Macht ist mit ihnen. Das genügt.

„Möge die Macht mit dir sein" bedeutet dasselbe wie der bayrische Abschiedsgruß „Pfüati!" (= im Langtext: Es führe dich Gott). Früher hieß das: *Dominus vobiscum* (der Herr sei mit Euch). Es gibt nichts wirklich Neues. Es ist vielleicht nur eine Grußformel, aber dahinter steckt das archetypische Wissen, dass es einen unbesiegbaren Weg gibt, im Film dargestellt durch die Jedi-Ritter. Einer von ihnen kann einen ganzen Planeten retten. Das Böse muss am Ende trotz aller Grandiosität zugrunde gehen, weil sich egoistische Zwecke nicht mit diesem Weg vereinbaren lassen. Die größte Schwierigkeit besteht darin, sich die Stärke der „Macht" nicht zu Kopfe steigen zu lassen. Daraus entsteht das Böse, und das große galaktische Epos kann erneut stattfinden.

6.10. Begabungen

Zurück aus der Symbolwelt der alten und neuen Mythen: Was folgt daraus für die Probleme von Lehrern, Eltern und allen, die Erziehungs- und Führungsaufgaben haben?

Einer Institution kann man nicht folgen. Nur Personen kann man folgen, unter den beschriebenen Bedingungen. Das, was die Person ausstrahlt, bewirkt, ob man ihr folgt oder nicht. Eine gute Schule ist eine Schule mit guten Lehrern. Gute Lehrer haben gute Schüler. Die Schüler bilden den Maßstab für die Qualität des Lehrers.

Sehr interessant ist in diesem Zusammenhang das berühmt gewordene Schulexperiment 2008 in Malmö, Schweden: Eine der schlechtesten Schulklassen bekam für ein halbes Jahr eine Auswahl der besten Fachlehrer. Das Ganze wurde im Fernsehen fortlaufend berichtet. Nach einem halben Jahr war diese Klasse eine der drei besten schwedischen Schulklassen! Man kann natürlich nicht alle Lehrer austauschen, aber es zeigt, worauf es im Unterricht ankommt und könnte helfen, Arbeitsbedingungen, Ausbildungsrichtlinien und Prüfungsordnungen für Lehrer zu verbessern. Dies war vermutlich auch der Sinn des Experiments. Vielleicht müssen nicht alle Lehrkräfte ausgetauscht werden. Die Stimmung an der gesamten Schule ändert sich, je nachdem, ob z.B. ein zwanghafter und kleingeistiger Rechthaber als Schulleiter eingesetzt wird, der mit seiner letzten Beförderung seine pädagogische Kompetenz uneinholbar überschritten hat, oder ein begeisterter, engagierter und charismatischer Visionär, der die kreativen Kräfte seines Teams fördert. Dazu braucht nicht einmal die Institution Schule neu erfunden zu werden, und es würde keine Kosten verursachen – voraussichtlich viel weniger als eine schlechte Schule.

Eltern sind nicht austauschbar. Aber vielleicht ist es möglich, das Bewusstsein dafür zu stärken, wie wichtig die Vorbildfunktion der wichtigsten Bezugspersonen ist. Das Bewusstsein kann sich ändern! Durch beharrliche Aufklärung, ohne moralischen Zeigefinger und mit genügend Geduld, ist es gelungen, in der ganzen Bevölkerung die Wahrnehmung von z.B. Umweltbelastungen oder Suchtgefahren nachhaltig zu verbessern. Die Politik, wo sie nicht führen kann, wird folgen müssen. Wenn von der Bevölkerung das mehrheitliche Bedürfnis nach einer Gesetzesänderung ausgeht, wie etwa beim Rauchverbot, wird die öffentliche Verwaltung reagieren. Man darf nicht von der öffentlichen Verwaltung erwarten, dass sie glückliche Eltern produziert, aber sie könnte vielleicht helfen, der Elternschaft mehr Aufmerksamkeit, Anerkennung und Hilfe zuzuwenden, damit sie ihre unverzichtbare Vorbildfunktion mit weniger Sorge und mehr Freude wahrzunehmen vermag – so dass nicht die Ankunft eines Kindes eine wirtschaftliche Dauer-Katastrophe für die Eltern mit sich bringt. Eltern haben oft alle Hände voll zu tun, um sich finanziell über Wasser zu halten und kommen nicht ausreichend dazu, ihren Kindern Führung zu bieten.

Leider gibt es allein schon wegen der demographischen Entwicklung immer weniger Eltern (= Wählerstimmen), so dass zu befürchten ist, dass deren Bedürfnisse politisch eher an Bedeutung verlieren. Aber vielleicht geschieht ein allgemeiner Bewusstseinswandel, so wie wir heute bereits Pflanzen und Tiere anders, nämlich differenzierter, wahrnehmen, und sie nicht nur nach dem Gesichtspunkt essbar/nicht essbar einteilen. Wir nehmen den Weltraum heute anders wahr als noch vor wenigen Jahren. Damals war das einfach nur ein sehr großer leerer Raum, in dem wir in unseren Phantasien herumgeflogen sind. Heute wissen wir, dass der Raum alles andere als leer ist, und dass wir nur durch unsere Atmosphäre vor einer Fülle von tödlichen Gasen, Strahlen und Teilchen geschützt werden, und dass wir sie besser nicht kaputt machen sollten. Die Zukunft ist zwar nicht mehr das, was sie einmal war, aber sie steckt um so mehr voller Überraschungen. Selbst die sonst so beharrlichen Zeugen Jehovas haben es anscheinend aufgegeben, den Weltuntergang präzise zu datieren, nach mehreren peinlichen Fehlschlägen. Nicht einmal auf die Zerstörung ist mehr Verlass!

Die gelungene seelisch-mentale Integration der Persönlichkeit bildet die natürliche Grundlage für den Anspruch auf Nachfolge und lässt sich nicht ungestraft durch eine willkürliche Institutionalisierung ersetzen. Zynismus ist nur ein Signal für das, was modern „Burn-out" heißt. Es gibt gute Lehrer, d.h. Menschen mit angeborener pädagogischer Begabung, diese (und andere nicht) sollte man ermutigen, den Lehrberuf auszuüben. Es gibt gute Ärzte (Menschen mit angeborener Heilbegabung), diese sollten auch Medizin studieren können. Menschen mit angeborenem Gerechtigkeitsgefühl und moralischer Urteilsfähigkeit sollten Richter werden können. Organisationstalente werden in der Verwaltung gebraucht, Kämpfer beim Militär, medial Begabte bei der Vermittlung von Religion und so weiter. Ein großes Problem unserer Gesellschaft besteht darin, dass in vielen Tätigkeitsbereichen die Berufswahl nicht nach Begabung und Neigung erfolgt, sondern durch die Förderung anderer Eigenschaften, z.B. die Fähigkeit, mit dem Schulsystem zurechtzukommen. Dies dürfte sich auch nicht administrativ ändern lassen. Der ideale Staatsmann hätte, nach Sokrates, nichts anderes zu tun, als jedem die Aufgabe zuzuweisen, für die er geeignet ist. Ähnliches wurde im antiken vedischen Indien durch das Kastensystem angestrebt und hat anscheinend unter der Leitung der Brahmanen-Kaste sogar relativ lange funktioniert – bis irgendwann nicht mehr Eignung, sondern Herkunft über die Kastenzugehörigkeit bestimmten. Das muss schon sehr lange her sein und ließ sich auch nicht mehr rückgängig machen. Es begann vermutlich damit, dass die Brahmanen-Kaste selbst dekadent wurde und die für so ein politisches Modell notwendige echte Autorität nicht mehr besaß. Übrig blieb eine reiche, alte Tradition, die aber, wie überall, einer Erneuerung eher im Wege zu stehen scheint.

6.11. Hoffnung

Bewusstseinswandel ist aber immer möglich, oder besser: unvermeidbar. Die Dinge können nicht bleiben wie sie sind, selbst, wenn man alles dafür tut. Diese Veränderungen werden nicht durch menschliches Wollen erzeugt – sonst könnte man schier verzweifeln – sondern geschehen aus natürlicher Gesetzmäßigkeit unaufhaltsam auf breiter Front, so wie unser Altern. Es scheint sich von Tag zu Tag nicht viel zu tun, manchmal entsteht sogar der Eindruck, man könne die Zeit vorübergehend rückwärts laufen lassen und wieder jünger werden. Aber ein Blick auf das vorletzte Passbild genügt: Es werden keine Ausnahmen gemacht. Oder, weniger betrüblich, das Phänomen der Jahreszeiten. Sie lassen manchmal auf sich warten, doch sie kommen, und immer in der richtigen Reihenfolge. Vielleicht können wir sie stören, durch einen nuklearen Winter oder Klimakatastrophen, aber die Natur wird ihren Rhythmus wieder finden - hoffentlich nicht, indem sie uns beiläufig beseitigt. Man dürfte es ihr noch nicht einmal übel nehmen, da kann man die Zeugen Jehovas schon verstehen. Aber die Hoffnung ist durchaus gerechtfertigt, dass sie einen liebevolleren und überraschenderen Weg finden wird als die Sterilisation des Planeten. Hoffnung ist ein Gefühl! Es gehört zu unserer perfekten

Grundausstattung, die wir mit dem ersten Atemzug in unser Leben mitbringen (siehe Abschnitt 1.4.: „Fühlen"), und sie bedarf keiner erworbenen Rechtfertigung. Man muss einen Menschen schon sehr quälen, dass er nicht mehr zu hoffen wagt. Vielleicht können wir die Hoffnung aufgeben oder uns so etwas einbilden, doch die Hoffnung gibt uns nicht auf, sie meldet sich hier und da, z.b. in Gestalt von Sehnsucht nach besseren Zeiten.

„Der Gedanke an ein besseres Leben ist unauslöschlich in unsere Herzen und Hirne geschrieben"
-Paul Simon, US-amerikanischer Sänger und Songwriter

Paradieslegenden existieren in allen Kulturen, oft verbunden mit Prophezeiungen über ein bevorstehendes neues goldenes Zeitalter. Bedauerlicherweise haben die Religionen, vermutlich um ihre Macht zu stärken, die Aussicht auf die Wiederkunft des Paradieses auf einen Zeitpunkt nach dem Tod des Menschen gelegt, als Alternative zur Hölle, dann allerdings sofort. Man muss keiner Religion folgen, um zu erkennen, dass es vor dem Tod genug Hölle auf Erden gibt. Mit diesem Leben bekommen wir die Fähigkeit zu fühlen, und wenn wir nicht glücklich sind, sind wir unglücklich. Wenn wir nicht im Himmel sind, sind wir in der Hölle. Beides findet im Leben statt. Der Unterschied zwischen Glücklichsein und Unglücklichsein ist sehr groß. Es scheint, als wäre man in verschiedenen Welten. Aber dazu brauchen wir nicht zu sterben, das findet im Leben statt!

Es müssen keineswegs alle Menschen im Paradies sein. Es genügt, wenn man selbst glücklich ist. Das ist zugleich das Beste, was man für seine Mitmenschen tun kann; besser als den Hunger zu beseitigen, indem man alle Hungrigen füttert (ein bedeutender Teil unserer Gesellschaft hungert freiwillig, um das Gewicht zu kontrollieren. Die würden sich wehren, wenn man sie fütterte!). Es würde auch nichts nutzen, wenn alle Lottospieler gleichzeitig den Jackpot knacken (wie im Film „Bruce Allmächtig", 2003 mit *Jim Carrey*). Es würde nur jeder seinen Einsatz wiederkriegen, abzüglich Verwaltungskosten. Alle wären unzufriedener als vorher. Geben wir es zu: Reich sein macht nur Spaß, wenn andere arm sind. Gewinnen hat nur Sinn, wenn andere verlieren. Sonst erleben wir es nicht. Besitz ist nicht viel wert, wenn ihn jeder hat. Einem Himmel ohne Hölle fehlt etwas Entscheidendes. Reich sein kann aber auch Freude machen, wenn man es als Gnade empfindet und als Verpflichtung betrachtet, anderen zu helfen. Gnade nennen wir etwas, das man sich nicht verdienen kann. Deswegen ist das Wort auch etwas aus der Mode gekommen. Wir sind stolz; wir wollen nichts geschenkt bekommen (sind aber tief beleidigt, wenn wir nichts geschenkt bekommen). Das macht uns hartherzig.

6.12. Dualität

Hingegen bedarf Glück/Frieden/Zufriedenheit nicht des Kontrasts zu einem negativen Hintergrund, auch wenn es manchmal ein Trost zu sein scheint, dass es anderen noch viel schlechter geht als einem selbst. In der Bürokratie unseres Geistes existiert zu jedem Positiv ein Negativ, und eines kann es nicht ohne das andere geben. Deswegen verstehen wir so wenig vom Glück. Wenn wir „Glück" denken, erzeugen wir gleichzeitig eine Vorstellung von Unglück. Wenn wir „gut" denken, erzeugen wir gleichzeitig eine Vorstellung von böse oder schlecht. Das nennt man Dualität, dies ist eine Eigenschaft unserer mentalen Vorstellungswelt. Auf einem Glück, dass durch Unglück miterzeugt wird, lastet von Anfang an der Fluch der Vergänglichkeit. Ein Frieden, der nur im Kontrast zum Krieg gefühlt werden kann, bildet nur Vorbedingung des nächsten Krieges. Reichtum, der auf Armut beruht, kann nicht stabil bleiben. Das Kranke wird gesund, das Gesunde wird krank. Macht, die auf Unterwerfung beruht, sollte sich auf Revolution gefasst machen. Aus Yin wird Yang, aus Yang wird Yin. Die Gegensätze interagieren unablässig miteinander und kommen nicht zur Ruhe. Unsere Denkstruktur ist von dieser Dualität durchdrungen, deswegen fällt es uns schwer, Dinge überhaupt wahrzunehmen, die sich nicht verändern. Wir sind nicht fähig, uns ein Glück vorzustellen, das nicht auf Dualität beruht. Deswegen können wir nicht ins Paradies zurück. Das ist der „Baum der Erkenntnis des Guten und Bösen" (Genesis 2;17), dessen Früchte „lieblich anzusehen" sind und „klug machen" (Genesis 3;6), aber nicht wirklich zum Verzehr geeignet sind.

6.13. Yin und Yang – und Tao

In unserem Erleben wirkt sich das etwa so aus: In dem Moment, in dem ich nach Yang greife, bekomme ich es automatisch auch mit Yin zu tun – und umgekehrt, ich weiß das nur noch nicht. Denn das weiß nur die tiefste Schicht unserer Seele. Unser Geist wird das nie verstehen – er gehört in die Welt von Yin und Yang. Er hält sie für allmächtig. Aber in der tiefsten Schicht unserer Seele ruht eine direkte Verbindung, die sehr viel realer ist als es dem Denken möglich ist, zu dem, was in China die Alten „Tao" nannten. Dies hat in jeder Sprache einen anderen Namen. Und dies ist etwas, das jedem Menschen zu eigen ist, ohne besondere Begabung oder jahrelanges Training. Es verbirgt sich in Unschuld und Einfachheit, dort sucht es niemand. Die menschliche Bewusstseinsebene, auf der dieses Modell funktioniert, wird in vielen Traditionen „Wissen" genannt – ein Wissen, das man nicht lernen muss, sondern bereits hatte, bevor man irgendetwas gelernt hat. Das Jenseits von Yin und Yang, das Tao. Tao wird oft mit „der Weg" übersetzt. „Die moderne Sinologie erachtet es aber für besser, es als eigenständigen Begriff unübersetzbar zu gebrauchen, da die Inhalte für ein Wort zu umfassend sind" (Wikipedia).

Für den von Natur aus begrenzten Geist stellt das natürlich eine ständige Herausforderung dar; deswegen bietet er an dieser Grenze – zwischen dem Unendlichen und dem Endlichen – seine besten Kräfte auf. Das Endliche – dargestellt durch Yin und Yang – beharrt auf seiner Grenze und möchte sie anerkannt haben. Das Tao setzt sich allerdings nötigenfalls souverän darüber hinweg, es hat eigene Wege, die niemand kennt.

In vielen Kulturen werden diese kosmischen Prinzipien personalisiert, je nachdem: der „Herr", oder die kosmische Mutter, die manchmal noch über eine Schar von Göttern präsidieren. Da wir vom Unendlichen gar nichts wissen, projizieren wir sehr detailreich alle möglichen Elemente unseres Unbewussten auf diese geradezu provozierende Leere, füllen sie damit (ungefähr nach dem Motto: Wenn wir es nicht tun, tun es die anderen. Und dann kriegen wir womöglich deren Gott vorgesetzt...). Anschließend verleugnen wir diese Leere und unsere diesbezügliche Unwissenheit, indem wir so tun, als wüssten wir jetzt etwas.

Dies ist kein seltener oder extremer Fall, sondern bildet einen normal anerkannten Teil unserer sozialen Realität. Es konstituiert den jeweiligen kulturellen Hintergrund, auf dem jeder von uns seinen Weg finden muss. Man sollte mit Konflikten rechnen! Dennoch mag die Seele ihr Ziel nicht aufgeben, so wie Wasser immer bergab fließt. Sie kann es sich nicht verbieten oder vorschreiben lassen. Sie kann wohl zeitweilig in unruhiges Fahrwasser geraten, wird aber ihren Ursprung niemals vergessen.

Darin besteht letztlich unsere Hoffnung, dass es nämlich außer Yin und Yang noch etwas gibt. Man könnte sich sonst eventuell in einem Mahlwerk befinden, das nichts übrig lässt zwischen Yin und Yang. Die gute Nachricht lautet: Ja, da ist noch etwas. Das bedeutet für jeden Menschen eine ausgesprochen frohe Botschaft – außer vielleicht für den Teil von uns, der sich ausschließlich auf seine Kenntnisse über das Zusammenwirken von Yin und Yang stützt. Dieser Teil zeigt sich empfänglich für die Aussagen einer unpersönlichen Wissenschaft, vor der wir eine alte, tiefe Angst haben. Von dort kommt der Horror. Alle neurotische Angst speist sich aus dieser Quelle. Es ist das Verbrechen, die Erbsünde, der Ur-Fluch, Armageddon. Unpersönlichkeit stellt geradezu ein mit Stolz getragenes Merkmal wissenschaftlichen Denkens dar. Hingegen wird dem Geist der Statistik alles zugetraut, und ihm wird auch geopfert. Besonders beliebtes Opfer: die Intuition – die sich aber gottseidank aus der Asche des Opferfeuers strahlend erheben kann, wie der Vogel Phönix.

6.13.1. Positiv und Negativ

Yang wird traditionell als das positive Prinzip, Yin als das negative beschrieben. Yang wird hell dargestellt und ergibt sich aus dem Prinzip Licht; Yin bildet das Prinzip Schatten ab. Es handelt sich nicht um eine Konkurrenz zweier gleichstarker Kräfte, vielmehr ergänzen Yin und Yang einander. Das negative Prinzip hat keine eigene Existenz, sondern es ergibt sich lediglich aus dem Fehlen des positiven Prinzips – wie eben Schatten aus dem Licht. Schatten ohne Licht existiert nicht. Wenn man zwischen einem dunklen Raum und einem hellen Raum eine Tür öffnet, dann wird es im hellen Raum nicht dunkel, aber im dunklen Raum wird es hell. Dunkler kann es nicht werden, als dass eben gar kein Licht vorkommt – da ist die Untergrenze schnell erreicht. Wie hell es dagegen werden kann, bleibt nach oben offen. So auch Wärme und Kälte: Die Wärme gehört dem positiven Prinzip, Kälte, als negatives Prinzip, bedeutet nur ihre Abwesenheit. Deswegen ist der absolute Nullpunkt nicht weit weg – ca. -273 Grad Celsius – wenn auch schwer zu erreichen. Die nach oben offene Thermometer-Skala dagegen zeigt: es kann unbegrenzt warm werden. Das positive Prinzip hat einen Bonus. Wenn eine brennende Kerze eine nicht brennende berührt, brennen beide – und erlöschen nicht beide.

So sind in der chinesischen Tradition Yin und Yang nicht gleichberechtigte, gleichstarke Pole, die einander antagonistisch entgegengesetzt sind, sondern stellen eher ein Spiel von Licht und Schatten dar. Das Licht hat eigentlich keinen Gegner in der Dunkelheit. Das Licht wird der Dunkelheit nie begegnen, sie können nicht gleichzeitig am selben Ort existieren. Im Schaubild (Abb. 9) kann man sehen, wie Yin und Yang schleichend und klein beginnen, zunehmen und sich immer dann in ihr Gegenteil verwandeln, wenn sie am stärksten werden. Sobald sie die maximale Ausdehnung erreicht haben gegen das äußerlich umgebende gegenteilige Prinzip, entsteht zwangsläufig aus dem Inneren des jeweiligen Prinzips der Keim des komplementären Prinzips, wobei immer Yang das positive, helle Prinzip darstellt.

Dies wird in dem bekannten Symbolbild dargestellt (Abb. 9). Yang bleibt nicht ewig Yang, sondern verwandelt sich unaufhaltsam in Yin – und umgekehrt. Deswegen sind die Dinge in der Welt der Erscheinungen so schwer fassbar: Man kann sie nicht daran hindern, sich zu wandeln. Wo Meeresboden war, sind Berggipfel – und umgekehrt. Wo blühende Reiche standen, dehnt sich nur noch Wüste aus – und umgekehrt. Wo Aufstieg herrschte, geschieht Zerfall – und umgekehrt. Bedeutendes versinkt in Bedeutungslosigkeit, Unwichtiges wird auf einmal wichtig, und so weiter. Nichts geht in diesem unerschöpflichen Kreislauf verloren, der eigentlich kein Kreislauf ist, da sich nichts wiederholt, wie etwa bei unserer Uhr, sondern durch den unumkehrbaren Zeitstrahl ein Fortschreiten erzwungen wird. Die Drehrichtung des Symbols ist klar definiert und nicht umkehrbar. Das Tao leistet sich den Luxus der unwiederholbaren Einmaligkeit eines jeden Augenblicks und widersetzt sich damit unseren Berechnungsversuchen. Die Naturgesetze, die dies beschreiben, waren z.B. den Chinesen vor fast 5.000 Jahren bekannt (nicht allen! Einige haben offenbar genügt, um die Überlieferung zu begründen). Aus diesen Kenntnissen wurde das Tausende von Jahren alte chinesische Stäbchen-Orakel „I Ging" entwickelt, das über Jahrtausende in Gebrauch war und seine Gültigkeit bis heute bewahrt hat -– und das zu rekonstruieren, falls es ganz verloren ginge, unsere stolze Wissenschaft nicht imstande wäre.

Abb 9.
Yin und Yang

6.14. Erleuchtung

Den Weg zu den Grundlagen der Seele nennt man seit undenklichen Zeiten Erleuchtung. Dieser Ausdruck erscheint sehr passend gewählt. Auch in anderen Sprachen ist die Licht-Symbolik in dem jeweiligen Wort enthalten, weil sie die Erfahrung universell und einfach beschreibt: Es wird hell! Du siehst endlich, wo du dich befindest. Das macht vieles leichter, um es einmal vorsichtig auszudrücken. Vieles, was man befürchtet hat, ist überhaupt nicht zu sehen. Vieles wird sichtbar, wovon man keine oder nur seltsame Vorstellungen hatte. Man braucht niemanden mehr zu fragen: wo ist dies oder das, weil man selber sehen kann. Erleuchtung bedeutet nicht, dass man weiß, was man nicht wissen kann, oder dass man übernatürliche Kräfte besitzt – obwohl unter den „Blinden" dieser Eindruck entstehen kann. Es bedeutet nur, dass das ganze Potenzial, welches im Menschsein enthalten ist, ins Bewusstsein eintritt. Es lässt sich nicht quantifizieren. Auch, wenn es nur eine kleine Flamme ist, hat sie doch die Macht, die Dunkelheit mühelos fernzuhalten, wie nichts außer Licht es sonst vermag. Vielleicht macht sie nicht das ganze Land hell, aber du findest deinen Weg, der für dich beleuchtet ist wie eine Landebahn bei Nacht, wenn auch vielleicht nicht so schön gerade. Du musst wach bleiben. Dein Weg ist nur für dich beleuchtet, du kannst niemanden fragen. Du musst lernen, mit deinen eigenen Augen zu sehen, mit deinen Ohren zu hören, mit deinem Kopf zu verstehen, mit deinem Herzen zu fühlen. Man könnte fast Angst kriegen. Es war irgendwie leichter, einfach etwas zu glauben, was man uns erzählt hat und was genügend andere auch glauben. Wir haben vielleicht Angst, dass uns etwas fehlen könnte, wenn wir die Augen öffnen, vielleicht ein wenig Stallwärme. Wir haben schließlich eine riesige Technologie entwickelt, die jene Blindheit kompensieren sollte. So viel Arbeit steckt in unserem komplizierten Zusammenleben! Sollten wir das alles nicht brauchen? Solche Gedanken reflektieren unsere Angst. Immerhin, jedesmal, wenn wir eine Kerze anzünden, sei es auch vordergründig für dekorative Zwecke, schwingt eine Er-Innerung an dieses Prinzip mit. Aber ehrlich, wie bewusst wird uns das? Mal mehr, häufiger wohl weniger.

Es wird aber trotzdem heller, wenn die Sonne aufgeht. Dem Zusammenleben hilft es natürlich sehr, wenn wir einander sehen können, und uns nicht nur Geschichten erzählen, die zu glauben wir selber

Mühe haben. Wir beginnen, um uns herum einen Himmel zu erkennen, eine Schönheit und Vollkommenheit, die immer da waren, aber uns nicht bewusst werden konnten. Kein Naturgesetz brauchte dafür geändert zu werden. Dein Tao sagt dir: Du bist frei! Kein Wunder muss geschehen, es ist alles schon fertig und wartet auf uns, hoffentlich geduldig, aber nicht zu geduldig. Wir müssen uns schließlich entwickeln und lernen, auf dem dünnen, hohen Drahtseil zwischen Yin und Yang unser Gleichgewicht zu halten.

7. Emotionale Ausgeglichenheit

Woran erkennt man emotionale Ausgeglichenheit? Sie gibt sich nicht leicht zu erkennen! Woher wissen wir, dass uns nicht jemand etwas vormacht? Ausgeglichenheit ist eine attraktive, wertvolle Eigenschaft und damit immer fälschungsgefährdet. Jeder möchte ausgeglichen sein. Es gibt uns ein besonderes Charisma, eine Stärke, die man nicht leicht imitieren kann.

Wie soll man Ausgeglichenheit darstellen? Sie kann ihr Erscheinungsbild mühelos verändern. Wer immer lacht und freundlich ist, gilt vielleicht als ausgeglichen, deswegen versuchen Menschen, freundlich zu sein. Sogar die Zeiger der analogen Armbanduhren im Katalog stehen alle auf 10 vor 2, oder 10 nach 10, damit sie „lächeln". Die Uhr ist freundlich! Wer allerdings schon länger unterwegs ist, lernt auch das andere Gesicht der Uhr kennen. Sie integriert uns in den Stressbetrieb der Industriegesellschaft und macht uns viel Ärger. Man denke an die Aggressivität der Pünktlichkeitsfanatiker! Dort werden unsere schlimmsten Eigenschaften ausgelebt. Nur ein Clown darf immer lachen.

Zeigen wir Ausgeglichenheit, wenn wir still sind? Die Stille wird mehr gelobt als geliebt. Wir wollen nicht immer still sein. Wir können richtige Krachmacher sein.

Still sind wir bevorzugt, wenn uns nichts mehr einfällt. Wer schweigt, hat möglicherweise wirklich nichts zu sagen.

Das ist in Ordnung, man muss ja nicht immer etwas zu sagen haben. Dann sollte man ruhig still sein.

Doch die Stille ist kein ausreichend sicheres Symptom von Ausgeglichenheit. Sonst wären die Gehörlosen am ausgeglichensten.

7.1. Tugenden

Am Ende einer langen Kette von schlechten Erfahrungen wird man auf die klassischen platonischen Tugenden stoßen: Weisheit, Gerechtigkeit, Tapferkeit und Mäßigung. Das klingt schon so hoffnungslos altmodisch. Niemand weiß mehr genau, was das ist, und so kann man uns auch auf diesem Gebiet leicht etwas vormachen. Wir glauben, wir sind klug, aber wir merken solche Dinge nicht immer sofort. Man kann uns blenden, z.B. durch Schmeichelei: Oh wie bist du so klug. Hier hast du eine Urkunde, auf der das bestätigt ist. Wir sollten nicht zu viel darauf geben! Die Urkunde sieht nur gut aus, wenn sie eingerahmt an der Wand hängt. Deswegen brauchen wir **Weisheit.**

„Nur der ist weise, der weiß, dass er es nicht ist"
-Sokrates, (470-399 v. Chr). Weisester von allen.

Oder man kann uns durch Einschüchterung richtig dumm machen, von der Kindheit an. Wir haben keine faire Chance, in einer feindseligen Umgebung ein richtiges Bild von der Welt zu entwickeln, und wir können zu ganz falschen Schlussfolgerungen gelangen. Wir stehen mit Angst auf und gehen mit Angst ins Bett. Vielleicht ist unser Leben manchmal zu kurz, die so entstandenen Fehlhaltungen zu heilen. Aber **Tapferkeit** kann helfen!

„Aufrichtigkeit ist wahrscheinlich die verwegenste Form der Tapferkeit."
-William Somerset Maugham, *(1874-1965), englischer Dramatiker, Schriftsteller, Arzt und Agent*

Menschen klagen viel. Sie klagen über (Aufzählung unvollständig): die Arbeitswelt, die Partnerschaft, die Krankenkasse, die Geschwister, die Eltern (die besonders gerne). Die Angeklagten können sich meistens nicht wehren, weil sie gerade nicht da sind. Man könnte irre werden und an der Menschheit verzweifeln, aber wir haben die Fähigkeit, innerlich auch eine Art Pflichtverteidigung für die Angeklagten zu stellen. Diese Fähigkeit heißt **Gerechtigkeit.** Sie hilft uns, im Gleichgewicht zu bleiben. Justizia, die Göttin der Gerechtigkeit, wird symbolisch als Frau mit einer Waage in der Hand dargestellt, und sie kann auch damit umgehen. Vielleicht hängt das damit zusammen, dass sie die Augen verbunden hat. Wohlgemerkt, sie ist nicht blind! Sie legt sich nur eine Beschränkung auf, um nicht durch Schmeichelei oder Bestechung geblendet zu werden - oder erschreckt, z.B. von der enormen Macht des Gemeinen. Außerdem hat sie das Richtschwert in der anderen Hand, mit dem kann sie ebenfalls umgehen.

„Gerechtigkeit ist nicht die Aufgabe des Kritikers, sondern die Aufgabe Gottes."
-Marcel Reich-Ranicki, Kritiker

Wenn wir eine gute Beziehung zu unserem Körper haben, werden wir von selbst – nämlich von unserem Selbst aus – unseren Körper nicht mutwillig schädigen. Wir haben schließlich unsere Gefühle (s. Abschnitt 1.4. Fühlen), die uns, wenn wir offen für sie sind, sehr präzise auf dem Laufenden darüber halten, was uns nottut. Wir wissen, dass unsere Gefühle nur für uns bestimmt sind, und dass wir ihnen vertrauen können, mehr als allem anderen in der Außenwelt – oder auch nicht. Das ist leider eine Frage der Selbstsicherheit, und die ist uns möglicherweise abhanden gekommen, oder gar nicht erst entstanden. Aus dieser intuitiven inneren Leitung entsteht ohne Zwang oder Berechnung absichtslos nach außen hin das Bild der **Mäßigung** (nicht zu verwechseln mit Mittelmäßigkeit).

> *„Das Wasser nimmt nicht mehr Platz ein, als es wirklich bedarf. So gleicht es der Mäßigung."*
> - Konfuzius, 551- 479 v. Chr., chinesischer Philosoph

Dieser Tugendkatalog hat selbst den alten Griechen nicht mehr genügt, er wurde später um die christlichen Tugenden Glaube, Hoffnung und Liebe erweitert. Damit waren es sieben, was schön symmetrisch aussah gegenüber den sieben Todsünden. Dann gibt es jede Menge Spezialtugenden: weibliche, preußische, buddhistische, militärische, ritterliche, kaufmännische – je nachdem, was erwünscht ist. Immer handelt es sich um normative Forderungen an den Einzelnen, denen er nachzustreben habe und an denen er seinen Wert messen könne, auch von anderen gemessen und beurteilt werde. Ein Mensch, der diesen Idealen nachstrebt, gelangt jedoch nicht notwendigerweise zu emotionaler Ausgeglichenheit.

Ausgeglichenheit ist keine anerkannte Tugend. Sie scheint zunächst nur dem zugute zu kommen, der sie erlebt, so etwas könnte leicht als „egoistisch" gebrandmarkt werden. Wir haben schließlich so früh wie möglich gelernt, dass unsere eigenen Bedürfnisse den Ansprüchen der Außenwelt unterzuordnen sind (s. Abschnitt 1.6. „Die Mutter aller Konflikte") und brauchen unseren ganzen Verstand und, falls das nicht reicht, viel Glück, damit die beiden sich nicht in die Quere kommen. Es kann schon sein, dass wir die möglichst perfekte Darstellung von Tugenden mühsam lernen müssen, damit wir innerlich unseren tatsächlichen eigenen Bedürfnissen ungestört folgen können.

Unser innerer Weg interessiert selten jemanden außer uns selbst, und wir müssen manchmal lange und leidvoll suchen, um auch nur einen wirklichen „Seelenverwandten" zu finden. Dann allerdings wird der Held/die Heldin durch Überraschung, Erleichterung und Freude belohnt! Diese Geschichte wird sehr schön im Kinderbuch-Klassiker „Die Möwe Jonathan" von *Richard Bach* erzählt.

„Und mag einer sein Leben opfern: Wenn es nicht in der wahren Weise geschieht, so dient er damit den Menschen nicht. Es gibt viele unter den bekannten Männern der Vorzeit, die wegen Selbstlosigkeit berühmt sind, die aber in Wirklichkeit doch nur sich abmühten, den Bedürfnissen der anderen entgegenzukommen, und darüber das, was ihnen selber nottat, versäumten."

-*Dschuang Dsï (365-290 v. Chr.), chinesischer Philosoph*

Zusammenfassen sei gesagt: Das Streben nach Tugend, welcher Art auch immer, hat nichts mit Ausgeglichenheit zu tun, sondern bleibt in der dualen Welt befangen, wo es zu jeder Tugenden ein passendes Laster gibt, welches mit der Tugend zusammen in die Welt kommt.

7.2. Gewissen und Sünde

Gewissen ist ein interessantes Wort: eine Kombination aus „gewiss" und „Wissen". Ein Wissen, das sich durch Gewissheit auszeichnet. Unter Gewissenhaftigkeit verstehen wir eine besonders aufwändige Sorgfalt.

„Alles, was gegen das Gewissen geschieht, ist Sünde"
-Thomas von Aquin, 1225 - 1274, wird in der kath. Kirche als Heiliger verehrt.

Im Christentum wird die Abkehr von Gottes Heilsplan, sei es auch nur durch Schwäche, Sünde genannt. Die Sünde wird bestraft, der Sünder dadurch evtl. geläutert.

Bedauerlicherweise wurden Begriffe wie Gewissen und Sünde von den Religionen und Kirchen so sehr besetzt, dass es heute schwierig ist, mit ihnen umzugehen. Man muss jedes Mal definieren, was man meint. Es gibt kein „gutes" oder „schlechtes" Gewissen. „Gutes Gewissen" wird leicht mit Selbstgerechtigkeit verwechselt, Schuldgefühle mit „schlechtem Gewissen". Durch das Gewissen wissen wir, wie wir zu leben haben - ob wir uns danach richten, ist eine andere Frage. Danach werden wir selten oder nie gefragt. Es geht auch niemanden etwas an. Es gibt viele Erklärungen bzw. Ausreden dafür, ihm nicht zu folgen. Diese Erklärungen beruhen auf mentalen Vorgängen. Die Gegenwärtigkeit unseres Gewissens ist jedoch kein mentaler Vorgang, sondern geschieht durch Intuition. Deswegen müssen wir nicht lange nachdenken, um unser Gewissen zu erforschen, sondern uns nach innen öffnen. Im Gegensatz zu mentalen Vorgängen, denen eine eigentümliche Unruhe und Labilität anhaftet, spricht die Intuition nur, wenn wir uns ihr zuwenden. Sie braucht keine Logik und keine Gründe. Diese brauchen wir, um ihr <u>nicht</u> zu folgen. Intuition und Gewissen gehören zu der tiefen angeborenen Funktionsebene, die im Verlauf der Sozialisation von umfangreichen und komplizierten mentalen Betriebssystemen wie Anstand, Moral, Sitte, Religion, Ehre usw. überlagert wird.

„Was wir Intuition nennen, ist nichts mehr und nichts weniger als die Fähigkeit, natürlich zu sein und den eigenen Bedürfnissen uneingeschränkt Folge zu leisten."
-Edward Bach, 1886-1936, engl. Arzt und Forscher („Bach-Blütentherapie")

Dass wir unserer Intuition nicht ohne Weiteres folgen können, liegt an der traditionellen Vorherrschaft der von der Außenwelt in uns hineingetragenen Programmierung, aus der unser „Denk-Ich", auch bekannt als „Geist", entstanden ist (siehe Abschnitt 1.7. „Geist"). Da dieses Denk-Ich Emotionen zu vermittelt vermag, kann es uns aus dem Gleichgewicht bringen. Negative Emotionen können uns nicht nur krank machen, indem sie unsere Selbstwahrnehmung ungünstig beeinflussen (s. Abschnitt 1.11. „Die Entstehung psychosomatischer Krankheiten"), sondern führen zu weiteren negativen Gedanken und Handlungen und damit direkt zu Leid. In diesem Leid steckt der Impuls zur Umkehr, wenn wir das Leid als Folge eines negativen Bewusstseinszustandes akzeptieren und bereit sind, die Sprache unseres Körpers zu verstehen. Wir müssen nicht alles glauben, d.h. für wahr halten, was wir denken. Die Gefühle sind bei uns allen gleich, es ist die selbe Klaviatur in jedem von uns, aber es kommt sehr darauf an, wer darauf spielt. Man kann auf den selben Tasten einen Trauermarsch, ein Liebeslied oder das Lob Gottes spielen – es sind dieselben Töne für jeden. Wir bekommen Gelegenheit, die Wirkung unserer Lieblingsmelodie auf andere zu beobachten, genauso wie auf das eigene Instrument, nämlich Körper und Psyche. So haben wir eine Möglichkeit, unsere mentalen Fehlhaltungen zu korrigieren und Fortschritte zu machen. Die Emotionen bieten keinen geeigneten Dauerzustand, sie müssen wechseln, wie das Wetter, wenn alles gedeihen soll. Wenn eine Emotion zu lange dauert oder zu mächtig wird und nicht ausgeglichen werden kann, sind wir in Gefahr.

7.3. Emotion und Durchblutung

Von Natur aus ist unser Organismus darauf eingestellt, dass die Emotionen wechseln. Emotionen sind direkt mit den vegetativen Zentren unseres Körpers verbunden. Ein schönes Beispiel ist die Haut, die entsprechend unserer emotionalen Verfassung ihre Farbe wechselt.

Es gibt „rote" Gefühle, es gibt „blasse" Gefühle. Diese Beobachtung bezieht sich auf alle Menschen, unabhängig von Herkunft und Kultur. Wer sich schämt, wird rot – obwohl das, worüber er sich schämt, sehr unterschiedlich sein kann. Wer Angst hat, wird blass – obwohl das, wovor er Angst hat, sehr unterschiedlich sein kann. Rot wird man nicht nur bei Scham, sondern auch bei Wut, Freude, Liebe usw. Nicht nur bei Angst wird man blass, sondern auch bei Trauer, Neid, Hass usw.

Man muss sich vergegenwärtigen, dass nicht nur die sichtbare Haut im Gesicht die Farbe wechseln kann. An den Lippen hört die Haut nicht auf, sondern sie bildet dort einen im Inneren verlaufenden Schlauch, der mit Schleimhaut ausgefüttert ist. Schleimhaut ist auch Haut, nur ohne Lederschicht (die ist wegen der gleichmäßigen Klima-bedingungen im Inneren des Körpers nicht nötig), dafür mit vielen Drüsenzellen oder Drüsengängen, welche einige zur Verdauung be-nötigten Zutaten produzieren. Das fängt schon beim Speichel an: Auf der blassen Seite der Emotionen (Abb. 10) bleibt uns sozusagen die Spucke weg – während sie auf der roten Seite geradezu überläuft (wir „schäumen vor Wut").

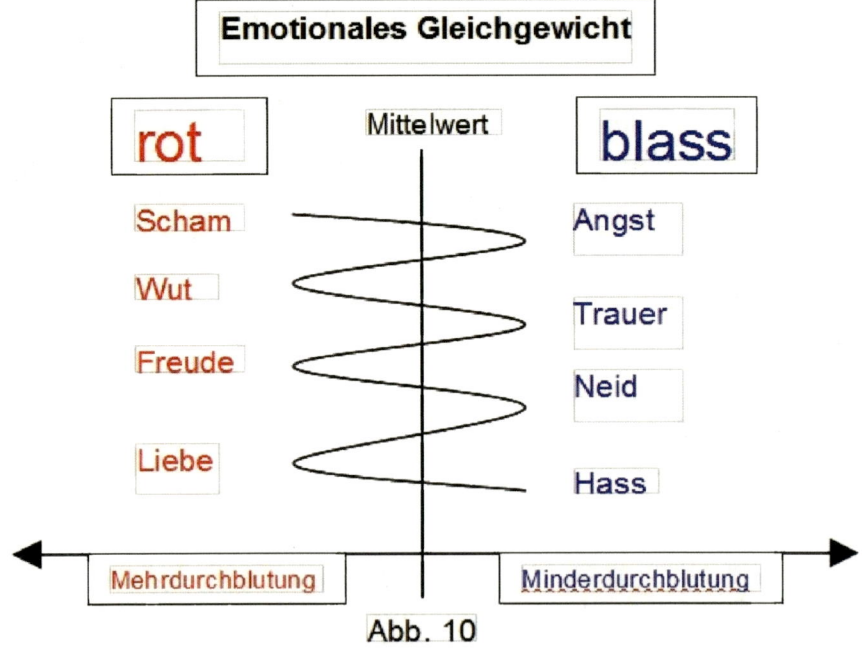

Abb. 10

Für unser Gesicht hat es keine weiterreichenden Folgen, ob wir rot oder blass werden, wohl aber für die Funktionen des Magen-Darm-Traktes (MDT). Es sieht so aus, als ob die Schleimhaut des MDT in ihrer Durchblutung ähnlich reagiert wie die sichtbare Haut. Das bedeutet, wenn wir im Gesicht erröten, werden gleichzeitig die Schleimhäute des MDT mehr durchblutet. Wenn wir blass werden, erblassen auch die Schleimhäute des MDT. Die Folge für den Magen ist eine Minderdurchblutung bei Blässe der Magenschleimhaut. Diese kann dann kaum noch Magensaft herstellen, da der Rohstoff – der die Schleimhaut versorgende Blutstrom, aus dem die Drüsenzellen der Magenschleimhaut den Magensaft herstellen – nicht in ausreichender Menge zu Verfügung steht. Und auch die Speicheldrüsen im Mundraum laufen trocken, wir merken das sofort. Aus der Haut wird das Blut zurückgezogen, vielleicht, damit wir im Falle einer Verletzung weniger Blut zu verlieren. Dadurch wird der Verdauungsprozess im oberen MDT vermindert. Der Magen enthält kaum mehr Magensaft, und er bleibt stehen, er hat sozusagen einen automatischen Trockenlaufschutz, wie eine Waschmaschine. Das Gehirn bekommt ein Signal: Bitte nichts mehr einfüllen. Wir haben dann keinen Hunger, eher dessen Gegenteil. Falls sich etwas von einer vorangegangenen Nahrungsaufnahme im Magen befindet, kann es nicht weiter bearbeitet werden, d.h. mit dem extrem sauren (Salzsäure!) Magensaft durchgeknetet werden. Es kann auch nicht in den Darm weitergeleitet werden, weil der Schließmuskel am hinteren Ende des Magens sich nur öffnet, wenn genügend Säure vorhanden ist. Da liegt die Speise nun im warmen dunklen Magen, und es geht nicht weiter. Immerhin lässt sich der vordere Eingang zum Magen noch öffnen, und dieser Weg nach außen bildet eine echte Alternative. Wir erleben Übelkeit und Brechreiz, und vielleicht sehen wir die Nahrung noch einmal wieder – manchmal erstaunlich wenig verändert, die Farbstoffe sind noch erkennbar. Das spricht ebenfalls für eine Untersäuerung, weil sonst die Salzsäure die meisten Farbstoffe zerstört hätte.

Das ist der Grund, warum wir in dem in Abb.10 als „blass" bezeichneten Gefühlsbereich häufig nicht den Wunsch verspüren, etwas zu essen. Erst muss der Magen einmal wieder richtig arbeiten, er braucht mehr Durchblutung. Eher könnte man auf die Idee kommen, etwas zu trinken, z.B. Alkohol in konzentrierterer Form als gewöhnlich. „Jetzt brauche ich erst mal einen Schnaps" – das Gefühl kennen nicht nur Alkoholiker, bei denen es wegen ihrer Abhängigkeit keinen Anlass mehr dafür zu geben braucht. Besonders nach Beerdigungen kommen sogar manche Menschen, die sonst keine Spirituosen mögen, auf solche Gedanken. Das liegt an der Trauer, die das Blut aus den Schleimhäuten zieht und uns somit den Hunger nimmt. Trauer „zehrt". Das Essen macht keine Freude. Deswegen ist leider für depressive Menschen das Risiko, eine Alkoholabhängigkeit zu entwickeln, erhöht.

Selbst im Tierreich findet man dieses Prinzip wieder. Wenn Herrchen/Frauchen stirbt, ignoriert Hund/Hündin vielleicht den Fressnapf für eine Weile. Katzen können bei Psycho-Stress richtig schwierig in der Ernährung werden, obwohl sie sonst für ihre Fresslust bekannt sind. Viele Vögel unterhalten enge Partnerschaften, und sie verfügen über weniger Fettreserven als Hunde, Katzen oder Menschen. Schon nach einem Tag fällt möglicherweise das hinterbliebene Vögelchen ebenfalls von der Stange. Verhungert, ohne zu hungern.

Dies zeigt, dass Trauer ein starkes natürliches Gefühl ist – und keine Krankheit, wie die Depression. Alkohol hilft nicht nur beim Einschlafen und beim Vergessen, sondern stimuliert außerdem den Magen durch Förderung der Durchblutung. Das kann man leicht im Gesicht sehen, wo nach Alkoholgenuss eine leichte Rötung der Haut zu beobachten ist. Die Ohren werden warm, die Lippen, die Wangen, leider auch die Nase, werden rot (die Nase bleibt manchmal rot).

Generell können wir beobachten, dass im „zehrenden" blassen Emotionsbereich die Verdauung eingeschränkt ist. Trauer ist blass. Angst und Schreck sind bleich. Neid ist sprichwörtlich gelb und grün, jedenfalls nicht rot. Hass ist blass. Wir mögen nicht mit jemandem zusammen essen, den wir hassen. Es bekäme uns vermutlich auch nicht. Der Bissen könnte uns im Hals stecken bleiben.

7.4. Liebe und Alkohol

Hingegen essen wir gerne mit Menschen, die wir lieben. Der liebende Mensch kann sehr gut verdauen, die Säfte fließen allenthalben. Das Gesicht ist erkennbar gut mit Blut versorgt, wobei die Liebe ihr eigenes, schwer nachzuahmendes Signalement hat. Die Lippen und die Wangen werden gerötet, nicht jedoch die Nase, wodurch sich im Zweifelsfall die Liebe vom Alkohol unterscheiden lässt. Die Augen sind ebenfalls merkwürdig betont, möglicherweise etwas verschwollen, aber glänzend und strahlend, nicht so matt und stumpf wie beim Alkohol.

7.5. Liebe und Kosmetik

Es ist bemerkenswert, wie viel Mühe sich die Hersteller von Kosmetika geben, um raffinierteste und möglichst naturnah erscheinende Schminkfarben anzubieten, mit denen man (besser: Frau) die eigentümliche Verfärbungen und Verschwellungen der Hautpartien insbesondere um die Augen herum imitieren können soll, die beim glücklich Verliebten sozusagen auf natürlichem Wege entstehen, z.B. nach einer Serie von seligen Liebesnächten. Schwer nachzuahmen! Die Wangenknochen werden durch feine Schattierung hervorgehoben, das Leuchten der Augen wird mit dem Lidstift betont. Das findet man schon bei der Büste der schönen Nofretete (Abb. 11), Gemahlin des Pharao Echnaton, aus dem 2. Jahrtausend vor Christus. Ihr Mund ist noch immer blühend und leuchtend rot, fein lächelnd, die sinnlichen Lippen klar definiert, hohe Wangenknochen. Man(n) würde sich heute noch auf der Straße nach ihr umdrehen. Sie trägt im Gesicht die Signatur der Liebe (und der Fruchtbarkeit!), das macht sie so schön. Wir bewundern die Liebe, weil sie, wie Papageno in der Zauberflöte singt, „das höchste der Gefühle" ist, und erweisen ihr intuitiv Reverenz. Wir finden den erkennbar liebenden Menschen sympathisch, vertrauenswürdig, wir helfen ihm, wenn wir können, und freuen uns an seinem Geschick, wenn nicht gerade Neid und Eifersucht überwiegen, die uns schmerzvoll daran hindern.

Abb. 11

Aber das Kostbarste wird auch immer am häufigsten nachgeahmt. Der Zustand, in den die Liebe uns versetzt, lässt sich mit der Baumblüte vergleichen. Um ihre Schönheit zu erhöhen, ist sie von der Vergänglichkeit geradezu umzingelt. Wenn man ihr diesen Rahmen nimmt, wird sie profaner und berechenbarer, wie künstliche Blumen. Sie ist kein Geschenk mehr, sondern etwas, das wir uns nehmen, um uns zu schmücken. Die Kosmetik hat also eine unlösbare, aber einträgliche Aufgabe übernommen. Immerhin, sie hilft uns, Signale zu setzen und Flaggen zu hissen. Man spricht manchmal von einer „Fregatte". Kommunikation auf der einsamen Weite des Ozeans braucht wohl deutliche Zeichen.

Die Signale der Emotionen lassen sich nicht beliebig verändern, sie sind genetisch festgelegt. So kann zwar die Form, in der die Lippen geschminkt werden, der Mode unterliegen, nicht aber die Farbe. Die Kosmetik-Industrie würde sicher gerne jedes Jahr eine andere Farbe für Lippenstifte ausrufen, aber sie kann nicht auf Rot verzichten. Blau oder Grün sehen einfach nicht attraktiv aus an dieser Stelle. Bei Fingernägeln sind wir nicht ganz so heikel. Die Farbe der Fingernägel ist nicht so stark mit einer Emotion assoziiert wie die der Lippen.

7.6. Emotion und Magen

Nach unserem Modell (Abb. 10) käme es im emotional roten Bereich zu eine Mehrdurchblutung der Schleimhäute, diese geht mit einer reichlichen Tätigkeit der davon betroffenen Drüsenzellen in den Schleimhäuten einher. Dadurch ist genug Magensaft vorhanden. Bei einer übermäßigen Rötung der Magenschleimhaut schwillt diese sogar an und verursacht eine reflektorische Anspannung der sie tragenden Muskelschichten des Magens. Die Magenschleimhaut selbst ist nicht schmerzempfindlich, aber eine Dauerspannung der tieferen, muskulösen Schichten ist sehr schmerzhaft. Wir sprechen dann von einem Magenkrampf.

Zusammenfassend lässt sich sagen: Eine blasse, minderdurchblutete Schleimhaut kann ihre Aufgaben nicht mehr gut erledigen, es kommt zu Verdauungsstörungen, Appetitlosigkeit, eventuell Übelkeit. Eine überdurchblutete Schleimhaut bewirkt reflektorische Muskelverkrampfungen und kann Schmerzen verursachen. Wenn Sie nicht wissen, ob Ihr Magen eher über- oder minderdurchblutet ist, schauen Sie in den Spiegel. Diese Regel ist ungenau und grob, aber einfach und erklärt Manches; z.B. warum bei Trauerfeiern gerne Spirituosen konsumiert werden; warum wir bei Angst und Schreck keinen Hunger spüren, warum wir vor Neid erblassen und abmagern, warum Liebe durch den Magen gehen kann und warum wir vor Wut schäumen.

Um ein Gleichgewicht zu erreichen, können auf beiden Seiten große Ausschläge erfolgen, sie dürfen nur nicht zu einem Dauerzustand werden, sondern müssen vorübergehen. Was kommt nach einer Emotion? Eine andere Emotion. Es scheint ein Programm zu geben, welches begünstigt, dass wir zwischen dem roten und dem blassen Bereich hin und her pendeln, wenn nichts dazwischen kommt. Keine Emotion an sich kann „gut" oder „schlecht" genannt werden. Nur das freie Schwingen zwischen den Emotionen bietet Voraussetzung für einen gesunden Gleichgewichtszustand, dieser ist das Ideal. Dann stimmt das Säuregleichgewicht, und der Organismus kann schön arbeiten. Dies entspricht der werkseitigen Grundeinstellung, mit der wir auf die Welt kommen. Als Kinder erleben wir starke und vielfältige Gefühle, große Angst, aber auch große Liebe; starken Neid, aber auch reine Freude, und so weiter, und das alles an einem Tag! Am Ende des Tages waren wir im Idealfall ebenso lange im roten Bereich wie im blassen, und der Mittelwert liegt im optimalen Bereich. Wir können nicht lange böse sein, selbst wenn wir das wollen. Wir können gleichwohl nicht lange brav sein. Wir können nicht lange Angst haben, doch auch die Freude geht schnell vorbei.

Ein Beispiel: Der Nikolaus kommt mit schweren Schritten die Treppe hoch, wir kriegen es mit der Angst zu tun und verstecken uns unterm Tisch. Wir erkennen in ihm den Onkel Karl-Heinz, das erleichtert uns. Wir sollen ein Gedicht aufsagen, schämen uns. Wir bekommen etwas geschenkt, freuen uns. Das Schwesterchen kriegt auch was geschenkt, wir sind neidisch. Wir zanken mit ihr, es gibt Zorn. Wir werden geschimpft, sind reumütig oder beleidigt. Wir spielen mit dem Schwesterchen, haben sie wieder lieb, singen ein Lied zusammen. Ein extremes emotionales Wechselbad, und das alles innerhalb einer halben Stunde! Aber die Kinder liegen danach im Bett und schlafen friedlich, sind ausgeglichen, haben kein Sodbrennen und kriegen keine Magengeschwüre. Die Eltern haben die selben Sorgen wie schon lange, liegen noch lange wach, werden sich nicht einig, finden nicht zur Ruhe - möglicherweise sind sie aus dem Gleichgewicht.

7.7. Gleichgewicht

Wenn bei uns das freie Schwingen der Emotionen um einen idealen Mittelwert herum gestört ist, kommen wir aus dem Gleichgewicht. Ausgeglichen ist nicht der Mensch, der sich dauernd freut, das wäre unnatürlich, genau so wie dauernd Angst zu haben. Ausgeglichen ist auch nicht, wer die Amplitude der Emotionen immer mehr einengt und kaum noch Gemütsbewegungen erlebt. Das emotionale Gleichgewicht ist ein dynamischer Vorgang, vergleichbar etwa mit einem Radfahrer, der sich durch Lenkbewegungen nach beiden Seiten in der Balance hält. Bleibt er stehen, kippt er nach einer Seite. Wenn wir vor unseren eigenen Gefühlen Angst bekommen, beginnen wir, dieses freie Schwingen zu behindern. Schon früh im Leben lernen wir, dass bestimmte Gefühle nicht erlaubt oder „böse" sind. Andere Gefühle wiederum werden gefordert, sind aber vielleicht gerade nicht verfügbar, z.B. Dankbarkeit oder Respekt. Wir lernen lügen und heucheln, bevor wir lesen und schreiben können. Und wir lernen, dass unsere Gefühle uns in Schwierigkeiten bringen können. Wir lernen, dass manche Gefühle besser verborgen bleiben und dass uns manche Gefühle scheinbar fehlen. Jenes schöne freie Schwingen zwischen den beiden Polen der Emotionen wird auf diese Weise gestört, auch, wenn es viele Jahre dauern kann, bis wir dauerhaft verkorkst sind. Am Ende haben wir nur noch eine Vorstellung davon, wie wir uns fühlen sollten aber leider nicht fühlen. Wenn wir unseren eigenen Gefühlen nicht mehr vertrauen können, ist alles Weitere ziemlich egal. Wir haben den wichtigsten Pfeiler unserer Selbstsicherheit verloren, der Rest bricht schon unter geringfügiger Belastung leicht zusammen. Wir beginnen, an unseren Gefühlen zu zweifeln, und niemand hindert uns daran. Wir erkennen unsere eigenen Gefühle nicht an, sondern kümmern uns meistens erst darum, wenn wir in größter Gefahr sind oder von Schmerzen heimgesucht werden. Schmerzen sind auch Gefühle, und zwar von der Sorte, die sich nicht dauernd ignorieren lässt. Es ist vielleicht manchmal die einzige Sprache, die wir verstehen. Die „Gesetze des Himmels", wenn ich sie einmal so nennen darf, sorgen dafür, dass wir zumindest diese Gefühle beachten. Wir lassen es nur gelegentlich ziemlich weit kommen. Insofern kann eine Krankheit, wenn man sie nun schon einmal ertragen muss, auch helfen, die Persönlichkeit zu korrigieren oder auszugleichen - kann! Muss aber nicht. Es gibt schließlich schmerzstillende Drogen...

„Der Schmerz trifft dich allein – das ist sein Sinn"
-jüdisches Sprichwort, unbek. Quelle

Wenn ich die Krankheit ausschließlich als Missgeschick und nicht als Folge gesetzmäßiger Notwendigkeit begreife, und wenn ich nicht fähig bin, mir eine gütige Natur vorzustellen, die diese Krankheit für notwendig hält, reagiere ich unter Umständen falsch, nämlich nicht bewusst genug. Das kann eine Heilung erschweren.

Kann uns ärztliche Kunst nicht helfen (das soll ja vorkommen), neigen wir dazu, uns aufzugeben, wir werden vielleicht bitter, ängstlich oder traurig. In einer depressiven Stimmungslage erleben wir wiederum unsere Schmerzen stärker. In diesem negativen Gemütszustand haben wir keinen Zugang zu unserer vollen Intelligenz. Dies geht erst wieder, wenn wir uns beruhigt haben. Dann aber können wir möglicherweise tatsächlich verstehen, oder besser: „ahnen" (ein intuitiver Vorgang), wie wir zu leben haben und können uns korrigieren. Das macht dann die manchmal beobachtbare läuternde Wirkung schicksalhafter Erkrankungen aus (wenn es nachweislich „das Schicksal" war, sind wir gnädig bereit, nicht nach dem Schuldigen zu suchen. Denn das könnten versehentlich wir selber sein).

Der lebende Organismus enthält auf vielen Ebenen Grundeinstellungen, die ein dynamisches Gleichgewicht fördern. Das macht seine Anpassungsfähigkeit aus. Die Systeme sind nicht starr, sondern immer in Bewegung um einen Idealwert herum. Im Beispiel mit dem Magen kann der Durchblutungsgrad kurzfristig extrem schwanken, ergibt aber am Ende des Tages sozusagen genau das Ideal, sodass keine Schädigung geschieht. Den theoretischen Mittelwert als starre Vorgabe einstellen zu wollen, würde schlechtere Ergebnisse bringen und unsere Anpassungsfähigkeit vermindern.

„Das Lebende ist weich und nachgiebig; das Tote ist starr und steif. Lebende Pflanzen sind biegsam und zart; die toten sind spröde und trocken."
-Laotse,, chinesischer Weiser, 6. Jhd. v. Chr.

Aber eine Störung des emotionalen Gleichgewichts kann den Mittelwert dauerhaft falsch einstellen, entweder zu sehr in Richtung Über- oder Untersäuerung. Daraus können sich krankhafte Veränderungen an den Schleimhäuten entwickeln, welche zu Beschwerden führen. Offenkundig ist es einfacher, solchen Effekten medikamentös entgegenzuwirken, immerhin gibt es heute sehr wirksame Medikamente zur Säureregulation. Ein emotionales Gleichgewicht künstlich wiederherzustellen dürfte sehr viel schwieriger sein. Dafür hat unser „Denk-Ich" viel zu viele Störprogramme gespeichert. Wir haben schon früh gelernt, dass manche Gefühle nicht zulässig sind, andere hingegen gefordert werden. Wir haben umfangreiche Vorstellungen davon, was wir zu fühlen haben und was nicht. Wir haben Überzeugungen, die uns selbst betreffen und mit denen wir uns beurteilen – oder verurteilen. Diese Vorstellungen haben wir eingetrichtert bekommen oder uns zusammengereimt. Das Ergebnis ist, dass uns die eigenen Gefühle fremd und manchmal unheimlich anmuten mögen. Wir reagieren oft darauf, indem wir die betroffenen Gefühle ausblenden oder ignorieren, verleugnen oder verdrängen. Der Geist hat solche Möglichkeiten. Doch wenn auf diese Weise das freie Schwingen der Emotionen unterbrochen wird, kommt das System aus dem Gleichgewicht. Eine Emotion, die nicht zugelassen wird, kann auch nicht abklingen und in die nächste übergehen, sondern wirkt „im Untergrund" weiter, vermag sich in Gestalt organischer Fehlfunktion zu chronifizieren. Dafür sind uns die zugrundeliegenden Emotionen und Gefühle nicht mehr bewusst. Das nennt man – wenn man es erkennt: Depression mit Somatisierungen. Wenn es nicht gelingt, dem Patienten wieder auf seinen Weg zu geleiten, sind die Aussichten auf eine Heilung der entsprechenden Beschwerden zweifelhaft, es droht weitere Chronifizierung, plus zusätzliche Schäden durch die unerwünschten Nebenwirkungen erfolgloser Behandlungsversuche. Aber auch Depressionen gehen vorbei; sie sind nicht das Ziel unserer Entwicklung.

"Was ist der Unterschied zwischen Bierflaschen und Gefühlen?
Bierflaschen muss man aufmachen, Gefühle muss man zulassen."
-Robert Gernhardt (1937-2006), dt. Dichter.

7.8. 1000 Elefanten

Um das emotionale Gleichgewicht zu verbessern, wird es notwendig sein, die eigenen Gefühle anzuerkennen und sie von Gedanken zu unterscheiden. Wir tendieren dazu, Gedanken, Emotionen und Gefühle unterschiedslos in einen Topf zu werfen. Das Ganze gerät in Gefahr, zu verklumpen und ungenießbar zu werden. Einzelne Gedanken sind zwar flüchtiger Natur, neigen aber dennoch zu endlosen, langweiligen Wiederholungen. Wir haben vielleicht manchmal den Eindruck, wir haben 1000 Gedanken, es sind jedoch in Wirklichkeit sehr viel weniger, vielleicht 3 oder 4, die sich ständig wiederholen. Gedanken kreisen. Ähnlich wie in den frühen Tagen des Stummfilms, wo der Eindruck von 1000 Elefanten erzeugt werden sollte, indem man 3-4 Elefanten immer um die Kamera herumgehen ließ. Jedesmal, wenn unsere Gedanken am Fenster unseres Bewusstseins vorbeiziehen, registrieren wir sie. Das Zählwerk läuft, und wir haben anscheinend den Kopf voll damit. Aber es ist nur der Zustand der Ratlosigkeit.

Diese Art des Denkens nennen wir Grübeln. Sie führt nicht weiter und findet kein Ende, kann uns jedoch lange beschäftigen und uns den Eindruck von kognitiver Aktivität vermitteln. Mit den Methoden der Gehirnforschung würde man einen hohen Energieverbrauch des Gehirns feststellen, was aber nicht bedeutet, dass viel geleistet wird. Das Denken befindet sich quasi bei Vollgas im Leerlauf und dreht durch. Es ist nur noch mit sich selbst beschäftigt und besetzt die Rechenkapazität unseres Gehirns mit seinen Rückkoppelungsschleifen. Dies geht auf Kosten der Aufmerksamkeit, der Konzentration und der Merkfähigkeit, welche in diesem Zustand gestört sind. **Dieser Zustand ist charakteristisch für Zeiten der Depression**. Betroffene fürchten um ihren Geisteszustand, sie haben vielleicht sogar Angst vor einer beginnenden Demenz. Im Unterschied zur Demenz ist der Zustand der Depression jedoch nicht zwangsläufig fortschreitend, sondern kann wieder vollständig abklingen. Als hilfreich wird oft motorische Aktivität erlebt. Wir müssen etwas tun. Da man in diesem Zustand zu Fehlern neigt, sollte man bevorzugt einfache Dinge tun, die nicht unseren ganzen Verstand erfordern, sondern eher mechanische Aktivitäten, die durchaus Aufmerksamkeit verlangen, z.B. Handarbeit, einfache Putz- und Reinigungstätigkeiten (am besten die, die man sonst immer vor sich herschiebt). Den durchdrehenden Rädern des mentalen Getriebes soll etwas Realeres, Greifbares angeboten werden.

„Durch Denken stören Sie Ihr Gehirn bei der Arbeit"
-Manfred Spitzer, dt. Neurowissenschaftler

Ebenfalls bewährt hat sich der Kontakt mit Tieren und Pflanzen, da diese unsere kräftezehrenden geistigen Rückkoppelungsmanöver nicht mitmachen können und uns somit eine Möglichkeit geben, mit der Realität in Verbindung zu bleiben. Die Endlosschleife der Gedanken wird unterbrochen, wir müssen unseren Sinnen mehr Aufmerksamkeit schenken, unserer Wahrnehmung, und diese ist stets mit Fühlen verbunden und vermag uns daher in die Gegenwart zurückzuleiten, wo wir von mentalen Angriffen einigermaßen sicher sind. Wir können gar nicht sehen, ohne zu fühlen. Es ist immer ein Gefühlston zumindest im Hintergrund mitbeteiligt, nämlich die Polarität: angenehm/unangenehm. Wir sehen nicht nur eine Farbe, indem wir sie identifizieren – das ist Rot – sondern wir haben auch ein Gefühl dabei. Eine Farbe identifizieren kann auch ein Computer, aber er fühlt nicht. Wir fühlen nicht nur Farben, sondern auch Formen. Wir sind nur nicht gewohnt, darauf zu achten. Wenn wir etwas lesen, bedingen allein Schrifttyp und -farbe bereits eine Gefühlstönung. Wir werden jedoch von Kindheit an darin trainiert, gedankliche Inhalte ohne Berücksichtigung der Gefühlstönung aufzunehmen und für wichtiger zu halten. Dies kann dazu führen, brav und programmierbar wie wir sind, dass wir gewohnheitsmäßig Gedanken für wichtiger erachten als Gefühle. Die gedanklichen Inhalte entstammen überwiegend der Außenwelt, etwa dem Elternhaus und der Schule; die Gefühle kommen aus den Tiefen unserer Seele. Wenn wir nach frühem und jahrelangem Training nur noch gedanklich-begrifflich wahrnehmen und gelernt haben, die begleitende Gefühlstönung zu missachten und abzuspalten, kann daraus ein depressiver bzw. depressionsähnlicher Zustand entstehen, in dem die Welt „grau" erscheint. Das bedeutet nicht, dass wir farbenblind geworden sind. Wenn die Ampel rot wird, erkennen wir die Farbe immer noch als rot, nur ist irgendwie das Gefühl abhanden gekommen, das normalerweise die Wahrnehmung der Farbe Rot begleitet. Wir identifizieren noch, was wir wahrnehmen, aber wir fühlen es nicht mehr. Wir lesen Zahlen und Buchstaben, erkennen Wörter und Satzstrukturen. Das reicht meistens für die Arbeitswelt und für die Erledigung unserer Verpflichtungen, aber die Seele hungert sozusagen.

Interessanterweise hat die neurologische Forschung kürzlich gezeigt, dass sich bei Depression die Rezeptor-Struktur der Netzhäute tatsächlich dahingehend verändern kann, dass die Kontrastwahrnehmung objektiv eingeschränkt wird. Die Welt scheint nicht nur grau, sondern sieht durch unsere eigenen Augen tatsächlich langweiliger aus. Diesen Effekt möchte man nach Möglichkeit für die klinische Diagnostik der Depression nutzen. Schau dir in die Augen, Kleines!

7.9. Hören und Sehen

In unserer frühen Kindheit waren die Verhältnisse anders. Babys vermögen lange in ihrer Wiege liegen, von der aus sie nur einen Teil des Zimmers sehen können. Sie betrachten die Lampe, die Wand, das Mobile oder Teile ihres Bettes mit großer Aufmerksamkeit. Sie versuchen noch nicht, den Dingen einen Namen zu geben und sie mental zu identifizieren, um sich dann dem nächsten Objekt zuzuwenden, mit dem sie dann das gleiche tun. So wird es später vielleicht werden, aber am Anfang weiß das Baby nicht, dass diese Farbe „rot" heißt. Es fühlt jedoch etwas, z.B. eine Attraktion, wenn es etwas Rotes sieht. Es wird mit den Augen nicht nur die Farbe wahrnehmen, sondern auch die Beschaffenheit und die Struktur der Oberflächen, was ebenfalls von Gefühlen begleitet ist. Dabei langweilt sich das Baby nicht. Erst wenn es genug davon hat, beginnt es sich zu langweilen und wird sich bemerkbar machen. Leider haben die Personen der Außenwelt nichts Eiligeres zu tun, als die natürliche Intelligenz und Lernfähigkeit des Kindes dazu zu nutzen, ihm möglichst früh, schnell und gründlich die Namen der Dinge beizubringen und sind sehr froh und stolz, wenn das Baby „spricht" – das heißt, Dinge benennen kann. Das Kind merkt, dass es damit seine Eltern glücklich machen kann und tut dies bereitwillig. Dann wird so bald wie möglich größter Wert darauf gelegt, dass es diese Wörter auch richtig schreiben kann. Das dauert einige Jahre und fällt nicht jedem leicht, aber wir sind bereit, unser Bestes zu geben – nur dass unser Bestes dafür gar nicht gebraucht wird, nämlich unsere Fähigkeit zu fühlen. Diese wird immer mehr zu einem Schattendasein verurteilt. Wir müssen lernen, mit der sehr komplizierten mentalen Welt der Erwachsenen zurechtzukommen und werden danach beurteilt, wie gut uns das gelingt. Wenn wir uns dabei wohlfühlen, um so besser – wenn nicht, haben wir ein Problem.

> „Ich fürchte mich so vor der Menschen Wort.
> Sie sprechen alles so deutlich aus:
> Und dieses heißt Hund und jenes heißt Haus,
> und hier ist Beginn und das Ende ist dort.
> [...]
> Ich will immer warnen und wehren: Bleibt fern.
> Die Dinge singen hör ich so gern.
> Ihr rührt sie an: sie sind starr und stumm.
> Ihr bringt mir alle die Dinge um."

-Rainer Maria Rilke, Dichter, 1875-1926

Systematisch wird uns beigebracht, wie die mentalen Vorfahrtsregeln orientiert sind: Die Außenwelt hat im Konfliktfall Vorrang (siehe Abschnitt 1.6. „Die Mutter aller Konflikte"). Wenn unsere Gefühlswahrnehmungen uns in Schwierigkeiten, d.h. Konflikte bringen, haben sie gewöhnlich zu schweigen.

Wenn aber die Gefühle schweigen und nur noch die kognitiven Vorgänge ungestört funktionieren, verlieren wir „Energie". Unsere Augen sind nervlich nicht nur mit kognitiven Zentren des Gehirns verbunden, es führen auch Nervenbahnen zu den Bereichen, die für das Fühlen zuständig sind.

Das gleiche gilt auch für unsere Ohren. Vom Innenohr gehen Nerven nicht nur zur den kognitiven Bereichen der Hirnrinde, sondern es werden auch direkt Signale zu Fühlzentren geleitet. Die Gefühlsnähe des Hörens ist noch deutlicher als die des Sehens. Wenn man Menschen vor die Wahl stellen müsste, entweder auf das Hören oder auf das Sehen zu verzichten, also zwischen Blindheit und Taubheit zu wählen, halten die meisten Menschen das Sehen für wichtiger als das Hören. Man stelle sich vor, einen Film im Fernsehen blind zu „sehen", nur anhand des Tons. Das ist möglich! Es gibt sogar Zusatzdienste bei manchen Filmen, in denen das, was man im Film sehen, aber nicht hören kann, von einem Sprecher fortlaufen erklärt wird (etwa: „James Bond betritt vorsichtig den Raum und blickt sich um. Von hinten richtet jemand eine Pistole auf ihn..."), dann hört man wieder die normalen Geräusche und Dialoge des Films. Man vermag der Geschichte zu folgen. Man könnte andererseits auch folgen, wenn der Ton ausfiele und man nur auf Untertitel angewiesen wäre, ohne Musik, Geräusche und Stimmen. Im einen Fall hätten wir ein Hörspiel, im anderen einen Stummfilm. Was würden wir bevorzugen? Schwer zu beantworten. Es gibt jedoch dem Anschein nach durchaus fröhliche blinde Sänger (Ray Charles; José Feliciano; Stevey Wonder; Andrea Bocelli), während man unter Schwerhörigen viele depressive und misstrauische Menschen antrifft, die an nichts mehr Freude haben. Wenn ich nicht mehr lesen kann, stehen wenigstens gute Hörbücher zu Verfügung, oder vielleicht jemand, der vorliest. Ich kann noch immer mühelos in meiner Gefühlstiefe angesprochen werden. In einer lautlosen Welt des Sehens werden wir uns anders fühlen.

„Nicht sehen trennt den Menschen von den Dingen.
Nicht hören trennt den Menschen von den Menschen."
-Immanuel Kant, deutscher Philosoph, 18. Jhd.

Exakte wissenschaftliche Studien zu diesem Thema sind mir nicht bekannt. Die Theorien des französischen Arztes *Alfred A. Tomatis* (1920-2001), die sich mit dieser Thematik beschäftigen, sind aus wissenschaftlicher Sicht lediglich „nicht nachvollziehbar", weil sie auf unbewiesenen Annahmen beruhen. Trotzdem scheinen sie in der Praxis zu wirken. Sie gehen von Zusammenhängen zwischen Hören und Strukturierungsvorgängen im Gehirn aus. Defizite aus der vorgeburtlichen Zeit, etwa durch eine ablehnende Einstellung oder eine Depression der Mutter, die deswegen nicht genug mit dem ungeborenen oder neugeborenen Baby spricht, sollen die Ausformung der nervlichen

Vernetzung behindern und werden nach der Methode von Tomatis behandelt, indem man dem Kind später über Kopfhörer Mozart und insbesondere die Stimme der Mutter vorspielt, wobei der Klang elektronisch so verändert wird, wie er sich mutmaßlich in der Fruchtblase angehört hätte.

Jeder weiß jedoch, dass die Stimmung und die Entwicklung eines Menschen spätestens nach der Geburt stark von dem beeinflusst wird, was er zu hören bekommt. Bekannt geworden ist das berüchtigte angebliche Experiment des Kaisers Friedrich II. von Hohenstauffen (13. Jhd.), der herausfinden wollte, welche Sprache Neugeborene entwickeln, wenn niemand mit ihnen spricht. Die armen Versuchskinder sollen alle eingegangen sein.

7.10. Der Geschmack der Apfelsine

Ein noch wenig beachtetes Forschungsgebiet bearbeitet die Auswirkungen einer „Wochenbettdepression", auch bekannt als *postpartale Depression*, auf die Entwicklung des Babys. Diese Störung, unter der immerhin bis zu 15% der Wöchnerinnen leiden sollen, besteht darin, dass die Mütter sich unfähig fühlen, liebevolle Gefühle für ihr neugeborenes Kind zu entwickeln, stattdessen manchmal sogar eher Widerwillen oder Ablehnung. Auch wenn die Mutter sich alle Mühe gibt, dies zu verbergen oder zu kompensieren, kann doch angenommen werden, dass das Neugeborene reagiert. Die Kommunikation zwischen Mutter und Kind findet allerdings nicht nur durch Sprechen statt, sondern auf vielen Kanälen. Wir wissen nicht, welche Prägungsvorgänge in dieser Zeit geschehen. Es ist kein Zufall, dass Babys alles zum Mund führen. Das ist die Art, wie sie die Welt kennenlernen: durch die Kombination von Tast- und Geschmackssinn.

Frühe Sinneserlebnisse können sich beträchtlich potenzieren. Der Schriftsteller *Uwe Timm*, geb. 1940, schildert in einem Interview seine früheste bewusste Erinnerung: Er bekam eine Apfelsine, wusste aber nicht, wie man sie isst, biss hinein, legte sie wegen des bitteren Geschmacks der Schale wieder hin. Seine Mutter schälte daraufhin die Frucht wie eine offene Blüte, legte das Innere frei und bot sie ihm so wieder an, und sie schmeckte wunderbar. Dieses Erlebnis habe ihn so stark berührt, dass er Jahrzehnte später für einige Zeit nach Italien umzog, in ein Land, „wo solche Früchte wachsen" – zumindest vermutete er in diesem kindlichen Erlebnis einen wichtigen Teil seiner Motivation.

Erlebnisse, wie Marcel Proust sie in seinem Roman *Auf der Suche nach der verlorenen Zeit* beschreibt, kennt jeder: Der Erzähler schildert eine Situation, in der ihm eine *Petite Madeleine,* ein in Frankreich beliebtes Gebäck, in Lindenblütentee getunkt, durch seinen Geschmack eine Fülle von Kindheitserinnerungen erschließt. Anscheinend kann ein Geschmacks- oder Geruchsreiz den Pfad angeben, auf dem unsere Erinnerungen gespeichert wurden. Wir erkennen einen Geruch noch nach Jahrzehnten wieder, z.B. Bohnerwachs, oder frisches Brot, oder Düfte aus der Natur, und sie gewähren uns eine kleine Zeitreise.

Erinnerung ermöglicht uns ein kontinuierliches Verständnis für unsere eigene Entwicklung. Die Psyche nutzt ruhige, angenehme Perioden unseres Lebens (Urlaub, Ferien, Rehabilitation usw.), um uns Erinnerungen zu öffnen, die unter dem alltäglichen Stress verschüttet sind. Unter Stressbelastung ist die Vergangenheit unwichtig, da geht es nur um das tägliche Überleben. Wenn wir uns aber ruhig, sicher und geborgen fühlen, keine Angst haben und keine Probleme lösen müssen – dann kommen häufig Erinnerungen ins Bewusstsein, die schon weit zurückliegen mögen. Dies kann im Urlaub geschehen, oder durch Entspannungsübungen wie Autogenes Training, oder durch Meditation, und es ist eigentlich ein Zeichen dafür, dass etwas Heilsames geschieht. Typischerweise kommen uns auch bei solchen Gelegenheiten nicht so sehr unsere Sternstunden ins Gedächtnis, mit denen wir gerne unsere Freunde unterhalten, sondern vornehmlich die eher problematischen Erlebnisse, über die wir nur ungerne sprechen. Das sind manchmal Erlebnisse, die weit zurückliegen und deren Verarbeitung schwierig war und nicht abgeschlossen werden konnte, aus Mangel an Erfahrung und Reife, und die deswegen in einer Art Zwischenablage des Erinnerungsvermögens gespeichert wurden, um zu einem geeigneten Zeitpunkt wieder dem urteilenden Ich vorgelegt zu werden - eben wenn es uns wirklich gut geht und Rechenzeit dafür frei ist.

7.11. Erinnern und vergessen

Gemein! Doch dahinter steht die Tendenz unseres Bewusstseins zum Ausgleichen von Defiziten, zu Heilung seelischer Verletzungen sowie zur Integration aller Lebensphasen. Wir können die Vergangenheit nicht immer hinter uns lassen. Die Vergangenheit ist zwar offensichtlich fertig mit uns und kommt nicht wieder, aber vielleicht sind wir noch nicht fertig mit ihr, da gibt es noch Einiges zu verstehen, wozu wir jedoch unseren ganzen Verstand brauchen, und nicht nur die üblichen Tricks, mit denen wir uns etwas vormachen. Wir können die Vergangenheit erst hinter uns lassen, wenn wir wirklich fertig mit ihr sind. Vorher wird unser Bewusstsein uns nicht zu weiteren Entwicklungsschritten freigeben. In der zweiten Lebenshälfte wird die Tendenz stärker, sich mit der Vergangenheit zu beschäftigen. Dies hat einen positiven Zweck: Wir sollten uns erkennen, so lange wir noch leben – danach nutzt es nichts mehr. Indem unsere Merkfähigkeit abnimmt, hindert unser Bewusstsein uns daran, uns immer weiter voran zu kämpfen, und erzwingt notfalls den Rückzug. Rückzug will gelernt sein! Jeder Idiot kann unter geeigneten Umständen mit Hurrageschrei vordringen und erobern, aber ein geordneter Rückzug, der nicht in panische Flucht oder Schreckensstarre ausartet, der möglichst am Ende in einen heiteren und friedlichen Abschied mündet – dazu werden wir alles brauchen, mit dem wir ausgestattet sind. Je ruhiger wir werden, desto besser erinnern wir uns. Wer weiß, bei vollkommener Ruhe mag uns vielleicht sogar wieder einfallen, warum wir überhaupt auf die Welt gekommen sind…das wäre nicht schlecht.

Kann sein, dass wir dazu viel vergessen müssen, nämlich all das, was uns in dieser Hinsicht erzählt worden ist. Dieses früheste Wissen kann nicht in Worten in uns abgelegt sein, sondern eher in Form eines Gefühls. Gefühle bringen wir als zuverlässigen Kompass mit auf die Welt (siehe Abschnitt 1.4. „Fühlen"), um zu unterscheiden, was gut für uns ist und was nicht. Das betrifft nicht nur, wie viel Nahrung wir brauchen, und was, und wann, und mit welcher Temperatur, und wie viel Wasser, wie viel Schlaf, wie viel Bewegung, wie viel (und welche) Gesellschaft; wohin wir gehen und was wir tun möchten. All dies können wir zunächst nicht sagen, dazu fehlen uns die Worte, doch wir können es fühlen. Wir haben ein angeborenes Belohnungszentrum im Hirn, das uns glücklich macht, wenn wir auf dem richtigen Weg sind (eben dieses Zentrum, das durch Belohnungsdrogen wie Nikotin und dergleichen. (siehe Abschnitt: 5.4.4. „Nikotin") ausgelöst wird, *ohne* dass wir auf dem richtigen Weg sind!), und das uns warnt, z.B. durch Schmerz, Angst, Scham, Ärger usw., wenn wir unseren Weg verlieren. Gefühle sind etwas äußerst Persönliches, und der Umgang mit ihnen erfordert höchste Achtsamkeit und Aufrichtigkeit sich selbst gegenüber. Wenn unsere Gefühle andere wirklich etwas angingen, würden diese sie ebenfalls fühlen.

"Man kann vieles unbewusst wissen, indem man es nur fühlt, aber nicht weiß."
- Fjodor Dostojewski, *Tagebuch eines Schriftstellers*

Wenn uns jemand erst sagen muss, wozu wir auf die Welt gekommen sind, dann kann das von vornherein nicht stimmen. Vielleicht meinte der alte chinesische Weise *Laotse* so etwas, als er in der ersten Zeile auf der ersten Seite seines ersten (und einzigen) Buches *Tao te king* schrieb (sinngemäß): Wenn man es aussprechen kann, ist es schon nicht wahr. Was aufgeschrieben werden kann, ist nicht die Wahrheit. Damit ließe sich das Thema Heilige Schriften jeder Art und Herkunft in einem Satz abschließen. Das sind alles nur Bücher. Ebenso lapidar kann aus dieser Sicht inspiriertes Reden eingeordnet werden. Es handelt sich nur um Worte, und wer behauptet, sie seien von Gott, ist vielleicht ein bisschen größenwahnsinnig. Gott hat seine eigene Sprache – auch nicht Latein, Griechisch oder Sanskrit, das waren Menschensprachen. Was wahr ist, müssen wir in unserer Tiefe fühlen können, in den Schichten unseres Bewusstseins, die durch äußere Einwirkung nicht beeinflusst werden können. In jenem Teil unseres Bewusstseins gilt nicht die Sprache mit ihrer Bedeutungslehre und Grammatik, und vielleicht nicht einmal die archetypische Welt der Symbole, wie im von *C.G. Jung* beschriebenen kollektiven Unbewussten, sondern nur das Wissen der Seele, das ihr Erbe und Eigentum ist und mit niemand geteilt werden kann, so wie wir auch unsere Gefühle ausschließlich allein fühlen können. Über ein Gefühl zu sprechen ist etwas ganz anderes als ein Gefühl zu fühlen. Man kann über ein Gefühl sprechen, ohne es zu fühlen, und man kann ein Gefühl fühlen, ohne darüber zu sprechen. Wenn mir jemand eine Ohrfeige gibt und behauptet, das sei gestreichelt, was ist wahr? Wenn etwas als Delikatesse angeboten wird, aber es stinkt, was ist wahr? Wenn etwas weh tut, aber gut für mich sein soll, was soll ich glauben? Oder, wenn etwas schön ist, aber schlecht sein soll. So etwas verwirrt uns.

Wir fühlen, wozu wir hier sind: In Freude zu leben. Dafür gibt es keinen Ersatz. Wir wissen, ob es uns gut geht oder nicht. Wenn Fragen auftauchen, wie: Warum ich? Warum passiert mir das? Was soll ich hier? Wie bin ich hierher gekommen? Warum bin ich hier?, dann ist dies bereits ein Zeichen dafür, dass wir unseren Weg verloren haben.

Dann brauchen wir auf einmal ein Ziel, dabei ist das Ziel, diese Freude wiederzufinden. Schwierig genug.

Ein Beispiel: Wenn wir auf einer Party sind, bei der einfach alles stimmt: Interessante Gäste, tolles Essen, hervorragende Getränke, die richtige Musik, der Gastgeber hat wirklich für alles gesorgt – dann fragen wir uns wahrscheinlich nicht: warum ich?, wie bin ich hierher gekommen?, was soll ich hier?, sondern genießen die Party, achten nicht auf die Uhrzeit. Wenn aber nur langweilige Leute da sind, das Essen nicht schmeckt, die Getränke minderwertig sind und die Musik eher quälend, dann können schon solche Fragen auftauchen, und wir schauen immer öfter auf die Uhr. Wir fühlen uns verloren, wollen nach Hause. Solche Fragen haben keine Antwort, sondern sind lediglich Symptome dafür, dass wir aus dem Gleichgewicht gerieten. Es sollte demnach nicht zu viel Zeit dafür verwendet werden, diese Fragen ernsthaft beantworten zu wollen. Vorrangig muss das emotionale Gleichgewicht wiederhergestellt werden. Dann sind wir am Ziel, ein anderes gibt es nicht. Das ist einfach, aber nicht leicht. Einfach, weil wir alles mit uns tragen, was dazu notwendig ist: Unsere Gefühle, unsere Wahrnehmung, unseren Verstand, unsere Intuition. Schwer, weil wir allein damit sind, und nicht einfach der Menge hinterherlaufen können, in der Annahme, dass die anderen hoffentlich wissen, wohin es geht. Außerdem geraten wir leicht in Hektik oder in sonstige abträglichen Gemütszustände, wenn wir den Weg verloren haben, weil wir möglichst schnell wieder unser Gleichgewicht finden wollen.

"Es ist eine ironische menschliche Gewohnheit, schneller zu rennen, wenn man sich verlaufen hat"
-Rollo May (1909-1994), amerikanischer Psychologe

Vor lauter Hektik begehen wir möglicherweise so viele Fehler, dass deren Korrektur immer schwieriger wird. Wir versuchen, unsere Umgebung zu verändern, suchen nach Schuldigen, argumentieren, regen uns auf – darüber übersehen wir vielleicht den Keim des Ausweges, den die Situation für uns wahrscheinlich bereits enthält. Um diesen überhaupt zu erkennen, brauchen wir ein hohes Maß an innerer Ruhe und Vertrauen. Wir können aber diese Eigenschaften gerade dann nicht aufbringen, wenn es am nötigsten ist. Deswegen sind Ruhe und Konzentration das erste, um das wir uns kümmern müssen, genauso wie bei einem Druckverlust im Flugzeug, wenn plötzlich die Sauerstoffmasken herunterfallen, die Anweisung lautet: Zuallererst selbst die Atemmaske aufsetzen und sich dann erst um andere bzw. alles andere kümmern. Wenn man diese Reihenfolge umkehrt, kommt man, ohne es zu merken, in verminderte Bewusstseinszustände und träumt vielleicht nur noch, dass man etwas tut, während man in Wirklichkeit völlig hilflos wird.

7.12. Meditation

Das Erste und Wichtigste wäre die Bewahrung des inneren Gleichgewichts - aber wie? Wenn man das im ganzen Leben viel zu selten geübt hat, weder daheim noch in der Schule oder in sonstigen Institutionen - die Chance, dass es dann im Notfall gelingt, fällt entsprechend gering aus. Dieser Sachverhalt ist nicht neu. In allen Kulturen gibt es Traditionen von entsprechenden Übungen, die wir gewöhnlich unter dem Begriff *Meditation* zusammenfassen.

„Wahre das Gleichgewicht – gefährde niemals dein Innerstes – um nichts in der Welt – für niemanden – niemals."
-Prem Rawat (1957-), Meditationslehrer

Unter Meditation werden sehr unterschiedliche Bewusstseinstechniken verstanden, deren Zweck aber immer ist, sich von äußerer Unruhe abzuschirmen und auf die Quelle innerer Inspiration zu konzentrieren. Es geht nicht darum, an bestimmte Dinge zu denken, sondern sozusagen die „Sinne der Seele" zu öffnen. Wir sind wieder einmal auf der Suche nach der inneren Verbindung zum Ursprung unserer Seele, dem mystischen Pol unserer Person (siehe Abschnitt 2.7. „Sehr mystisch!"). Das ist nichts, was man sich vorstellen kann. Phantasie und Vorstellungsvermögen begrenzen eher die Erfahrung. Man braucht Ruhe dazu, aber es muss nicht still sein. Wer taub ist, hat keinen Vorteil. Es hilft, wenn man stillhalten kann, aber Gelähmte haben keinen Vorteil. Es ist schön (vor allem für andere!), wenn jemand gut schweigen kann, aber der Stumme hat keinen Vorteil. Davon, dass man Besitz und weltlichen Verpflichtungen entsagt, entdeckt man nicht automatisch die innere Verbindung. Sonst würden wir alle spätestens mit dem Alter weise werden, wenn wir nichts mehr haben und niemand mehr etwas von uns will. Dies ist offenkundig nicht der Regelfall. Sexualität kann ganz schön ablenken, und die altersbedingte Rückbildung der entsprechenden Drüsen mag vielleicht etwas mehr Ruhe ins Leben bringen, jedoch stolpern wir deswegen noch nicht automatisch über Gott. Eine gute Körperbeherrschung und viel Disziplin ermöglichen Erfolge im Yoga, können gleichzeitig aber auch stolz und unzugänglich machen. Bücher können zwar unseren Geist enorm anschwellen lassen, machen hingegen die Dinge nicht unbedingt einfacher. Sie werden schneller geschrieben, als man sie lesen kann, und am Ende müssen wir sie doch wieder vergessen.

Viele asiatische Völker haben eine lange und reiche Tradition bezüglich Meditationstechniken, die häufig untrennbar mit ethnischen, historischen und sonstigen kulturellen Traditionen vermischt sind. In Europa verfügten wir vermutlich auch über mehr Wissen über den Weg nach Innen, es hat genügend Mystiker auch in der christlichen Tradition gegeben. Allerdings wurden diese von der Inquisition als Ketzer verfolgt, die Konsequenzen reichen bis heute. Man muss in der abendländischen Religionsausübung schon nach effektiven Meditationstechniken suchen. Unsere Geistesgeschichte kommt lieber ohne Mystik aus und versteht unter Meditation gerne so etwas wie ruhige Betrachtung und gründliches Nachdenken, ist ja auch was Schönes.

„Reserviere eine bestimmte Zeit für dich selbst und halte dich ruhigen Gemüts in Erfolg und Misserfolg, frei von Unruhe und Verwirrung, sowohl bei frohen als bei traurigen Anlässen."
-Ignatius von Loyola (1491 – 1556)

Bewährte Meditationstechniken allein sind jedoch noch kein Garant für Erfahrung. Der beste Wegweiser auf dem Weg ins Innere ist echte Sehnsucht nach der tiefsten (oder höchsten) Erfahrung. Ohne diese Sehnsucht besteht die Gefahr, dass zwar technisch perfekt meditiert wird, aber das Herz kalt bleibt, sozusagen. Von Seiten des Geistes werden mental Erwartungen und Kriterien aufgebaut, welche nur durch Sehnsucht, bzw. durch die Kraft der Liebe überwunden werden können. Sehnsucht allein, ohne eine funktionierende Methode, bleibt unerfüllt und kann sich leicht in Trauer und Resignation verwandeln.

In der Menschheitsgeschichte treten immer wieder Wissende oder Heilige auf, die zu ihrer Zeit ihren Mitmenschen eben dieses erklärten. Alle Christen kennen aus der Liturgie die weihnachtliche Engelshymne: „Ehre sei Gott in der Höhe und Friede auf Erden allen Menschen, die guten Willens sind" (*Gloria in excelsis deo et in terra pax hominibus bonae voluntatis*). So etwas kann freilich ein Engel behaupten, in diesem Fall sogar ein ganzer Chor. Man beachte die Reihenfolge! Der „Gott in der Höhe" wird zuerst genannt, wobei mit Höhe wohl eher nicht die räumliche Orientierung gemeint ist. Es gibt noch ein anderes Oben und Unten. Um in die Höhe zu kommen, muss eine gewisse Energie aufgewendet werden. Auch die Übersetzung „Ehre" für *Gloria* ist etwas dürftig. Es geht mehr in Richtung Glorie, Glanz, Herrlichkeit, etwas aus der Gefühls- und Wahrnehmungswelt. Für das lediglich mentale Konzept Ehre werden Menschen ermordet. In Zusammenhang mit der Anerkennung der höchsten Herrlichkeit Gottes wird dann Friede auf Erden verkündet, sozusagen eine Etage tiefer, wo Menschen guten Willens vorkommen, oder auch nicht. Es handelt sich nicht um eine Prophezeiung, sondern eher um eine Art Erkennungsformel, mit der sich Engel zu erkennen geben. Friede auf Erden wird sich nicht durch administrative Maßnahmen herstellen lassen, entsteht aber als Nebenprodukt bei Menschen, die in der Lage sind, die Herrlichkeit der Schöpfung wahrzunehmen oder dies wenigstens wollen. Das behaupten die Engel im Chor.

Eine ähnliche Aussage macht Jesus von Nazareth, als er nach dem wichtigsten der zahlreichen alttestamentlichen Gebote gefragt wurde: »Liebe den Herrn, deinen Gott, von ganzem Herzen, mit ganzem Willen und mit aller deiner Kraft und deinem ganzen Verstand! Und: Liebe deinen Mitmenschen wie dich selbst!« Auch hier verdient die Reihenfolge Beachtung. Frieden und Nächstenliebe sind auch heute weltweit hoch angesiedelte Werte. Mit der Gottesliebe tun wir uns scheinbar schwerer, nur ohne dieselbe wird die Nächstenliebe wenig fruchten.

In der indischen Tradition gibt es den „Bhakti-Yoga", den Yoga der Liebe und Hingabe zu Gott, der als der einfachste Weg zu Gott genannt wird. Es fällt uns leicht, uns auf das zu konzentrieren, das wir lieben. Der Schüler des Bhakti-Yoga wird von seinem Meister inspiriert, Gott zu lieben. Dazu braucht er nicht notwendigerweise eine bestimmte Körperhaltung, Rituale oder Techniken. Alles weitere ergibt sich aus dieser Liebe.

Hinter diesen komplizierten religiösen Konzepten steckt möglicherweise die alte, tiefe Menschheitserfahrung, dass die Suche nach dem mystischen Pol eines Menschen, der die bewusste ununterbrochene innere Verbindung zur Quelle allen Lebens bedeutet, durch die entsprechende Sehnsucht am leichtesten gelingen kann. Der Verstand weiß nichts davon, er produziert Erklärungsmodelle oder projiziert diese Sehnsucht in den äußerlichen Pol der Person, etwa in das weite Feld der Beziehungen. Der persische Mystiker Rumi sprach z.B. oft von der Sehnsucht nach dem „Geliebten", was nicht nur in islamisch konditionierten Ohren missverständlich klingen kann. Wenn die Motivation eines Menschen so klar ausgerichtet ist, wie wir es am ehesten aus der Liebe kennen, dann kann die große Suche gelingen. Mit Liebe ist hier mehr gemeint als nur die erotische Variante dieses Gefühls. Eine Mutter liebt ihr Kind, sie hört sein Weinen im Schlaf und steht auf. Sie mag es nicht allein lassen. Sie wird es nicht vergessen. Sie versteht, was das Kind braucht, wenn es noch nicht sprechen kann. Sie erwartet keinen Gewinn, die Liebe genügt ihr. Die Kraft dazu gibt ihr die Liebe. Eine andere Person, mit entsprechend anderer Motivation, müsste sich schon sehr anstrengen, um dasselbe zu leisten für dieses Kind und könnte es dennoch nicht.

Gibt es die große Liebe? Natürlich, nur ist sie auf dem Gebiet der zwischenmenschlichen Beziehungen wohl ein Sonderfall.

„Weder wir sind dieses Jahr dieselben Personen wie im letzten Jahr, noch sind es die, die wir lieben. Es ist ein Glücksfall, wenn wir in unserer Änderung eine geänderte Person weiterhin lieben"
–William Somerset Maugham (1874-1965), englischer Dramatiker, Schriftsteller, Arzt und Agent

Unsere Liebe zum Leben, zur Schönheit, zur „Herrlichkeit", stellt jedoch keinen Sonderfall dar, sondern die Regel. Einen Gott zu lieben, den wir nicht kennen, der in alten Büchern steht, über den viel Widersprüchliches gesagt wird, der aber irgendwie sehr menschliche Züge trägt – das könnte anstrengend werden und hat deswegen oft etwas Verkrampftes. Da ist es tatsächlich leichter, einen Menschen zu lieben. Viele Menschen zu lieben – wer kann das schon. Wenn jemand behauptet, er liebe die Menschen, reagieren wir wahrscheinlich mit gesunder Skepsis. Leichter scheint es zu sein, viele Menschen zu hassen. Das glauben wir, wenn das jemand sagt.

„Du kannst mit Sicherheit annehmen, dass du Gott nach deinem Ebenbild erschaffen hast, wenn sich herausstellt, dass Gott genau die selben Menschen hasst wie du."
-Anne Lamott (1954-), US-amerikanische Schriftstellerin

Jener Gott hingegen, dem wir an der Schnittstelle unseres mystischen Pols begegnen, lässt sich mühelos lieben, und er liebt uns zurück! Es ist für jeden Menschen derselbe, über alle Epochen und Kulturen hinweg. Diese göttliche Kraft sagt: Du bist frei! Eine Meditation ist eine Technik, die es einem Menschen ermöglicht, diese Begegnung zu erleben, indem sie in die Innenwelt der Wahrnehmung und des Fühlens – nicht des Denkens! – führt, hin zur Quelle des Fühlens und Wahrnehmens. Denken führt nicht dorthin. Denken führt zu mehr Denken.

Durch Konzentration auf das Fühlen, durch Umkehrung der Wahrnehmung, das heißt, nicht auf die Außenwelt gerichtet, wie im Alltag, sondern stromaufwärts, zur inneren Quelle – kommen wir in die sonst unzugänglichen inneren Bereiche der Person, von denen das Denken nichts weiß. Für das Denken ist es das Nichts, es kann damit nichts anfangen. Es ist die „Leere", von der Buddha spricht (*Shunyata*, „leer vom Ich"). Durch Konzentration des Geistes kann diese Leere erfahren und verwirklicht werden, **dieser Vorgang heißt Meditation**.

7.13. Das Paradies

Tao ist leer, sagt Laotse. Und: *» [...] In Zeiten des Verfalles gruben die Herrscher nach Mineralien, sie schürften nach Erz und bauten Jade ab, sie öffneten und polierten Muscheln, schmolzen Bronze und Eisen; es konnte nichts blühen und gedeihen. Sie öffneten trächtigen Tieren den Bauch, jagten Schildkröten ihres Panzers wegen, brannten die Wiesen ab, um ihre Felder zu vergrößern, kippten die Vogelnester um und entnahmen die Eier, also konnte sich der Phönix nicht niederlassen und die Einhörner streiften nicht umher.*

Sie schlugen Bäume, um Häuser zu errichten, sie brannten Wälder um mehr Land zu besitzen, sie fischten in den Seen, bis es dort keine Fische mehr gab. Es entstand eine neue Welt. Berge, Flüsse, Täler und Schluchten wurden aufgeteilt und abgegrenzt. Für jede Gruppe von Menschen wurde die Größe berechnet und eine bestimmte Anzahl festgelegt. Gerätschaften und Hindernisse wurden zu Verteidigungszwecken gebaut, die Farben der Kleidung geregelt, um die gesellschaftlichen Schichten zu unterscheiden. Belohnung und Bestrafung wurden den Guten und den Unwürdigen zugemessen. So entwickelte sich Bewaffnung und es kam zu Kämpfen.

Hier begann das Hinschlachten von Unschuldigen. Die Regierungen der späteren Gesellschaften haben nicht das fürs Leben Notwendige angehäuft; sie haben die Reinheit der Welt getrübt und die Schlichtheit der Welt zerstört, die Menschen in Hunger und Verwirrung gestürzt und Klarheit in Verschwommenheit gewandelt. Das Militär kostet tausend Einheiten Gold pro Tag, wenn es eine Größe von hunderttausend Mann nicht übersteigt. Auf eine militärische Unternehmung folgen immer schlechte Jahre. Daher sind Waffen Unglück verheißende Werkzeuge, und edle Menschen horten sie nicht. Wenn du dich mit großen Feinden versöhnst und trotzdem noch Hass zurückbleibt, wie ungeschickt hast du da gehandelt. [...] «

Was Laotse beschreibt, hört sich ziemlich vertraut an. Zeiten des Verfalls sind Zeiten, in denen *Tao* unbekannt ist, selbst wenn Bücher darüber geschrieben werden. Wir leben, so gesehen, seit langem in einer solchen Zeit, in der „Klarheit in Verschwommenheit gewandelt" wird und das Militär viel Geld verbraucht. Diese alten Texte gehören zu den frühesten Überlieferungen der Menschheit, und da war es anscheinend schon ähnlich wie heute. Die Zeiten davor galten damals schon als lange und unwiederbringlich vorbei, galten als paradiesische Zeiten für Mensch und Natur. Davon sind nur Legenden geblieben, aber immerhin. Diejenigen, die diese Legenden überliefern, tun dies wohl nicht, um zu sagen: Verzweifelt, dies alles haben wir verloren, sondern: Diese Potenzial existiert unter all der Zerstörung, die der Zerfall in der Außenwelt angerichtet hat, unverändert im Inneren des Menschen. Das ist das neue Jerusalem des Christentums, das Wassermann-Zeitalter der Esoteriker, die ewigen Jagdgründe der Indianer. Es ist kein Ort, sondern ein Bewusstseinszustand. Dorthin kommt man nicht durch Sterben, sondern durch echte Verinnerlichung, und dazu muss man am Leben sein, und man muss Sehnsucht danach im Herzen haben. Man wird Hilfe brauchen, und die Zahl derer, die dabei helfen können, wird übersichtlich sein. Eher wird es viele geben, die es für ihre Pflicht halten, uns auf diesem Weg zu behindern. So ist das in „Zeiten des Verfalls", doch das Tor steht trotzdem offen.

> *"Ein Paradies is' immer da, wo einer ist, der wo aufpasst, dass keiner reinkommt."*
> -Gerhard Polt, 1942- , bayerischer Kabarettist

7.13.1. Sagen vom König Mu

Der chinesische Weise Liä Dsi erzählt folgende Geschichte:

Als Yü Land und Wasser ordnete, da verirrte er sich und kam vom Weg ab. Er geriet in ein Land, das am nördlichen Strande des Nordmeeres liegt, niemand weiß, wie viele hunderttausend Meilen von dem Tsin-Lande entfernt. Das Land heißt das Ende des Nordens. Man weiß nicht, wovon sein Gebiet begrenzt wird. Dort gibt es nicht Wind noch Regen, nicht Reif noch Tau. Nicht leben dort die Geschlechter der Tiere und Vögel, der Kerfe und Fische. Ringsum eben steigt es in die Lüfte. In dieses Landes Mitte ist ein Berg. Sein Name heißt Hu Ling (Urnenhals). Seine Gestalt ist wie eine Urne. Auf seinem Gipfel ist eine Öffnung. Ihre Gestalt ist wie ein runder Ring. Ihr Name heißt Wirkung des Feuchten. Wasser strömt daraus hervor, das heißt Götterbrunnen. Sein Duft ist herrlicher als Orchideen und Pfeffer. Sein Geschmack ist lieblicher als Wein und Most. Die eine Quelle teilt sich in vier Bäche, die strömen den Berg hinab und durchfließen das ganze Land nach allen Enden. Der Erde Kraft ist milde: Kein giftiger Hauch macht krank. Der Menschen Art ist sanft: Sie folgen der Natur ohne Zank und Streit. Ihr Herz ist weich und ihr Leib ist zart; fern ist ihnen Hochmut und Neid. Alte und Junge wohnen friedlich beieinander; nicht haben sie Fürsten und Knechte. Männer und Frauen wandeln zusammen; nicht freien sie und lassen sich freien. Sie wohnen am Ufer des Wassers; nicht pflügen sie noch ernten sie. Die Luft ist weich und lau: Nicht weben sie noch kleiden sie sich. Hundertjährig sterben sie: Nicht gibt es Krankheit und vorzeitigen Tod. Das Volk lebt in Frieden und Seligkeit ohne Maß. Sie haben Freude und Wonne, sie kennen nicht Verfall und Alter, Trauer und Bitternis. Sie lieben die Töne. Sie fassen sich bei den Händen und singen Wechselgesänge. Den ganzen Tag endet nicht ihr Sang. Sind sie hungrig und müde, so trinken sie aus dem Götterbrunnen, und Kraft und Wille kommt ins Gleiche. Wird's zu viel, so werden sie trunken und wachen nach zehn Tagen wieder auf. Sie baden im Götterbrunnen, und ihre Haut wird feucht und glatt, und nach zehn Tagen erst verliert sich der Duft.

König Mu von Dschou, als er nach Norden wanderte, kam durch ihr Land und vergaß die Heimkehr drei Jahre lang. Als er zum Hause Dschou zurückgekehrt war, da sehnte er sich nach jenem Lande zurück voll Unruhe, also dass er sich selbst verlor. Er nahm nicht Wein noch Speise, er rief nicht nach seinen Weibern und Dienern. Erst nach Monaten erholte er sich wieder.

(Aus: Liä Dsï, Das wahre Buch vom quellenden Urgrund, 3. Jahrhundert v. Christus.)

Selbst ein König mit Weibern und Dienern sehnt sich so sehr nach diesem Land, dass er durch das Getrenntsein davon eine Depression durchmacht, wie man diese Geschichte heute deuten könnte. Die Außenwelt hat ihm nichts mehr zu bieten.

Eine andere Sage vom König Mu, aus der selben Quelle, berichtet ein ähnliches Abenteuer, nur dass diesmal klar ist, dass es sich um ein Bewusstseinsphänomen handelt, welches nichts mit der Außenwelt, nicht einmal mit der Zeit, zu tun hat. Objektiv beobachtbar war nur: *Der König saß eine Weile schweigend da*, während subjektiv Jahrzehnte vergingen. Ferner ist zu entnehmen, dass dieses Erlebnis durch die Hilfe eines mächtigen Magiers vermittelt wurde, den der König mit größtmöglicher Ehrerbietung behandelt hatte:

Zur Zeit des Königs Mu vom Hause Dschou kam ein Magier aus dem äußersten Westen. Der konnte ins Feuer und Wasser gehen, Metall und Steine durchdringen, Berge und Flüsse verkehren, Städte und Burgen versetzen, er konnte den leeren Raum besteigen, ohne zu fallen, er konnte gegen Festes stoßen, ohne Widerstand zu finden. Tausenderlei Wandlung konnte er vollbringen in unerschöpflicher Fülle. Und hatte er die Gestalten der Dinge verändert, so wandelte er noch zudem die Gedanken der Menschen.

König Mu ehrte ihn wie einen Gott und diente ihm wie einem Herrscher. Er räumte seine Gemächer, um ihn zu beherbergen, ließ Opfertiere herführen, um sie ihm darzubringen, und wählte Sängerinnen aus, ihn zu ergötzen.

Dem Magier waren die königlichen Gemächer zu dürftig um darin zu wohnen, die königlichen Speisen zu übelriechend, um ihren Duft zu genießen, die königlichen Haremsmädchen zu bockig, um ihnen zu nahen.

Der König Mu ließ nun für ihn ein anderes Gebäude errichten; die Arbeiten der Maurer und Zimmerleute, die Farben der Maler und Tüncher: nichts ließ an Geschick zu wünschen übrig. Die Schatzkammern waren leer, als das Gebäude seine volle Höhe erreicht. Hundert Klafter ragte es empor, noch über den Gipfel des Südendberges hinaus. Man nannte es: den Palast des Mittelhimmels.

Er suchte Jungfrauen aus, die schönsten und zartesten von Dscheng und We, gab ihnen Wohlgerüche, ließ sie die Augenbrauen schön geschwungen ziehen und schmückte sie mit Haarschmuck und Ohrgehängen. Er kleidete sie in feine Tücher und ließ sie von weißer Seide umflattern, das Gesicht weiß, die Brauen schwarz schminken, Armringe aus Edelsteinen anziehen und duftende Kräuter mischen. Sie erfüllten den Palast und sangen die Lieder der alten Könige: »Hal-

te die Wolken«, »Sechsfacher Glanz«, »Neunfache Harmonien«, »Der Morgennebel«, um ihn zu erfreuen.

Jeden Monat brachte er die köstlichsten Kleider dar und jeden Morgen die feinsten Speisen. Der Magier ließ es sich gefallen; weil er nicht anders konnte, nahm er damit vorlieb.

Nach wenigen Tagen lud er den König ein, mit ihm zu reisen. Der König hielt sich an des Magiers Ärmel. So fuhren sie in die Höhe bis mitten in den Himmel. Da hielten sie an und waren am Schloss des Magiers angelangt. Das Schloss des Magiers war aus Gold und Silber gebaut, mit Perlen und Edelsteinen geschmückt. Es ragte über Wolken und Regen empor. Man wusste nicht, worauf es ruhte. Es erschien dem Blick wie aufgetürmte Wolken. Was den Sinnen sich bot, war alles anders als die Dinge der Menschenwelt. Dem König war es, als sei er leibhaftig inmitten der purpurnen Tiefen der Ätherstadt, der Sphärenharmonien des Himmels, wo der große Gott wohnt. Der König blickte nach unten, da sah er seine Schlösser und Lusthäuser wie Erdhügel und Strohhaufen. Der König weilte darum einige Jahrzehnte hier und dachte nicht mehr an sein Reich.

Da lud der Magier den König abermals ein, mit ihm zu reisen. An dem Ort, dahin sie kamen, sah man oben nicht Sonne noch Mond, unten nicht Flüsse noch Meere. Die Lichtgestalten, die sich zeigten, konnte der König geblendeten Auges nicht erkennen; die Klänge, die herankamen, konnte der König betäubten Ohres nicht vernehmen. Er war einer Ohnmacht nahe und drohte das Bewusstsein zu verlieren. Da bat er den Magier zurückzukehren. Der Magier berückte ihn, da war es dem König, als wenn er ins Leere hinabfiele.

Als er zu sich kam, saß er am selben Platze wie zuvor. Die aufwartenden Diener waren dieselben wie zuvor. Er blickte vor sich, da war der Becher noch nicht leer und die Speisen noch nicht kalt. Der König fragte, was gewesen, da antworteten die Leute seiner Umgebung: »Der König saß eine Weile schweigend da.« Da verlor der König sich selbst und kam erst nach drei Monaten wieder zu sich. Dann fragte er den Magier.

Der Magier sprach: »Ich wandelte im Geiste mit dir, o König, was braucht sich da die Gestalt zu bewegen? Wo wir damals geweilt, das war nicht weniger wirklich als des Königs Schloss; wohin wir gereist, das war nicht weniger wirklich als des Königs Garten. Du, o König, *bist gewöhnt an die dauernden Zustände und beargwohnst daher solche plötzlich in nichts sich auflösende Erscheinungen. Aber die höchste Stufe der Verwandlungskraft kann in einem Augenblick das, was in unserem Geist als Vorbild vorhanden ist, zur Wirklichkeit machen.«*

Der König war's zufrieden. Er kümmerte sich nicht mehr um die Reichsgeschäfte und hatte keine Lust mehr zu seinen Dienern und Weibern, sondern entschloss sich, in die Ferne zu reisen [...]

Der Rest der Geschichte handelt von den wunderbaren Reisen des beneidenswerten Königs, auf denen er allerdings nie mehr die geschilderte Bewusstseinshöhe erreichte. Sie endet mit den Worten: *Der König Mu war fast wie die seligen Götter! Es war ihm vergönnt, die zugemessenen Freuden seines Lebens bis auf die Neige zu kosten, und er verschied nach hundert Jahren. Die Welt aber hielt dafür, er sei zur Unsterblichkeit aufgestiegen.*

Alte chinesische Geschichten wie diese sind voller Allegorien und Poesie, so dass es nicht leicht ist, ihren Kern zu verstehen. Sie werden überliefert, weil sie eine tiefe Wahrheit enthalten, die auch nach Jahrtausenden unvermindert gültig ist, etwa: Der größten Liebe unseres Lebens begegnen wir, wenn es uns gelingt, den Weg nach innen zu finden. Vielleicht werden wir für eine Weile unbrauchbar für die Außenwelt, und vielleicht brauchen wir auch die Hilfe eines „Magiers" (würde man heute auch anders benennen), der uns wieder heil zurückbringt. Aber so kann ein erfülltes Leben aussehen, man wagt kaum, es sich zu wünschen. Die wichtigste Funktion solcher Mythen besteht vermutlich darin, die Sehnsucht nach Erfüllung des menschlichen Potenzials aufrechtzuerhalten und zu stärken, was alten Legenden, Mythen und Märchen noch immer besser gelingt als unseren modernen Massenmedien mit ihren Botschaften. Anliegen dieses Buches besteht darin, aufzuzeigen, dass es auch moderne Mythen und Märchen gibt, die den gleichen Symbolgehalt transportieren, und die wir aus dem gleichen Grund lieben.

Die Beobachtung, dass Mythen, Legenden, Märchen und Sagen nicht nur einen unterhaltenden Zweck erfüllen, ist nicht neu. Alte Sagen der Maya sollen z.B. astronomisches Wissen beinhalten, welches auf diese Weise durch dunkle Zeiten der Unwissenheit und Unterdrückung geschmuggelt werden sollte. Es ist für uns viel leichter, uns etwas zu merken, wenn es in Form einer Geschichte angeboten wird, das bestätigt die Lernforschung. Deswegen sind viele alte Traditionen in Form von Epen oder langen Geschichten überliefert, oft in Versen und Gesängen, wie etwa in der Bibel, in den indischen Büchern *Mahabharata* (3. Jhd. v. Chr.) oder *Ramayana* (4. Jhd. v. Chr.), im *Gilgamesch-Epos* der Sumerer (3. Jahrtausend v. Chr.). Nur wenige konnten lesen und schreiben, und somit war es von Vorteil, wichtige kulturelle Güter in Form einer erzählbaren Geschichte zu speichern, die über viele Generationen auch dann relativ stabil bleibt, wenn ihr Gehalt nicht von jedem verstanden würde. Dabei wird ein gewisser natürlicher Abrieb und Verfall in Kauf genommen, der sich jedoch viel langsamer auswirkt als etwa die gezielte Zerstörung, wie sie im Verbrennen von Bibliotheken und Ketzern üblich war. In „Zeiten des Zerfalls" ist zu wenig Erkenntnis auf der Seite der Zerstörung, als dass eine wirklich vollendete Vernichtung des alten Wissens mit Erfolg möglich wäre, so überlebt der tiefe Gehalt der alten Mythen auch lange dunkle Zeiten. Der echte Mythos besitzt sozusagen eine holographische Dichte, das heißt, selbst in einem Fragment ist noch ein hoher Anteil an Menschheitswissen enthalten, das zu einer anderen Zeit wieder aufgeschlüsselt und angewendet werden kann, wenn jemand den Schlüssel kennt. Deswegen sind solche Überlieferungen weder wörtlich zu nehmen, noch für bloße Phantasien zu halten. In einem Märchen steckt in gewisser Weise mehr Wahrheit als in einem Zeitungsartikel – das Märchen gibt im allgemeinen auch nicht vor, „wahr" zu sein, deswegen beginnen Märchen häufig mit unverhohlen unscharfen Zeitangaben („Es war einmal..."), doch gelogen oder irrtümlich oder falsch ist das Märchen nicht. Es enthält eine vielschichtigere und stabilere Botschaft, als der Zeitungsartikel, der nur einen engeren Ausschnitt von Realität behandelt, diesen aber mit dem Anspruch auf Objektivität und Neutralität vorträgt. Kaum etwas ist so uninteressant und wertlos wie die Zeitung von gestern! Zumindest, was den Nachrichtenteil betrifft. Sie werden noch nicht einmal bei eBay angeboten.

7.14. Wir sind nicht von gestern.

Neu gefundene alte Schriftrollen hingegen werden von hochspezialisierten Gelehrten ausgewertet – wonach suchen sie? Je älter der Fund, desto intensiver? Warum wollen wir so dringend wissen, was die Alten dachten? Wo wir doch gleichzeitig so stolz auf unsere neuen Errungenschaften sind, insbesondere auf die Wissenschaften? Ist es am Ende irgendein Unbehagen, dass wir vielleicht das Kind mit dem

Bade ausgeschüttet haben, als wir den Mäuseältesten unserer Zeit (siehe Abschnitt 2. „Die buddhistische Katze") gefolgt sind?

In meiner Schulzeit wurde noch durchgehend das Bild eines kulturlosen affenähnlichen Frühmenschen vermittelt, der mehr grunzen als sprechen konnte und Konflikte bevorzugt mit der Keule regelte, bei der Brautwerbung sehr direkt vorging und nachts verängstigt in seiner Höhle saß. Entsprechend schlicht fiel auch die Vorstellung unserer persönlichen Entwicklung aus: In den ersten Semestern meines Psychologie-Studiums lehrte ein Professor, dass ein Säugling lediglich ein „Reflexbündel" sei. Man fühlte sich an Galvanis zuckende Froschschenkel erinnert oder an Pawlows Hunde.

Heute trauen wir dem Frühmenschen mehr zu. Dazu haben die 30.000 bis 40.000 Jahre alten meisterhaften Höhlenmalereien beigetragen, sowie ebenso alte Blockflötenfunde (aus Schwanen- und Bärenknochen, Mammutelfenbein und ähnlich dauerhaften Materialien gefertigt. Andere Musikinstrumente mag es gegeben haben, waren vielleicht weniger haltbar). Es gab Kunst! Waffen und Werkzeuge aus Stein halten noch länger, wurden daher auch in noch älteren Schichten gefunden. Unsere Achtung vor dem Urmenschen ist in den letzten Jahrzehnten deutlich gestiegen. Entsprechendes hat sich in unserer Wahrnehmung vom menschlichen Säugling und Kleinkind ereignet. Wir haben auf breiter Front begonnen, seine Fähigkeiten zu würdigen, sogar in der Zeit, bevor es Schulnoten bekommen kann. Man kann nicht sagen, dass dieser Prozess bereits abgeschlossen ist, oder wie weit wir dabei bereits gekommen sind. Die Entdeckung Freuds hinsichtlich der frühkindlichen Erlebnisfähigkeit sind bis heute nicht wirklich ins kulturelle Allgemeingut eingedrungen (man verzeihe mir diese phallische Formulierung); gleichzeitig fragt man sich, warum seine Beobachtungen hinsichtlich der Wichtigkeit des frühkindlichen Erlebens nicht schon tausend Jahre früher erkannt worden sind, selbst, wenn man dann vermutlich andere Schlussfolgerungen daraus gezogen hätte, so wie wir ihm auch heute nicht in allen Punkten folgen. Die Blüte der Tiefenpsychologie in der ersten Hälfte des 20. Jahrhunderts hat dessen Barbarei nicht verhindern oder wenigstens mildern können.

Gegenwärtig wird das Alter der Menschheit überwiegend auf etwa 2 Millionen Jahre geschätzt, nachdem in Äthiopien Menschenschädel (vom *homo sapiens*! Nicht von einem affenähnlichen Geschöpf) mit diesem Alter gefunden wurden. Der weitaus größte Teil unserer Geschichte liegt im Dunkeln, aber offensichtlich haben wir Menschen überlebt. Dass wir uns über diese lange Zeit nicht so grenzenlos vermehrt haben, wie es heute der Fall ist, bedeutet nicht notwendigerweise, dass es uns schlecht ging. Die enorme Vermehrungsrate der Menschheit in den letzten Jahrhunderten muss nicht als Zeichen von Erfolg verstanden werden. Vielleicht kann man es Fortschritt nennen, ähnlich wie das Fortschreiten einer Krankheit. In dem Wort Fortschritt wird auch nichts über Qualität oder Höhe gesagt. Ein Fortschritt muss kein Aufstieg sein, kann auch Niedergang bedeuten. Vor lauter Fortschreiten würden wir es gar nicht merken.

Dennoch sind wir Teil der Natur und der Wirklichkeit - außer in unserer Vorstellungswelt, in der die Naturgesetze nicht wirken. Wenn wir glücklich werden und Erfüllung finden wollen, müssen wir unsere Natur anerkennen – nicht nur mental als Spezies, sondern gefühlt als Individuum. „Natur" kommt vom lateinischen *natura*, von *nasci* „entstehen, geboren werden". Mit Natur meinen wir meistens alles, das nicht von Menschen geschaffen wurde, wenn wir das Wort Gott vermeiden wollen. Auch dafür gibt es gute Gründe. Viele Menschen haben keinen Zugang zu religiösen Überzeugungen oder wollen mit Kirchen nichts zu tun haben, beziehen aber Kraft aus der Betrachtung der Natur. Mit ihr haben wir keinen Hader. Allerdings finden wir in der Außenwelt nicht unsere eigene Natur sondern fühlen uns möglicherweise ausgeschlossen. In der Außenwelt müssen wir Nahrung suchen und unsere biologischen Aufgaben verrichten (um es einmal sehr weit zu fassen). Wir dienen anderen Organismen als Nahrung. Wir begegnen Konkurrenz und Feindseligkeiten. Wir nehmen, ob wir wollen oder nicht, an einem Zuchtwahlprogramm teil, über dessen Ziel Uneinigkeit herrscht. Wir sind offensichtlich Teil der allgemeinen Natur, die wir sogar ausbeuten können. Unsere eigene Natur können wir jedoch eher durch Selbsterkenntnis finden, so wie der griechische Gott Apollon der Menschheit auf einer Inschrift einer Säule des Apollontempels in Delphi geboten haben soll: Erkenne dich selbst. Dieser Spruch wurde später zumeist so gedeutet, dass der Mensch seine Begrenztheit und Sterblichkeit bedenken möge und nicht mit den Göttern konkurrieren soll. Er kann aber auch anders verstanden werden, dass nämlich im Selbst des Menschen die Antworten auf all seine Fragen verborgen sind und noch immer darauf warten, offenbar zu werden – im Leben eines jeden; Antworten, die nicht in Worten oder Symbolen transportierbar sind, die nicht geglaubt, sondern gefühlt werden müssen. Antworten, die man darum selbst im Leben zu entdecken hat, obwohl sie schon lange in Büchern stehen. Es genügt nicht, sie zu lesen. Sie müssen erfahren werden, damit sie unseren Geist so leiten können, dass er unserer Natur nicht andauernd im Wege steht.

8. Die Lebenskurve

In der Frühphase unseres Lebens nehmen wir einen sehr steilen Aufstieg, nachdem wir uns von einem Moment auf den anderen senkrecht aus der Erde erhoben haben, sozusagen. Das Tempo unserer Entwicklung ist am höchsten während der Schwangerschaft, da herrschen einfach optimale Bedingungen. Alles wird anders, wenn wir die Welt betreten, aber wir entwickeln uns stürmisch weiter, jeden Tag geschieht etwas Neues, wir sind vollständig auf Lernen und Datenspeicherung geschaltet, um uns möglichst schnell den unterschiedlichsten sozialen Bedingungen anpassen zu können. Vielleicht existiert noch ein Bewusstsein davon, wo wir hergekommen sind, aber wir haben keine Möglichkeit, dies zu kommunizieren, und wir werden von der Außenwelt in eine ganz andere Richtung gefordert und gefördert.

Wir lernen sehr schnell, z. B. eine oder mehrere Sprachen, das wird offensichtlich von der Natur subventioniert. Was für eine Leistung das ist, können wir besser einschätzen, seitdem wir erkennen mussten, dass es noch immer, gegen frühere Erwartungen, nicht wirklich möglich ist, unseren Computern das Sprechen beizubringen (vom Zuhören ganz zu schweigen). Die Vorgänge sind viel komplexer als man sich im späten 20. Jahrhundert vorzustellen bereit war.

Aber wir schaffen es irgendwie mühelos, alle. Die Sinnesorgane sind nagelneu und scharf. Die Wahrnehmung kommt noch ohne große „Assistenz"-Programme aus, welche später unsere Wahrnehmung so sehr strukturieren werden, dass wir nur noch das sehen, was wir sehen wollen, vornehmlich Bestätigungen für unsere Überzeugungen, was uns zwar angenehm erscheint, gleichzeitig jedoch eine eigentümliche Langeweile mit sich bringt, an die wir uns erst noch gewöhnen müssen. Babys können, wie gesagt, bemerkenswert lange auf eine Stelle schauen oder sich mit einer Sache beschäftigen, ohne sich zu langweilen. Die Wahrnehmung selbst ist das Unterhaltungsprogramm, mit ihren zahllosen Einstellungs- und Service-Programmen, die vor allem die Aufgabe haben, die Datenmenge zu reduzieren, damit wir erst einmal handlungsfähig werden und nicht nur andauernd unseren Eltern zur Last fallen. Dies ist ein Anpassungsvorgang, der höchste Priorität hat. In dieser Zeit nehmen wir sehr viele Informationen auf, speichern sie vorläufig, experimentieren, erleben sehr viel, verstehen wenig, sind aber bereit, alles zu glauben, z.B. die Sache mit dem Nikolaus, dem Christkind, dem Osterhasen, der Zahnfee oder dem Klapperstorch. Diese Offenheit stellt eine Bedingung dar, dass wir uns möglichst schnell in der Welt zurechtfinden, wenn auch immer nur vorläufig. Wir sind sogar (noch) in der Lage, Irrtümer hinzunehmen, und in den ersten Jahren macht es uns nicht viel aus, wenn man über uns lacht, wenn wir z.B. etwas nicht richtig aussprechen. Wir lachen mit. Noch lieber allerdings mögen wir das Gefühl, verstanden und respektiert werden. Wir freuen uns aufs Älterwerden. Es dauert uns nur ein wenig lang. „Sind wir bald da? Sind wir bald da?..." fragen wir unsere Eltern. Wenn wir zu Fuß von Punkt A nach Punkt B wollen, rennen wir einfach. Wir freuen uns, wenn der Briefträger kommt.

So ist das erste Jahrzehnt unseres Lebens gekennzeichnet von einem intensiven Erleben bei großer Offenheit, alles ist möglich, nichts steht fest, wir sind frei programmierbar, wir mögen Überraschungen und spielen mit allem. Wir haben schon viel gelernt, aber wenig verstanden. Das ist in Ordnung, andere sind für uns verantwortlich. Wir sind Kinder. Bis zum Ende dieses ersten Jahrzehnts haben wir immerhin verstanden, dass das mit dem Klapperstorch nicht stimmt, ebenso wie Christkind, Osterhase und so weiter.

Im zweiten Jahrzehnt geschehen weitere deutliche Gestaltveränderungen, an deren Ende wir unsere maximale Länge erreicht haben und uns vielleicht sogar schon fortgepflanzt haben. Die psychischen Veränderungen sind gewaltig, erreichen jedoch nicht mehr die Totalität und Radikalität des ersten Lebensjahrzehnts, als die Grundlagen gelegt wurden. Das Fortschrittstempo ist jetzt weniger atemberaubend, aber immer noch deutlich auf Aufstieg und Entwicklung gerichtet. Wir haben den Eindruck, die Kindheit endgültig hinter uns zu lassen. Viele wissen schon, was sie einmal werden wollen. Es wird nicht mehr unterschiedslos alles gelesen, gehört, in den Mund gesteckt. Die Erlebnisdichte ist geringer als in früheren Entwicklungsstadien, dafür sind wir verständiger, bemühen uns um ein eigenes Verständnis. Das Erleben ist uns noch immer wichtiger als das Verstehen.

Im dritten Lebensjahrzehnt geschieht eine weitere Ausreifung und Stabilisierung. Unsere Ausbildung sollte sich einem Ziel zuneigen. Ergebnisse werden sichtbar, Erfolge zeigen sich, Fehleinschätzungen werden erkennbar, Korrekturen sind noch möglich. Das Entwicklungstempo hat deutlich nachgelassen, wir werden nicht mehr wie von selbst durch mächtige biologische Kräfte motiviert. Die Erlebniswelt wird gleichförmiger, doch unsere Erfahrung wächst stetig und ermöglicht uns zunehmendes Verstehen. Wir können unseren eigenen Haushalt gründen. Wir freuen uns schon seit Längerem nicht mehr aufs Älterwerden.

Wenn wir über 30 sind, wird uns zunehmend bewusst, dass der körperlichen Entwicklung Grenzen gesetzt sind, „die Uhr tickt", d.h. von den scheinbar unendlichen Möglichkeiten der Kindheit des ersten Jahrzehnts bleiben nicht mehr viele übrig. Wir sind auf dem Höhepunkt unserer Leistungsfähigkeit, der Verstand arbeitet gut und vermag das, was wir erleben, zu verarbeiten. Wir können Verantwortung für uns selbst übernehmen.

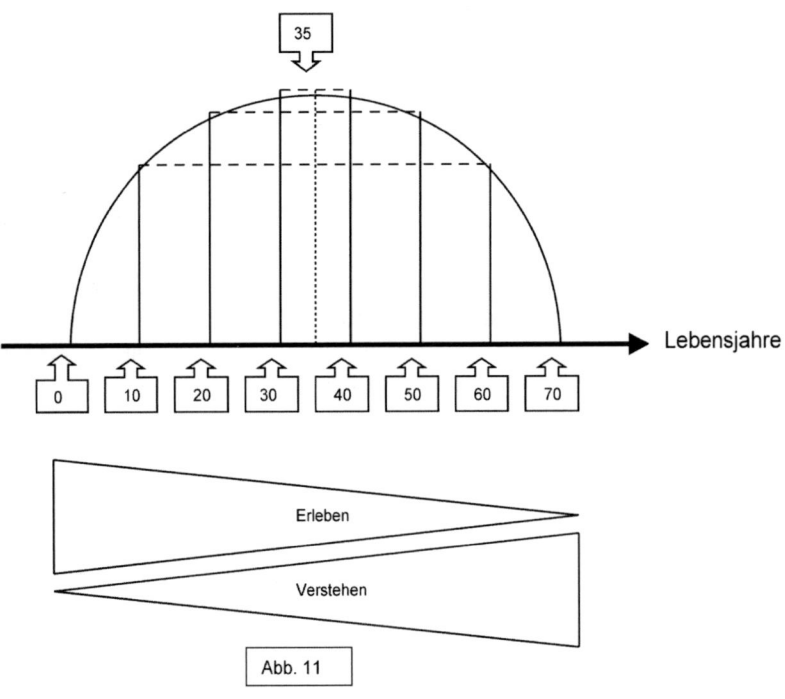

Abb. 11

In unserer Lebenskurve (Abb. 11), die ein stark vereinfachtes und idealisiertes Modell dieses Verlaufs darstellt, erreichen wir in diesem vierten Jahrzehnt den Lebenshöhepunkt in der Lebensmitte, die bei einer angenommenen Lebensspanne von 70 Jahren bei 35 Jahren liegt. Wir haben die Hoffnung, nun für eine ganze Weile auf diesem hohen Level bleiben und operieren zu können – aber ein Gipfel hat keine große Fläche zum Ausruhen. Es geht (zunächst noch) ganz sachte wieder abwärts, man sollte auf nichts warten und unverzüglich die schöne Aussicht genießen. So sachte, wie zuletzt der Aufstieg war, so sachte setzt der Abstieg ein. Man könnte wirklich glauben, dort oben noch eine Weile verbringen zu dürfen, vor allem, wenn man glaubt, diesen Aufstieg aus eigener Kraft und durch eigene Arbeit zuwege gebracht zu haben. Immerhin können wir jetzt die Dinge verstehen, die wir erleben – wir haben inzwischen viel gelernt, hingegen erleben wir qualitativ nicht mehr so viel wie in früheren Stadien. Die Fülle der Ereignisse kann nicht darüber hinwegtäuschen, dass gewisse Dinge sich eigentlich nur noch wiederholen oder variiert werden. Wir möchten unseren Erfolg stabilisieren, müssen uns jedoch mit der völlig neuen Erfahrung vertraut machen, dass in der Zieloptik allmählich, aber nachhaltig die Objekte des Himmels verschwinden und der alte Erdboden erscheint, dem zu entkommen wir vielleicht gehofft hatten. Immerhin arbeitet der Verstand gut weiter, wenn bis dahin nichts Schädliches dazwischen gekommen ist, und die zunehmende Routine schafft uns Freiraum im Denken und Verstehen. Wir mögen nicht mehr dauernd neue Dinge anfangen, sondern schalten immer häufiger auf Autopilot bei der Bewältigung der alltäglichen Herausforderungen und greifen auf bewährte Schemata zurück. Die dadurch freiwerdende Rechenleistung kann nun der Verarbeitung vorangegangener Erlebnisse zu Verfügung stehen, von denen einige bereits zur Wiedervorlage anstehen. Nach diesem Modell entwickeln wir etwa mit 40 ausreichend Verstand, um die Dinge zu verstehen, die wir mit 30 erlebt, aber nicht wirklich verstanden haben (Abb. 11, gestrichelte Linie). Wir befinden uns immer noch ganz schön weit oben. Aber es gibt mehr oder weniger diskrete Signale, die auf ein Ende des Aufstiegs hinweisen. Vielleicht brauchen wir zum Lesen kleingedruckter Texte schon eine Brille. Oder wir entwickeln eine große Geschicklichkeit im Pflegeaufwand. Der Schmuck wird etwas lauter. Psychosomatische Störungen treten auf. Männer kriegen die Midlife-Crisis. Wir spüren, dass die Zeit mit beängstigender Mühelosigkeit immer schneller und schneller läuft. Wir sind unleugbar auf der anderen Seite des Gipfels.

Dieser Trend setzt sich im nächsten Jahrzehnt fort. Inzwischen haben die meisten gemerkt, dass es sich nicht nur um eine vorübergehende Konjunkturabschwächung handelt, sondern dass wir unseren Rückzug organisieren müssen. Wir reagieren unterschiedlich, je nach Temperament und Mentalität. Die **Stadien der Abwehr** sind bekannt: Am einfachsten, sichersten und schnellsten funktioniert die **Verleugnung**. Es ist einfach nicht wahr. Bei unserer Art, mit Wahrheiten umzugehen, fällt uns das nicht schwer. Wir können dieses Stadium der Abwehr erstaunlich lange durchhalten. Erst, wenn sich die Anzeichen unmissverständlich häufen, gehen wir zu einer aggressiveren Form der Abwehr über: Wir gehen in den **Kampf**. Wir beginnen sportliches Training, interessieren uns für Nahrungsergänzung, erhöhen den Pflegeaufwand, umgeben uns mit jüngeren Menschen, lernen den Jargon unserer Kinder. Wir entwickeln unseren Verstand weiter, so dass wir, wenn wir 50 sind, in der Lage sind, das zu verstehen, was uns mit 20 geschehen ist. Das war damals noch nicht möglich – zu viele Hormone und zu wenig Erfahrung. Wir werden empfindlicher bzw. vorsichtiger mit unseren Feierabenddrogen (engl.: „recreational drugs"), oder versuchen, mit dem Rauchen aufzuhören (nicht zum ersten mal, aber vielleicht zum ersten mal ernsthaft). Wir entdecken ein diffuses Interesse für Philosophie und Religion, gelegentlich in einer der gängigen Formen von Esoterik, gern kombiniert mit Vitaminen.

Die nächste Stufe der Abwehr ist das **Verhandeln**, nachdem der Kampf gegen den Abstieg keine nennenswerten Erfolge gebracht hat. Retten, was zu retten ist. Hauptsache gesund. Auch der Herbst hat noch schöne Tage. Der Kreis der Menschen, bei denen wir Anerkennung finden, wird übersichtlicher. Das Abstiegstempo hat sich inzwischen trotz unserer Gegenmaßnahmen spürbar beschleunigt. Männer gehen nicht zur Krebsvorsorge. Erotische Phantasien nehmen mehr und mehr den Raum realer interaktiver Sexualität ein. Das lässt uns ruhiger werden. Da das Verhandeln auch nicht den gewünschten Erfolg gebracht hat, bietet sich die nächste Bewältigungsform an: die **Depression**. Gottseidank lässt sich das meiste davon mit Schokolade unter Kontrolle halten. Die Folgen davon sind allerdings bekannt.

„Mit dem Altwerden ist es wie mit auf einen Berg steigen: Je höher man steigt, desto mehr schwinden die Kräfte - aber umso weiter sieht man."
-Ingmar Bergman (1918 – 2007), schwed. Regisseur

Mit 60 haben die meisten von uns schon lange gemerkt, wohin die Reise geht. Wir haben im günstigen Fall die Depression überstanden und sind in der nächsten Bewältigungsform angekommen: ruhige **Akzeptanz**. In der Depression sind wir so sehr mit uns selbst beschäftigt, dass nur wenig Rechenleistung für die alltäglichen Dinge verfügbar bleibt. Wir erleben das oft als Konzentrations- und Merkfähigkeitsschwäche und erschrecken vor dem Verdacht auf eine beginnende Demenz. Eine depressive Episode ist aber der häufigere Grund. Wir empfinden Erleichterung, wenn der Briefträger *nicht* kommt. Nach Überwindung des depressiven Zustandes meldet sich der Verstand wieder, und er hat erneut dazugelernt. Jetzt sind wir so gescheit, dass wir vielleicht verstehen können, was wir im seltsamen Alter von 10 Jahren erlebt haben, und können immer weiter in unsere Kindheit vordringen. Gedichte und Lieder aus der Grundschule fallen uns wieder ein, oder die Namen der Lehrer. Wir verstehen jetzt vieles, wofür uns damals die Voraussetzungen gefehlt haben. Die Erlebniswelt eines Kindes ist dem Menschen auf dem Gipfel seines Lebens fremd geworden, wird jedoch im Alter wieder zugänglicher. So kann es geschehen, dass Eltern große Mühe haben, ihre Kinder zu verstehen. Sie sind geistig ganz woanders. Doch mit etwas Glück gibt es eine Oma oder einen Opa, der das Kind versteht und zwischen Eltern und Kindern vermitteln kann. Das hilft dem Enkelkind bei der Umsetzung seiner Bedürfnisse und zugleich den Großeltern, ihre frühen Lebensphasen aufzuarbeiten. Es ist der Archetyp des „alten Weisen", dem zu begegnen gewinnbringend für die eigene Entwicklung ist. Vielleicht können wir über vieles lachen, vor allem über unser überblähtes, empfindliches Ego aus früheren Lebensphasen. Erschreckend ist möglicherweise das zunehmende Tempo des biologischen Abstiegs, auch wenn keine Krankheiten uns ein vorzeitiges Ende bescheren. Wir erleben eine ständig zunehmende Beschleunigung der Zeit. Statt: Sind wir bald da, heißt es: oh, das ging aber schnell. Dauernd ist Weihnachten. Manche Dichtungen sind nicht mehr dicht. Wir verschwinden am Ende gleichsam ebenso senkrecht in der Erde, wie wir uns aus ihr erhoben haben. Nach unserer Lebenskurve wäre mit 70 damit zu rechnen.

8.1. Psychopharmaka und Gefühle

Wir haben in diesem Alter oft ein starkes Kommunikationsbedürfnis, reden gelegentlich mehr, als unsere Zuhörer hören wollen, meistens von vergangenen Dingen. Das tun wir, weil wir fühlen, dass wir mit vielem noch nicht wirklich fertig sind. Die Vergangenheit mag mit uns fertig sein, aber wir noch nicht mit ihr. Und selbst wenn wir uns unaufhörlich wiederholen, spiegelt sich darin unser später und mühsamer innerer Kampf um ein Verstehen des Erlebten, und die Angst, gehen zu müssen, ohne zu einem Urteil gekommen zu sein. Besser spät, als gar nicht. Wenn wir reden, werden die Gedanken klarer. Wenn wir still werden, kann das daran liegen, dass wir entweder endlich unseren Frieden gefunden haben - oder dass wir aufgegeben haben, danach zu forschen. Das ist wohl das Traurigste, was einem Menschen passieren kann, und mit dem Wort „Depression" kaum in der vollen Tragik zu erfassen. Diesem Zustand mit erregungsdämpfenden Psychopharmaka beikommen zu wollen, wie häufig zu beobachten ist, anstatt dem tiefen seelischen Bedürfnis nach innerem Frieden und Verständnis psychotherapeutisch zu begegnen, zeigt das diesbezüglich allgemein vorherrschende Unvermögen unserer Gesellschaft, diese Problematik an sich heranzulassen. Wir sind, wie am Anfang, wieder allein mit unseren Gefühlen – und hoffentlich sind es gute: Ein Gefühl für Schönheit (auch bekannt als **Liebe**), für Gerechtigkeit, Hoffnung, Dankbarkeit und Hingabe hat vielleicht doch den „Test of Time" bestanden und entspringt frisch und klar aus der Tiefe des eigenen Bewusstseins. Das ist es, was meistens gemeint ist, wenn Menschen sagen: Ich möchte bewusster leben. Nämlich die giftigen Stoffwechselprodukte (negative Emotionen) vieler toxischer erworbener mentaler Konzepte abzubauen, um endlich das Bewusstsein der Schönheit und Vollkommenheit des Lebens zu erlangen, wie es unserer natürlichen Ausstattung entspricht – die *visio beatifica*, die glücklichmachende Sicht der Dinge (siehe Abschnitt 5.6.2. „Seligkeiten").

Das hat nichts mit den „glücklichmachenden" Medikamenten zu tun, die häufig stattdessen unseren Weg mehr und mehr begleiten. Diese Substanzen blockieren oder verzögern nur Stoffwechselvorgänge im Bereich der Nervenzellen, bringen aber nichts Positives mit sich. Ähnlich wie die Rauschmittel können sie vielleicht das Gefühl der Angst vermindern, aber das ist nicht dasselbe wie echter Mut, den der Mensch wirklich braucht. Vielleicht kann man das Schamgefühl chemisch blockieren, aber das ist nicht dasselbe wie echte Reue, die dem Betroffenen eine Umkehr ermöglichen könnte. Vielleicht kann man Ärger und Wut künstlich unterdrücken, man verhindert damit jedoch wichtige Stadien der mentalen Entwicklung. Ein natürliches emotionales Gleichgewicht lässt sich nicht wirklich von außen bewirken, sondern muss aus tiefster eigener Erfahrung erwachsen. Diese Problematik ist heute in hohem Maße medizinalisiert und wird bevorzugt vermittels des allgemein noch immer vorherrschenden Krankheitsmodells abgewickelt. Das passt natürlich auch in den Stil, mit dem Menschen in unserer Gesellschaft in vielen Bereichen des Lebens mit sich selbst und miteinander umgehen und kann wohl unter den gegebenen Bedingungen kaum anders sein. Es gilt aber immer noch das Prinzip, dass man dem, der nach Brot fragt, keine Steine gibt – außer, man hat kein Brot. Dann sollte man auch nicht so tun. Die Menschheit leidet nicht primär unter einem Mangel an Pharmaka.

Heute werden viele Menschen deutlich älter als 70, doch ich habe die Zahl wegen ihrer schlichten Erhabenheit über epochale und regionale Schwankungen aus Psalm 90 entnommen, der dem Moses zugeschrieben wird: *„Unser Leben währet siebzig Jahre, und wenn's hoch kommt, so sind's achtzig Jahre, und wenn's köstlich gewesen ist, so ist es Mühe und Arbeit gewesen; denn es fährt schnell dahin, als flögen wir davon".* Es scheint, wir sind seitdem nicht wirklich weiter gekommen. In den Industrieländern leben Menschen länger, dafür sterben sie in armen Ländern früher. Ich vermute, dass der globale Mittelwert sich wenig geändert hat.

8.2. Letzte Fragen

Theoretisch – nach unserem Modell – gewinnen wir vielleicht in diesem abschließenden Zeitraum wieder den Anschluss an ein Bewusstsein, mit dem wir damals unsere Reise angetreten haben. Vielleicht fällt uns sogar wieder ein, warum wir ursprünglich gekommen sind – nichts von all dem, was uns gelehrt wurde; nichts, das in Worte gefasst werden kann. Aus der Literatur über Sterbeforschung und Nah-Tod-Erlebnisse scheint hervorzugehen, dass wir in Todesnähe ruhig werden und unser Leben „in besonderer Klarheit" (*Elisabeth Kübler-Ross*) anschauen können. Dabei soll sich sinngemäß die Frage erheben: Und, wie hat es dir gefallen? Gelungene Überraschung! WIR werden gefragt! Nicht die anderen, für die wir so viel getan haben und deren Meinung uns so viel wichtiger war als unsere eigene. Und die Antwort ist dann unser gerechtes Urteil. Niemand außer uns selbst kennt die Wahrheit. Es kann natürlich vorkommen, dass uns diese Frage noch nie oder sehr lange nicht mehr gestellt wurde, und wir haben eigentlich auch nicht mehr damit gerechnet. Wenn man Menschen bittet, sich selbst zu beurteilen, hört man oft: Da möge man die anderen fragen. Das wird aber am Ende nicht möglich sein. Wir treten dem Tod allein entgegen, die anderen spielen weiter. Die „besondere Klarheit" besteht vielleicht darin, dass alle mentalen Spielchen aufhören; wir können nicht lügen, übertreiben, kokettieren, schmeicheln, uns verstecken, verteidigen, argumentieren oder rechthaben wollen. Das wäre in der Tat eine besondere Klarheit, von der man sich wünscht, sie möge bereits früher im Leben zugänglich sein! Wir können nur noch das, was wir am Anfang konnten, bevor alles einen Namen bekam: Fühlen (siehe Abschnitt 1.4. „Fühlen"). Das haben wir mit hereingebracht, und das dürfen/müssen wir wieder mit hinausnehmen.

Vielleicht ist es von größter existenzieller Wichtigkeit, wie wir unser Leben gefühlt haben; ob wir uns in Dankbarkeit oder in Bitterkeit verabschieden können; ob Erfüllung oder Enttäuschung vorherrscht; ob Freude oder Ärger dominiert; Begeisterung oder Resignation; ob wir mit der ganzen Außenwelt verbunden sind, die jetzt nicht mit uns gehen wird, oder ob wir die innere Verbindung zu der Energie haben, aus der wir gekommen sind und die uns im ganzen Leben nie verlassen hat, und mit der wir nun wieder verschmelzen.

„Es wird ein jeder so leicht oder so schwer sterben, als seiner Natur das Leben geworden ist, und wer das eine verstanden hat, wird auch das andere verstehen"
-Waldemar Bonsels (1880 – 1952), dt. Schriftsteller („Die Biene Maja und ihre Abenteuer")

8.2.1. Der Fluch der Pharaonen

Einer meiner Lehrer gab folgenden Vergleich: Wenn wir einen Angsttraum haben, in dem wir von einem Monster gejagt werden und um unser Leben rennen müssen, und wir wachen schließlich auf: Das Monster ist weg, aber unser Herz klopft noch eine ganze Weile beschleunigt, wir sind verschwitzt, aufgeregt und ängstlich. Auch das grauenhafteste Monster kann die Schranke zwischen den Bewusstseinszuständen Schlaf und Wachsein nicht überspringen, das ist unsere Rettung. Aber unsere Gefühle nehmen wir mit über diese Grenze. Wenn wir träumen, wir hätten im Preisausschreiben ein Auto gewonnen, das jetzt vor unserer Tür steht und wunderschön aussieht, und wir wachen auf: die Freude nehmen wir in den Wachzustand mit, das Lächeln verweilt vielleicht noch im Gesicht. Da steht leider kein neues Auto vor der Tür, das hat es nicht geschafft, aus der Traumwelt herüberzuwechseln (vielleicht schauen wir trotzdem einmal nach, man weiß ja nie…). Aber wir beginnen den neuen Tag gut gelaunt, und deswegen läuft der ganze reale Tag ganz anders, als nach dem Angsttraum. Offensichtlich können wir nichts Materielles aus dem Leben mitnehmen – die Pharaonen haben es versucht, es ist offensichtlich nicht gelungen. Wenn die Gräber leer sind, liegt das wohl an den Grabräubern, die auch viel mehr mit den Dingen anfangen konnten als die toten Pharaonen. Die eigentlichen Räuber waren, so gesehen, eher die Pharaonen, die mit viel Aufwand den Lebenden nützliche Dinge möglichst für immer entziehen wollten. Wenn sie ihre offenkundigen Versorgungsängste und Prestige-Probleme mit in den Tod genommen haben, erhielten sie den gerechten Lohn – das ist der Fluch der Pharaonen.

8.2.2. Motten und Rost

Wirklich Wissende wie z.B. *Jesus von Nazareth* haben deshalb ihren Zeitgenossen empfohlen, ihre Schätze nicht dort zu sammeln, wo „Motten" (zuständig für organische Materialien), „Rost" (zuständig für Metalle) und „Diebe" (zuständig für alles, was sich verkaufen oder sonstwie gebrauchen lässt) ihnen nichts anhaben können, nämlich im „Himmel" (Matthäus 6;19-20), wo sie anscheinend sicherer aufbewahrt und nicht gestohlen werden können und zur Verfügung stehen, wenn sie gebraucht werden, nämlich am Ende. Mit „Himmel" hatte der Messias vermutlich nicht den Weltraum oder den Kirchenschatz gemeint, sondern jene Realitätsebene, mit der wir unser ganzes Leben lang verbunden sind, von der er wusste, weil er dazu Zugang hatte, und von der die Zeitgenossen gerne etwas gehört haben, aber nur wenige wirklich etwas wissen wollten. Wenn man den Evangelien glauben möchte, fanden es die meisten interessanter, untereinander oder mit ihm darüber zu diskutieren und sich schlaue Fangfragen auszudenken. Das erscheint glaubhaft, weil wir darin uns und unsere Zeitgenossen wiedererkennen, es hat sich nichts geändert. Das „Leben des Brian" von *Monty Python* wirkt in seiner diesbezüglichen Darstellung deutlich realistischer als die unvermeidlichen, salbungsvollen allösterlichen Jesus-Filme.

An der Botschaft hat sich nichts geändert: Lebe so gut wie du in jedem Augenblick kannst. Du hast alles, was du dazu brauchst. Deine Gefühle leiten dich richtig, selbst wenn dein Verstand etwas länger braucht. Lass dich nicht verrückt machen. Deine Sinne bilden nicht die Realität ab, helfen dir aber auf deinem Weg, weil sie einen direkten Zugang zu deinen Gefühlen haben, und die sind wahr. Dein Körper hält Leid nur begrenzt aus, Freude jedoch ohne Limit. Die Außenwelt ist ihrer Natur nach veränderlich und unberechenbar, du hast aber etwas in dir, das sich nicht verändert und das in der Welt zwar viele Namen hat, aber nicht allgemein bekannt ist. Es ist nicht das, was du denkst, weil man es nicht denken kann. Wenn du ein Mensch bist, hast du das Potenzial, dich an diesem Inneren zu orientieren. Du hast großes Glück, wenn du in deinem Leben Menschen triffst, die dir helfen können, dein Bewusstsein zu entwickeln. Sieh zu, dass dein Leben kein Angsttraum wird. So brauchst du dir keine Sorgen zu machen um die Zeit, in der dein Geist in die Vernichtung geht. Da ist nämlich noch ein Geist – gr.: Hagion Pneuma, lat.: Spiritus Sanctus, hebr.: Ruach HaQodesh, dt: Heiliger Geist bzw. Heiliger Atem (siehe

Abschnitt 2.3. „Pneuma, Spiritus, Odem") – der vielleicht nicht deine kleinen Sonderinteressen verfolgt, sie nicht einmal als Vorschlag annimmt, der dich aber unbeeindruckt einlädt, an **seiner** Veranstaltung teilzuhaben. Das ist der Schatz, den du *im Leben* finden sollst, der perfekt in der Alltäglichkeit verborgen ist und der gering geschätzt wird, weil ihn jeder hat – bis er weiterzieht. Der Staubteufel (siehe Abschnitt 1.7. „Geist") hört auf zu existieren, der Staub kehrt wieder zurück auf den Boden, wo er hingehört, und der heilige Wind zieht souverän weiter. Das ist das ewige Leben, an dem wir teilhaben, leider meistens unbewusst. Gehe ich mit dem Staub oder mit dem Wind? Selbst wenn wir uns nicht mehr bewegen können und unsere Sinne ausfallen, sind wir innerlich vollständig von diesem Geist durchdrungen, der uns erst mit dem letzten Atemzug, dann allerdings endgültig, verlässt, nachdem er uns ein Leben gegeben hat, in dem sich kein Moment und kein Tag wiederholt, ein Leben, das sich jeder Berechnung oder Vorhersage entzieht und das uns einlädt, an endloser Schönheit und Vollkommenheit teilzuhaben. Dieses Leben kennt den Tod nicht, so wie das Licht nichts von der Dunkelheit weiß. Aber es kann sein, dass wir dieses Leben nicht in seiner wahren Tiefe kennen, auch wenn wir 70 Jahre Zeit hatten, es zu erforschen. Das angemessene Gefühl wäre Reue, nicht Bitterkeit. Die Oberfläche des Lebens ist schon so faszinierend, dass die 70 Jahre „schnell dahinfahren, als flögen wir davon" – eine Erfahrung, die jeder Mensch mit zunehmendem Alter macht. Wir mögen vielleicht keine Überraschungen mehr in jenem Stadium, sind müde. Aber der Ausweg liegt nicht weiter entfernt als in der ganzen Zeit zuvor. Wir müssen draußen nirgendwo mehr hin. Ein Ort, den wir vielleicht noch nicht kennengelernt haben, ist unser eigenes Innerstes (nicht im Sinne der Inneren Medizin). Dieses lernen wir nicht einfach kennen, indem wir sterben. Wenn wir uns nicht im Leben mit diesem besonderen „Wind", der uns Leben einhaucht, vertraut gemacht haben, bleibt uns nur übrig, mit dem „Staub" zu gehen.

„Ich glaube, dass wenn der Tod unsere Augen schließt, wir in einem Licht stehen, von welchem unser Sonnenlicht nur der Schatten ist."
-Arthur Schopenhauer (1788 – 1860), dt. Philosoph

Schopenhauer hat vermutlich nicht das Tibetische Totenbuch gekannt (*Bardo Thödol*; deutsch: *Befreiung durch Hören im Zwischenzustand*) – ein buddhistischer Text aus Tibet, welcher aus dem 8. Jhd. stammt, aber erst im 20. Jhd. in europäische Sprachen übersetzt wurde. Aus diesem Buch wurde Sterbenden (und frisch Verstorbenen) vorgelesen. Es enthält Instruktionen zur geistigen Befreiung, sozusagen: Letzte Möglichkeit vor der Grenze. Dabei wird der Sterbende aufgefordert, keine Angst vor dem sehr hellen Licht zu haben, dem er begegnen werde, sondern mutig hineinzugehen. Dann wäre alles gut. Die buddhistischen Verfasser gingen offensichtlich von der Annahme aus, dass dies dem Sterbenden eher selten ohne weiteres gelinge. Deshalb sind weitere Anleitungen beigefügt für den Fall, dass der Geist des Toten das Licht nicht liebt und deswegen die Befreiung nicht erlangen kann. Auch dann sei noch nicht alles verloren, es gebe immer wieder Begegnungen mit dem Licht, und jedesmal wieder eine Wahl. Diese werde aber immer schwieriger, weil Dämonen zunehmend störend auf das Geschehen Einfluss nähmen. Wenn alles nicht nutzt und der Geist des Toten die Kurve nicht kriegt, entwickle er bald Interesse für sexuelle Szenen in der Welt der Lebenden und werde unversehens wieder eingefangen, wenn er sich beim Zuschauen zu nah heranwagt, und leider wiedergeboren ... wir sind geborene Voyeure, sonst wären wir nicht hier! Soll keiner sich auf seine Tugendhaftigkeit etwas einbilden (Ich bitte für diese stark verkürzte Schilderung und mein begrenztes Verständnis des ehrwürdigen Buches um Vergebung). Immerhin: Das Schwächerwerden unserer Sinnesorgane mit dem Älterwerden bietet uns im Leben die Möglichkeit, uns von der imperialen Attraktivität der materiellen Welt allmählich zu distanzieren. Wir erleben dies zwar eher als Verlust, aber vielleicht fehlt uns dazu bloß das richtige Verständnis.

Dsï Gung war des Lernens müde und sagte zu Dschung Ni (Konfuzius): »Ich möchte Ruhe finden.« Dschung Ni sprach: »Das Leben hat keine Ruhe.« Dsï Gung sprach: »Dann gibt es also keine Ruhe für mich?« Dschung Ni sprach: »O ja; sieh dort im Brachfeld alle die Gräber, so weißt du, wo es Ruhe gibt.« Dsï Gung sprach: »Wahrlich, groß ist der Tod; die Edlen bringt er zur Ruhe, die Gemeinen zur Unterwerfung.«

Dschung Ni sprach: »Du hast es erkannt. Die Menschen im allgemeinen wissen nur, dass das Leben eine Freude ist, aber nicht, dass es auch bitter ist. Sie wissen nur, dass das Alter hinfällig ist, aber nicht, dass es auch friedlich ist. Sie wissen nur, dass der Tod ein Übel ist, aber nicht, dass er auch Ruhe gibt.«

Aus: Liä Dsi - Das wahre Buch vom quellenden Urgrund, 5. Jhd. v. Chr.

Nachwort

Gepriesen sei der Leser/die Leserin, der/die sich durch das Buch ge-arbeitet hat und jetzt sogar noch das Nachwort liest! Es ist überwie-gend in den Nachtstunden des Jahres 2008 entstanden, vielleicht spürt man das manchmal, als Versuch, eine zeitweilige Schlafstörung (von einer Kollegin klar als „präsenile Bettflucht" erkannt) konstruktiv zu bewältigen. Nachts sieht man viele Dinge anders als tagsüber. So konnte es nicht an einem Stück geschrieben werden und zog sich fast über drei Jahre hin, und es spiegelt unterschiedliche Stimmungen. Ich würde mich über Feedback freuen, sogar, wenn es bedeutet, dass ich auf Fehler oder Irrtümer hingewiesen werde – mich würde allein schon freuen, dass es jemand überhaupt so genau gelesen hat, dass ihm/ihr Fehler oder Irrtümer auffallen! Vielleicht fällt auch jemandem etwas ein, das meine Aussagen unterstützt, das wüsste ich natürlich auch gerne. Deswegen habe ich für solche Kommunikationen extra die fol-gende eMail-Adresse eingerichtet: Buddhas.Katze@gmx.de. Vermut-lich würde ich Zuschriften sogar beantworten – auf jeden Fall aber le-sen!

Zunächst aber möchte ich mich bedanken bei Angehörigen und Freunden, die mich zu diesem Projekt ermutigt haben. Dank an Walter Baco in Wien für das hilfreiche Lektorat. Und nicht genug kann ich Prem Rawat danken, für Inspiration, auch für die Titelgeschichte.

Ich habe die letzten 37 Jahre an einer Rehaklinik als Psychologe und Psychotherapeut gearbeitet, an einem sehr aktiven gesellschaftlichen Berührungspunkt, und habe dadurch viele Menschen kennengelernt. Ich kenne den psychischen Zustand der arbeitenden Bevölkerung. Die Psychologie ist mein vertrautes Element, mit dem ich in diesem Buch kreativ umgehe. Ich verarbeite aber auch Material aus anderen Diszi-plinen. Dadurch ergibt sich eine scheinbar breite thematische Streu-ung, aber es geht eigentlich immer um das eine, um das Innere des Menschen, seine „Seele". Ihr kann man sich irgendwie von allen Sei-ten nähern – und man kann sich wohl auch in allen Fachgebieten von ihr entfernen. Man wird der Psychologie den Anspruch auf die Be-schreibung der Seele letztlich ebenso streitig machen müssen wie der Theologie.

Wenn es um die Seele geht, hat jede Disziplin eine Chance. Das macht das Thema so zeitlos. Die Seele ist das, was die Menschen wirklich gemeinsam haben. Deswegen ist es wichtig, in Zeiten stärker werdender gesellschaftlicher Dissonanzen die Aufmerksamkeit erneut nach innen zu lenken, und zwar tiefer als bis zur sozialisierbaren mentalen Ebene. Dies ist das Kernanliegen dieses Buches.

Es ist kein Lehrbuch, sondern eher eine Art persönliches Vermächtnis geworden. Psychotherapeuten lösen sich im Laufe ihrer Berufsaus-übung häufig mehr und mehr von den strengen theoretischen Konzepten ihrer jeweiligen „Schule" (es gibt auch eine „Schul"-Psychologie, so wie es eine Schul-Medizin gibt, mit mächtigen Standesorganisationen) und tun am Ende, unabhängig von der Schulrichtung, dasselbe: Menschen in kritischen Zeiten, in denen Orientierung benötigt wird, zu helfen, sich besser zurechtzufinden. Wenn dies gelingt, war die Intervention (Therapie, Beratung, wie auch immer) erfolgreich. Es gibt sehr unterschiedliche Vorgehensweisen dabei. Am Ende wird der Therapeut (bzw. die Therapeutin, das ist zweifellos der häufigere Fall und ist im vorliegenden Buch immer mitgemeint) das tun, was ihm am sinnvollsten erscheint und auch von der Wesensart her am leichtesten fällt. Wer gut schweigen kann, wird schweigen, und wer gut sprechen kann, wird sprechen. Wer gut ordnen kann, wird diese Fähigkeit im Patienten stärken, und wer viel Humor hat, wird versuchen, seine Patienten zum Lachen zu bringen. Wer mit dem Chaos zurechtkommt, wird dem Patienten diese Fähigkeit vermitteln; wer Ordnung charismatisch vertreten kann, wird eher dies tun. Ich möchte hier nicht werten. Immer geht es darum, die seelischen Kräfte des Menschen zu stärken, so dass er wieder fröhlich und tapfer seinen Lebensweg gehen kann, den er letztlich allein finden muss, so wie er allein auf die Welt kam und allein wieder gehen wird. Menschen in Konflikte zu schicken, in denen sie keine wirkliche Chance haben; ihnen die Hoffnung auf die Wirksamkeit eigener Kräfte zu nehmen; zu tun, als könnte man sie etwas lehren, was man selber nicht vermag; als wüsste man, was niemand weiß – das ist *schlecht*. Wenn die Hoffnung genährt wird, es könne *vor* dem Tod ein besseres Leben – d.h. eines mit mehr Freude – auch für die eigene Person geben und nicht nur Bedauern über begangene Fehler und Klagen über Missgeschicke, das ist *gut*.

Alte Erkenntnisse, teilweise aus der Antike anderer Völker oder Kulturkreise mit den Erfahrungen des modernen Lebens zu vereinbaren - das hat für mich immer einen besonderen Reiz gehabt. Ich möchte zeigen: Die Zeiten haben sich geändert und tun es weiterhin, aber in uns gibt es Bereiche, die sich nicht ändern. Diese Erkenntnis vermag vielleicht etwas Festigkeit in unser Leben zu bringen. Neuigkeiten sind interessant; es tut andererseits auch gut, einen unwandelbaren Kern zu kennen – wenn das möglich ist. Diesen wird man nicht in einem Buch finden, auch nicht im vorliegenden, sondern im eigenen Inneren, vielleicht auf eine wohltuende und befreiende sokratische Gewissheit reduziert: Ich weiß, dass ich nichts weiß.

Bad Salzig, im April 2011

Rainer Poulet